浙江省高职院校“十四五”重点立项建设教材

浙江省普通高校“十三五”新形态教材

新编21世纪高等职业教育精品教材

市场营销系列

市场调研实务

第二版

主　编／周宏敏　高捷闻

中国人民大学出版社
·北京·

图书在版编目（CIP）数据

市场调研实务 / 周宏敏，高捷闻主编．-- 2 版．
北京：中国人民大学出版社，2025.9．--（新编 21 世纪
高等职业教育精品教材）．-- ISBN 978-7-300-33977-1
Ⅰ．F713.52
中国国家版本馆 CIP 数据核字第 20253CG509 号

浙江省高职院校“十四五”重点立项建设教材
浙江省普通高校“十三五”新形态教材
新编 21 世纪高等职业教育精品教材·市场营销系列
市场调研实务（第二版）
主　编　周宏敏　高捷闻
Shichang Diaoyan Shiwu

出版发行	中国人民大学出版社		
社　　址	北京中关村大街 31 号	**邮政编码**	100080
电　　话	010－62511242（总编室）		010－62511770（质管部）
	010－82501766（邮购部）		010－62514148（门市部）
	010－62511173（发行公司）		010－62515275（盗版举报）
网　　址	http://www.crup.com.cn		
经　　销	新华书店		
印　　刷	北京七色印务有限公司	**版　　次**	2020 年 8 月第 1 版
开　　本	787 mm×1092 mm　1/16		2025 年 9 月第 2 版
印　　张	17.25	**印　　次**	2025 年 9 月第 1 次印刷
字　　数	367 000	**定　　价**	45.00 元

前言

当下中国正处于新型工业化、信息化、城镇化、农业现代化快速发展阶段，工业向中高端迈进，服务业层次不断提升，现代服务业和新兴服务业迅猛发展。党的二十大报告提出，全面建设社会主义现代化国家，以中国式现代化推进中华民族伟大复兴，实现第二个百年奋斗目标。这为我国经济社会发展擘画了宏伟蓝图，也为企业经营指明了方向。在这一背景下，市场调研作为企业获取市场信息、洞察消费者需求、把握竞争态势的重要手段，帮助企业管理者制定有效的市场营销策略乃至战略的利器，成为企业成长发展的重要保证。市场调研为企业提供了决策依据，党的二十大为企业指明了发展道路，将两者有机结合，能够使企业更好地适应市场变化，实现创新发展、绿色发展，为经济社会的发展做出更大贡献。

市场调研既是市场营销及其相关专业的一门重要的课程，也是这些专业的学生必须掌握的一项重要的实践技能。要准确把握市场调研的基本理论，具备初步的市场调研组织和实施能力，学生必须经过较为全面的实践训练。本教材力求体现我国当前高职教育教学改革及人才培养模式改革的发展方向，总结了编者多年对市场调研课程进行教学改革的经验，以培养学生市场调研能力为目标，在“理论够用”的前提下，紧密结合当前企业市场营销和市场调研中的实际问题，围绕“实践主导、项目课程教学、工学结合”的人才培养模式，实现了教学内容项目化、实务化，教学方法案例化、实战化。本教材编写宗旨是以学生为主体，教师全程指导，力求切实提高学生实际操作能力。

本教材第二版是在中国人民大学出版社领导和编辑的支持下修订的，在教材大纲、体例及内容方面经过较为深入的论证，力求在沿用原教材基本框架结构的基础上进行优化和改进，同时进一步强化课程思政和新技术、新工艺、新实践，对教材的相关内容进行了补充、完善。一是将党的二十大精神融入教材，教材内容尽可能多地反映我国改革开放的实践经验和社会主义建设的伟大成果；二是优化课程框架结构，保证每一个项目的内容更聚焦；三是教学使用更高效的技术，提高教学的效率。具体说明如下：

1. 调整教材结构

原教材按调研工作流程的四个阶段设计项目，缺点是每个项目的关键工作任务数量会有差异，导致每个项目篇幅差异比较大。为此，编者对调研工作的四个阶段进行进一步拆分，按每个阶段的关键工作环节来设置项目，这样设置的好处是每个关键环节的工作任务更为清晰，学习目标更为聚焦，每个项目的篇幅也比较均衡。

2. 调整教材中选用的案例

一是尽可能采用国内企业的案例，以更多地反映我国市场经济的发展情况。二是尽可能选用反映新的商业模式、新的技术手段和新的市场环境的案例，使教材内容更贴近生活真实，反映社会现实。更新的案例包括“客户调研助力白小T创业成功”“2000年的1小时配送”“vivo登顶2024年Q2中国智能手机市场，苹果被挤出前五”等。编者在教材中还介绍了海底捞、胖东来等中国企业的卓越表现等。三是为保证时效性，尽可能采用五年内的资料。

3. 调整教学内容，采用更高效的教学手段和方式

一是在调研方法方面，增加网络调研的内容。随着我国网络基础设施的建设，网络技术深入社会生活的方方面面，使用网络开展调研可以极大地提高调研的效率。网络调研是现场调研的重要途径。教材中增加了分析网络站点调研以及网络站点调研常用的网站的内容。二是增加了专业统计软件SPSS统计分析内容，代替了原有的Excel统计分析的内容。专业的统计软件在数据分析方面有比较大的优势，使用更为便捷，效率更高。

本教材以经营管理职业岗位及岗位群要求的职业能力分析为依据，参照调研工作流程的要求，将教学内容整合为相互关联的八个项目，分别为导入市场调研，市场调研准备，市场调研的方法，设计调研问卷，市场调研的组织实施，调研资料的整理与分析，预测统计分析，调研报告的撰写。每个项目下设置了大家来讨论、基本知识、操作指导、案例学习、知识拓展和团队实战训练六个模块。本教材的特点表现在以下三个方面：一是按照实际调研的工作流程设计项目、安排教学进程；二是任务的设计立足于学生的生活，具有较强的操作性；三是引入企业真实案例开展教学并进行一定的分析点评，丰富了教学内容，有效增强了学生对市场调研知识的理解，极大地提高了教学内容的真实性和实用性。

本教材的第一主编是浙江金融职业学院周宏敏副教授，第二主编是安徽审计职业学院高捷闻副教授。周宏敏负责项目一、项目二、项目三、项目四、项目五、项目六和项目八的编写，高捷闻负责项目七的编写。全书由周宏敏统筹、定稿。

本教材大部分内容取材于编者多年来积累的教案资料。编者在编写过程中也参考了许多著作和网络资源。在此，谨向这些文献资料的原创者致以诚挚的感谢。同时，特别感谢苏宁易购浙江分公司、杭州联华华商集团为本教材的编写提供的帮助。

由于编者学识、眼界及经验有限，书中必定存在不足与疏漏，真心希望读者提出宝贵意见。来函请发邮箱：yxdy06@163. com。

编者

目录

项目一 导入市场调研

学习目标

知识目标：

1. 了解市场与企业的关系。
2. 了解市场调研的发展历程。
3. 掌握市场调研的含义和作用。
4. 掌握市场调研的内容。
5. 掌握探索性调研、描述性调研、因果性调研和预测性调研的异同。

能力目标：

1. 能够区分市场调研的类型。
2. 能够掌握市场调研工作的步骤。

素养目标：

1. 提高对企业经营的认知。
2. 了解我国改革开放以来经济发展的伟大成果。

大家来讨论

市场研究帮助张勇成功确定创业方案

白小T是近几年崛起的现象级服装品牌，2019年张勇创立了白小T品牌。2020年白小T全网曝光7亿次，卖出T恤100万件，营收1.36亿元；2021年，白小T全年销售额近7.6亿元；2022年，白小T全年营收10.2亿元。抖音官方数据显示，白小T占据抖音T恤市场5%的份额，同时是腾讯、天猫、京东、抖音等各大电商平台的T恤类目第一。白小T的成功离不开对市场和消费者的全面调研和理解。在启动创业项目之前，张勇做了以下的调查和分析。

一、确定目标市场

1. 寻找有大机会的大市场

小沟渠里只有小鱼虾，大市场才能成就大品牌，白小T的创始人张勇对此有着非常清晰的认知。衣食住行是民生必备，每个市场都是数万亿级的市场。食、住、行各个都有千亿、万亿级公司，但是在服装这个市场，行业集中度极低，行业头部品牌往往只能占据行业1%的市场份额。所以服装市场是个有着巨大可能性的大市场，虽然市场竞争很激烈，但是目前还没有一个有影响力的品牌。

2. 选择群龙无首的品类

在万亿规模的服装市场，张勇发现T恤这个品类非常特殊，在市场中有销售，却没有明确的、强势的品牌。夹克有劲霸、西裤有九牧王、羽绒服有波司登，与其他品类相比，T恤是个有2 000亿元市场的品类，似乎每个品牌都在销售，却没有一个品牌能够代表T恤品类。显然这里有一个市场空白，张勇就决定从T恤入手，打造一个主打T恤的服装品牌。

3. 选择一个能够代表品类的、方便记忆和传播的品牌名称

为品牌取一个能代表品类的名字，就像百度之于搜索，可口可乐之于可乐，王老吉之于凉茶等，张勇选择了白小T。这个名字本身就是白色T恤的简称、代名词；白小T这个名字通俗易懂、非常口语化，很容易被记忆和传播；而且汉字加字母的组合令人印象深刻，适合传播。

二、确定营销战略

明确了市场和品类，就要确定目标人群。T恤是全民产品，男女老少都会有需求。市面上的T恤从十几元的白牌到几千元的奢侈品牌都有，选择什么样的T恤取决于购买者的消费能力和意愿，以及穿着场景的不同。

(1) T恤市场可以分为男士市场和女士市场。女士对服装的需求会更多元化，在T恤这个单一品类上集中度会比较低。男士服装款式通常比较单调，T恤在多数男士衣柜里占据了一定比例的空间。所以为保证市场规模足够大，白小T选择以男士市场为主。

(2) 按年龄来分，男士可以分为学生、青年、中年人、老年人。学生和老年人购买力有限，对价格非常敏感，不是最佳的目标人群。有固定工作的中青年男士成为白小T的主要目标人群，其中尤其是以脑力劳动为主的精英男士，成为白小T的核心目标人群。

近几年，在乔布斯、扎克伯格等人的引领下，IT职场开始摒弃中规中矩的正装风，流行以T恤为代表的休闲风。今天，T恤不再只是家居服，而是很多大公司的正常着装。基于以上两个原因，白小T更有理由将目标人群定位为精英男士。这个群体不仅把T恤作为日常家居休闲服，还把T恤作为职场常规的着装，给了T恤更多的穿着场景。

(3) 精英男士的消费特点。与学生群体相比，精英男士消费能力强、价格敏感度低；与女士相比，精英男士在消费时不喜欢比来比去，看中就下单；这类人群穿着讲究、节约时间、目标明确，最为重要的是，他们关注新闻时事；另外，精英男士对新技术感兴趣，喜欢高科技产品等。

白小T的成功不仅在于市场选择、市场定位做得到位，还在于其针对目标客户需求和偏好，进行了高效的营销策划，包括打造高性价比的产品方案、给人无法拒绝的第二件优惠策略、选择抖音电商最大可能地触达目标客户，以及利用抖音平台系统进行销售推广。通过一系列的精准的举措，白小T实现了三年从零做到8亿元，成为T恤类第一大品牌，并成为T恤品类的代名词。

请思考：

（1）你从这个案例中得到了什么启示？

（2）如果你想创业，你打算做些什么？

基本知识

一、市场与企业

（一）市场的含义和分类

1. 市场的含义

从广义来看，市场是指商品交换的场所，是买卖双方发生交易行为的地点。市场对不同的群体而言，内涵并不相同：对消费者而言，市场是购买商品的场所；对企业而言，市场就是消费者。但从实质来看，市场是一种交换行为。这种交换必须符合以下几个条件：至少要有买卖双方；双方是等价交换；有特定的交易场所等。从市场营销的角度来看，技术和消费对象近似的卖方构成行业，消费近似的买方则构成市场。行业和市场的关系如图1-1所示，卖方和买方通过四条通路联系起来。卖方把商品/服务及信息传送到市场；反过来，他们收到货币和信息。内圈表示货币和商品/服务交换，这种交换是传统的、本质性的交换，而在消费者需求千变万化的情况下，这种交换的时间较长，交换的成功性较小；外圈表示信息的交换，这是市场交换的一种新的内容，并且是内圈交换过程加速实现的前提条件。目前，企业进行营销的基本工作在外圈。

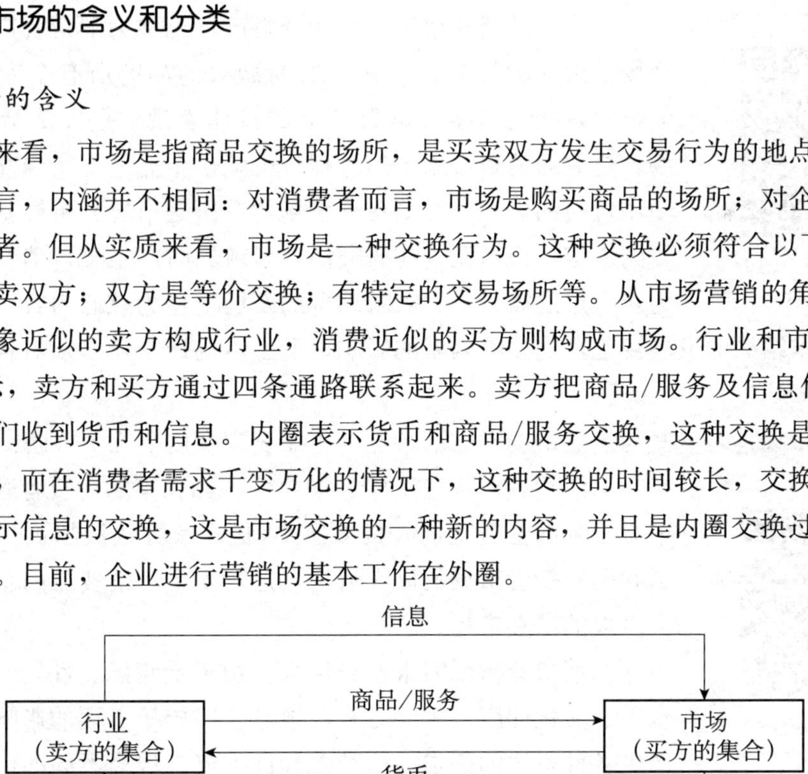

图1-1　行业和市场的关系

从狭义来看，在现代市场营销中，市场主要表现为对某种或某类商品的消费需求，即由三个要素组成：

市场＝消费者＋可支付购买力＋购买欲望

市场的三个因素是相互制约，缺一不可的。只有三者结合起来才能构成现实的市场，才能决定市场规模和容量。例如，一个国家或地区人口众多，但收入很低，购买力有限，则不能构成容量很大的市场；又如，购买力虽然很大，但人口很少，也不能成为很大的市场。只有人口极多且购买力又高的市场，才能成为一个有潜力的大市场。欧美发达国家虽然人口不是最多的，但是购买力强，所以长期以来是消费的主流市场；印度是世界人口大国，但是人均 GDP 水平很低，消费者价格敏感度高。2012 年，华为正式启动高端化战略，华为手机以欧美市场为目标市场，而讲究性价比的小米手机则以印度为目标市场。当然，如果产品不符合需求，不能引起人们的购买欲望，对营销者来说，仍然不能成为现实的市场。所以市场是上述三个因素的统一，也是企业重点研究的内容。

2. 市场的分类

根据购买者的不同目的，市场可分为生活资料市场和生产资料市场。

市场的分类（1）

（1）生活资料市场。生活资料市场也称为消费者市场，消费者市场是由为满足个人生活需要而购买商品的所有个人和家庭组成的，它是社会再生产消费环节的具体表现，是经济活动的最终市场。企业为消费者服务的过程，也就是企业最终实现商品的价值和使用价值的过程。对消费者市场的调研是市场分析最基础也是最主要的内容，市场调查在研究消费者市场时，主要以消费者的购买行为所决定的需求量、需求结构的发展变化为核心内容。由于消费者需求量与需求结构的发展变化，受多种因素的影响，所以市场调查还必须对各种影响因素进行分析。

消费者市场具有一些与产业市场不同的特点，主要表现在以下几个方面：

市场的分类（2）

①消费者市场范围广、规模大。如我国的消费者遍布在 960 万平方千米的土地上，人数多达 14 亿，家庭数量超过 4 亿，这表明了我国消费者市场的巨大潜力，这对于生产消费品的企业来说是一个巨大的潜在市场。

②消费者市场需求差异性大。由于受年龄、性别、职业、收入水平、文化程度、生活方式、地域、民族等方面的影响，消费者会产生各种各样的需求。这种差异性不仅表现为不同的消费者各自需要不同种类的商品或服务，而且表现为同一消费者对同一类商品或服务在不同时间也可能有不同的需求。在人们的记忆中，女性是消费者市场的主力军，仿佛商场是女性的天下，于是女性专卖商场层出不穷。但这种格局也在悄悄地发生变化。在美国，男性在购物中的

角色变化最为明显地体现在，增加了购物和照顾子女方面的责任，以及承担了更多的做饭及家务劳动，而这些传统上都是由女性来承担的。美国一项调查发现，35%的男性为家里购买所有的食品，大约33%的男性购买全部的清洁用具和家庭用具，约67%的男性购买自己使用的个人用品。

③消费者购买行为具有较明显的可引导性。购买决策一般由自发的、分散的个人和家庭成员做出，市场上的商品花色品种繁多，质量性能不同，消费者购买商品时往往需要卖方的宣传介绍和帮助，而且市场上的许多商品具有较强的可替代性，如果某个企业的产品或服务不能满足消费者的需求，消费者的购买行为就会转向这个企业的竞争者。

④消费者市场购买频繁。消费者是为了满足个人和家庭需要而购买消费品的，某些商品不易保管和储存，消费者每次购买数量不大，一般属于小规模购买，但为了保持生活需要的连续性，就需要频繁重复购买。这一特点在日用生活必需品上表现得更为明显。因此在进行市场调研的时候，应充分考虑消费者市场的这些特点。

（2）生产资料市场。生产资料市场是在产业用品的买卖双方作用下形成的，是产业用品买方需求的总和，生产资料市场的买方是产业用户，是组织团体而不是个人消费者。与生活资料市场相比，生产资料市场具有以下明显的特点：

①生产资料市场的购买频次少，但购买数量大。生产资料市场的购买者是为了生产消费品而购买产品的，现代生产以规模化生产为主，这决定了生产资料远远超过生活资料的购买数量。

②需求的派生性。生产者对生产资料的需求，归根到底是由消费者对消费品的需求引申出来的，也就是说，生产者购买生产资料的最终目的是给消费者市场提供产品。倘若消费者不需要家具，家具制造企业也就不必购进木材，木材企业就不必购进原木，林场就不必砍伐树木。总之，消费者需求带动了消费品生产发展，进而带来了产业市场的扩大。

③生产资料市场用户的规模和集中程度差异很大。生产资料市场的购买者之间的规模有大有小，其购买量有很大差异，这种差异远远超过不同消费者之间的差异。生产资料市场的集中度差异也很大，从地域上看，沿海与内陆、城市与农村，生产资料市场集中程度不同。在市场调研中，应充分考虑产业市场的主要特点。

（二）企业的含义

企业是通过向社会提供产品或服务获取利润，而从事生产经营活动的独立经济组织。企业的目的是取得利润，提供产品或服务仅仅是其实现盈利目的的手段。独立性是企业存在的基本条件，要求企业必须以自主经营、自负盈亏的方式完成上述活动。也就是说，企业通过为社会提供商品或服务的使用价值，实现自己的价值，收回成本，获取利润，持续地从事生产经营活动，并不断地投入某种生产、流通中所需的资本，通过从事生产流通活动使资本增值，进而再投入，成为资本循环运动的经济实体。

（三）市场与企业的关系

在市场经济条件下，市场和企业是一对相互依赖又相互制约的矛盾体。企业离开了市场就无法生存，其资本难以有效运转；而市场失去了企业也就失去了存在的意义。

市场与企业的关系（1）

1. 市场对企业的作用

（1）市场是维系企业生存发展的场所，是企业一切活动的中心。从企业生产经营的目的来看，企业和市场是共生的关系，是相互依赖、相互以对方作为存在的前提，如果不注重研究市场需求，把企业与市场人为地对立起来，完全以企业为主体，主观地把商品强加给市场，其后果是企业商品不符合市场需求，难以实现其价值。市场与企业的关系是实现商品的惊险跳跃，这个跳跃如果不成功，淘汰的不一定是商品，但一定是商品所有者。从实际来看，市场每天都在通过抛弃商品而淘汰生产该商品的企业。因此，拥有市场比拥有工厂更为重要。企业与市场在共生的基础上互动，良好的市场以及良好的市场运作可以保证企业持续地发展，可以把企业推向做大、做强的一个又一个新台阶；反过来，企业有了向上的台阶、可持续发展的物质基础后，又可以更加有效地把握和运作市场，更好地适应市场、创造市场。

（2）市场引导企业适应消费，同时检验和校正其劳动的有用性。市场既是一个比较抽象的概念，又是一个动态的概念，市场的不断变化是一个不变的真理，企业不可能满足市场的所有需求。现实的市场得到初步满足后，潜在的市场又会创造需求，引导企业不断生产出新的商品或服务。人的购买动机并不单一，既包括物质价值，也包括概念和感觉价值，如高价购买名牌商品，就出自概念价值的驱动，是为了获得某种情绪、为了满足感觉价值的需要的消费。每一种具体市场，最初都是以一种潜在的形式存在的，企业将这种潜在需求挖掘出来是一种创造过程，这一创造过程和创造的价值，最终还是要受到市场本身的检验。适应市场需求的商品或服务，会使企业在赢得市场之后获得利润，并成为支撑企业发展的平台；相反，不适应市场需求的商品或服务，尽管投入大量的人力、物力，也不能使企业的投资增值，甚至亏损，长此以往，企业就难以生存与发展。

（3）市场充满竞争，既给企业提供机会，又给企业带来威胁。有市场必然有竞争，在任何行业中，都存在以下五种竞争的力量，分别是新竞争者的进入、替代品的威胁、卖方讨价还价的能力、买方讨价还价的能力和现有竞争者之间的竞争。多方竞争力量的共同作用，既可以给企业带来发展的机会，又必然通过优胜劣汰给企业带来一定的威胁。因此，如何规避威胁、寻求发展机遇，是任何一个企业都必须高度重视的问题。与此同时，随着市场的扩大，购买行为日益复杂，竞争必然日益激烈。对于企业而言，研究、分析市场的难度和所花费的费用也必然日益增加，仅靠过去那些简单的方法，难以从市场中及时获取有效的信息，这就要求企业建立一个有效的市场研究系统。

2. 企业对市场的作用

产品与市场共生，有市场需求就会有商品生产，有商品生产就会进一步拓展市场需求。因此，企业需要考虑如何创造市场和适应市场。

（1）创造市场。创造市场就是创造一种消费方式，或是创造一种生活方式，这是企业所追求的高级境界。创造一种消费方式，就可以创造一个巨大的市场，企业就可以在其中得到快速的发展。

市场与企业的关系（2）

创造市场是以产品、企业乃至行业的技术创新为先导，例如：硅在应用技术上的突破创造了巨大的计算机市场，基因科学创造了生物市场的需求，等等。另外，对常识的组合也可以创造市场，如上面所提到的饮用水产业，虽然没有科技上的革命和突破，却非常有创造性地演绎了常识、组合了常识。因此，创造消费方式，也可以创造新的市场。

菲利普·科特勒指出，企业的市场竞争就是为顾客提供最大、最多、最好的价值。他于2005提出了“水平营销”概念，其本质就是以顾客价值为核心，用横向思维把产品变成某种全新的东西。对此，科特勒认为，传统的纵向营销有三个层面，即市场定义层面、产品层面和营销组合层面。每一个层面又有很多因素，如市场定义层面就包含消费者、使用情境等因素。水平营销就是要选出一个层面，就这个层面的某个因素展开横向思考，如用途、目标市场等，从而催生出全新的产品。他将这种营销手段形象地比喻为“跳出盒子的思考”，例如：麦片生产商在考虑产品开发时，总想着如何在麦片的盒子里做文章，如少一些热量、多添些营养等。但为什么麦片只能装在盒子里？难道不可以把麦片做成条状，并给它起名字叫“麦条”吗？这实际上就是“跳出盒子的思考”，而不是“坐在盒子里的思考”。

2005年出版的《蓝海战略》的作者W. 钱·金和勒妮·莫博涅经过20余年的研究证明，在企业新推出业务的过程中，86%是投入红海业务，14%是投入蓝海业务，而蓝海业务最后对于企业利润的影响占61%。在这些业务中，红海指的是在现有市场中的直接竞争，通常通过价格战、低成本来实现。与此相反，蓝海指的是彻底甩开竞争对手，打破产业边界，利用价值创新的理念，创造新的市场，通过实现差异化和低成本来开创全新的市场。蓝海战略的驱动者就是顾客，与顾客接触越频繁，就越能体现蓝海战略。

自从美国俄亥俄州的战略地平线顾问公司小约瑟夫·派因等在《哈佛商业评论》发表了《体验式经济时代来临》一文后，体验营销便成为企业寻求创造市场的有效途径之一。例如：成立于1994年的海底捞火锅从四川省简阳市起步，通过用餐场景创新和用餐体验方面不断进行的多元化探索，推陈出新的花式服务，在不断优化顾客体验的同时，有效地促进了企业的服务提质和降本增效，成长为全球知名餐饮品牌。再如：总部位于河南省许昌市的胖东来超市，通过为顾客提供宽敞明亮的购物环境、清晰的指示标识、亲切的员工服务，以及个性化和定制化的顾客服务，从顾客进入超市起就致力于为其提供卓越的购物体验；并通过社交媒体平台与顾客积极互动，分享最新动态和促销活动，积累了大量粉丝和正面评价，形成了良好的口碑。2024 年清明小长假，胖东来超市成为超 5A 级“景点”，不仅门店外数千人排队等候，还带动了整个许昌市游客爆满，成为超市界的天花板和标杆。那么，什么是体验呢？营销专家克里·史密斯在《体验式营销：世界上伟大品牌的成功秘诀及营销策略》一书中指出，体验是指个体对某些刺激产生回应的个别化感受，体验通常是由对事件的直接观察和参与造成的，是人们内在的个性化的东西。因此在体验经济时代，企业应该利用体验营销，将消费者内心的需求充分挖掘出来，不断地创造需求，满足快乐消费的人性需求。

市场与企业的关系（3）

（2）适应市场。不是每个行业、每个企业都可以做到创造市场，更多的企业需要适应市场。适应市场就是指企业在业已成型的市场需求中寻求发展，这种发展必须完全正面地介入市场的一般竞争之中。例如：服装市场是一个成熟的市场，其市场空间幅度很大，任何一个企业一旦介入这个市场，就只能在质量、式样、价格、服务、便利等常规要素中降低成本，在常规竞争中赢得生存和求得发展。适应市场是企业与市场关系中最一般的关系，是企业必须具备的基本实力，也是企业与市场关系的主体，绝大部分企业和产品选择适应市场策略。因此，企业必须有能力在这种竞争中生存，从而获得市场对企业良好的促进和互动。

市场与企业发生关系的中间环节是市场运作（或称市场营销），对这一环节的把握、理解和运作，是企业与市场发生关系的关键性环节，也正是在这个环节出现了许多生动、丰富、多彩的案例。另外，市场与企业之间的关系，也导致企业的营销活动从 4P 转向 4C。4P 是指产品（Product）、价格（Price）、渠道（Place）、促销（Promotion）四个方面。以 4P 为核心展开的营销活动，主旨在于根据企业经营战略和目标市场的状况，对上述四个方面进行组合配置，使之达到有利于企业发展的最佳状态。4C 是指顾客（Customer）、成本（Cost）、方便（Convenience）、沟通（Communication）四个方面。以 4C 为核心展开的营销活动，主旨与 4P 相同，但 4P 是以企业自身为主体，而 4C 则是以顾客为主体。因此，市场与企业的互动发展，促使 4P 转向 4C，其中 4P 为 4C 的基础，4C 则是 4P 的发展。

2001 年，美国营销专家舒尔茨提出了 4R 组合理论，即关联（Relativity）、反应（Reaction）、关系（Relationship）和回报（Retribution），从顾客经济的角度阐述了全新的营销四要素。第一，与顾客建立关联。通过有效的方式，与顾客建立关联，形成一种互助、互求、互需的关系，把顾客与企业联系在一起，提高顾客的忠诚度。第二，提高市场反应速度。面对迅速变化的市场建立关联关系，企业必须建立快速反应机制，提高反应速度和回应力，来满足顾客的需求。第三，关系营销越来越重要。当今，企业与顾客的关系价值在竞争市场中变得越来越重要，抢占市场的关键已转变为与顾客建立长期而稳固的关系，从管理营销组合变成管理和顾客的互动关系。第四，回报是营销的源泉。对企业来说，营销的真正价值在于其为企业带来短期或长期的收入和利润的能力。一切营销活动都必须以为顾客及股东创造价值为目的，营销目标必须注重产出，即企业在营销活动中的回报。

二、市场调研的产生和发展

（一）市场调研产生的原因

市场调研产生的原因

随着商品生产和商品交换的发展，市场调研的实践活动产生了。在西方资本主义早期，商品经济有较大的发展，市场规模也随之扩大。当时，企业由于经营的需要，对市场行情变化的调研已非常重视。虽然凭借传统经验，企业积累了一些市场调研和统计分析的经验，对商品供求也做过不少研究，但受科学技术水平和经营管理水平的限制，当时的市场调研没有发展成为一门学科，也没有发挥其应有的作用。

19 世纪末 20 世纪初，资本主义进入垄断时期，商品经济进一步发展，市场迅速扩大，资本主义经济危机的影响日益加深，资本主义企业间的竞争日益激烈，企业迫切需要了解市场变化及竞争对手的活动情况，为生产、经营决策和改进销售措施提供依据，所以纷纷建立调研组织，开展市场调研活动。尤其是 20 世纪 30 年代世界经济危机的爆发，使企业更加认识到做好生产之前的市场调研的重要性。随着市场调研活动的广泛开展及经验的积累，企业加强了对市场调研活动本身的研究。因此，市场调研作为一门学科应运而生。

市场调研之所以能成为一门学科，并被广泛应用于企业营销活动过程，是因为：

1. 买方市场的形成是市场调研产生的基本条件

买方市场是相对于卖方市场而言的。在卖方市场条件下，由于市场是供不应求的态势，企业生产什么就卖什么，因此缺乏进行市场调研的动力。而买方市场则表现为商品供过于求，顾客根据自己的需要决定购买意向，企业要想把自己的商品顺利地销售出去，就必须研究顾客的消费心理及行为，即进行有效的市场调研。

2. 市场竞争日益激烈促使市场调研加速产生

市场是买卖双方交换的场所，由供给方与需求方两方组成，他们彼此为对方提供市场。在商品日益丰富的情况下，作为供给方的生产者面临激烈的市场竞争。这种竞争既有商品、资金、人才的竞争，也有技术水平和技术设施的竞争；既有直接竞争，也有间接竞争。作为需求方的顾客，在一个日益庞大、种类繁多的商品群面前必然会有所选择，其选择的过程和结果必然会引起企业之间的竞争。在这种市场条件下，谁能赢得顾客的青睐，谁就是成功者，反之则会面临被挤出市场的命运。为此，企业只有进行全方位的市场调研，才能达到在竞争中取胜的目的。

3. 顾客需求的多样化与多变性是市场调研产生的主因

企业营销的中心就是满足顾客的需求。一方面，顾客的需求是多样化的，不同的人有不同的需求，即使是同一个人，在不同时间、不同地点，也会有不同的需求；另一方面，顾客的需求又具有多变的动态性，企业要充分地满足顾客的需求越来越困难。为此，企业只有借助市场调研来深入了解需求变动的趋势，才能在满足顾客需求的基础上获得持续的发展。

（二）市场调研的发展过程

1. 市场调研的形成期

市场调研是在美国产生与发展的。1911 年，美国柯蒂斯出版公司聘请查尔斯·库利奇·帕林担任该公司商业调研部的经理。帕林首先对农具销售进行了调研，接着对纺织品批发和零售渠道进行了系统的调研，后来又亲自调研访问了美国多家百货商店，系统地收集了一手资料，并编写了《销售机会》一书。该书提出了访问调研法、观察调研法和统计分析法，在市场调研的理论和实践方面做出了贡献，帕林因此被称为“市场调研的先驱”。与此同时，美国一些大学建立了商业调研研究所，开始市场调研理论与方法的研究。但在实际的市场调研方面，由于很多条件不具备，因此许多大规模的、复杂的市场调研无法进行。

市场调研的发展过程

2. 市场调研的发展期

自 1923 年美国人尼尔森创建专业的市场调研公司后，市场调研工作就成为营销活动不可分割的一部分。1929 年经济危机的爆发转变了企业以产定销的传统观念，企业开始重视生产之前的市场调研活动，进一步推动了市场调研的快速发展。1929 年至 1939 年，美国政府和有关地方工商团体共同配合，对全美进行了一次商业普查，这次普查被称为“美国市场调研工作的一个里程碑”。这次调研揭示了美国全国市场结构的全部情况，统计了各种市场营销机构和商品大类的详细销售数据，分析了各种各样的商品从生产者到消费者手中的过程、各种类型的中间商和分销渠道的作用及各种中间商的营销成本，提供了改进市场营销活动、减少浪费的依据，并规定了每隔五年定期举行一次调研，以观察市场变动的规律。20 世纪 30 年代以后，随着心理学家的加入和统计方法的进步，市场调研的方法得以丰富，市场调研的结果更加科学可信，市场调研的范围也扩大到与市场营销问题有关的各个方面。与此同时，市场调研理论也得到了较快的发展，美国先后出版了不少关于市场调研的专著，其中 1937 年美国市场营销协会组织专家集体编写的《市场调研技术》

一书对市场调研学科发展起到了重要作用。市场调研逐渐成为一门新兴的学科，并带动了市场调研业的兴起，市场调研的理论与实践得到了进一步的结合，推动了企业生产与经营的快速发展。

3. 市场调研的完善期

1950年以来，随着电子计算机的问世及其在市场调研中的广泛应用，市场调研进入一个快速发展的时期，消费者行为（价值观和生活方式）成为消费者定性与定量研究的重要组成部分。消费者调查研究是指以个人和家庭为调研对象，以更好地理解其生活方式与态度为方向，为企业广告的有效诉求提供依据的调研。尼尔森公司采用统计方法计算出收看电视广告的观众总数，并根据不同的年龄、性别、家庭状况对调研对象进行交叉分析。1978年，阿诺德·米切尔将“价值观与生活形态”的概念引入市场调研，促使市场调研人员强化对消费者态度的研究，从态度与习惯来判断其生活方式，不断提供给市场研究更理想的方法，也改变了研究消费者的思路和工具。

与此同时，大量的抽样调研和统计软件的开发，也使市场调研成为一个具有发展前景的新兴产业，产生了如兰德公司、斯坦福国际咨询研究所等一批著名的调研公司。美国前50家最大的市场调研公司，1994年的营业额已达40亿美元，其中64%的营业额来自海外市场。据不完全资料统计，全世界设有市场调研全国性协会的国家有32个以上。市场调研的国际性组织包括：世界民意调研协会（World Association for Public Opinion Research），欧洲民意与市场研究协会（ESOMAR）等。20世纪90年代以来，由于调研费用的不断提高和调研成功率的下降，市场调研行业进入不断完善的时期，尤其是随着经济全球化的发展和市场界限的国际化，市场调研更呈现出全球化的趋势。今后，伴随着全球化趋势的发展，市场调研机构的业务范围还会不断扩大，并在不断完善中进步、成长。

（三）市场调研的发展趋势

展望未来，在世界范围内，市场调研主要有以下四个发展趋势：

1. 市场调研的地位日益提高

随着经济全球化的发展和市场竞争的愈加激烈，企业利用市场调研进行经营决策和预测的频率将大为提高，在市场调研上的投入也将大大增加，如各大公司的调研经费约占公司全部销售额的1%～3.5%。市场调研的地位在企业营销过程中将更加突出，市场调研活动日益成为营销过程中的重要环节，甚至决定营销活动的成败。

2. 市场调研的体系更加完善

市场调研机构趋向多元化。未来的市场调研机构（包括政府、企业、新闻媒体、专业咨询公司在内的调研机构）将充分发挥各自获取信息的优势。例如：英国路透社、日本经济新闻社，均为世界级的综合性经济信息中心，在其下属的经济信息系统中，有着庞大的、全面的经济数据库系统，信息网络遍布全球，可以在极短的时间内向用户提供与市场活动有关的数据。与此同时，市场信息的社会化程度、企业和公众对市场信息的依赖程度也将大大提高。

3. 市场调研的方法更加先进

为保证企业经营决策的科学性，就要求为之提供资料与信息的市场调研更加精确，在调研方法上将更加趋于多种调研方法的综合应用，网络调研将得到发展与普及。此外，各种高新技术将被广泛地应用于市场调研中，与市场调研有关的统计软件的不断开发也将推动市场调研方法更加完善和成熟。

4. 行为科学将在市场调研中被广泛采用

在未来的市场调研中，对消费者心理和行为的研究将更加受到重视，因此，心理学、社会学、管理学中的行为科学方法，将在市场调研活动中得到进一步应用，市场调研将逐步成为信息产业的重要组成部分，发挥越来越重要的作用。

三、市场调研的概念和作用

（一）市场调研的概念

市场调研是企业进行市场经营活动的前提和基础，是企业开展营销策划活动、获取市场信息的工具，是企业的一项重要职能。运用科学的方法，市场调研能够帮助企业管理者做出正确的决策，选择好的经营思路，使企业健康发展。市场调研是指根据市场营销的需要，运用科学的方法，对企业营销活动的有关信息、资料进行收集、记录、整理和分析，为企业管理者正确决策提供科学依据的过程。

市场营销的关键是发现和满足消费者的需求。为了判断消费者的需求，实施满足消费者需求的营销策略计划，营销人员需要对消费者、竞争者和市场上的其他力量有相当的理解。特别是近年来许多因素的出现，促使人们对信息的质和量的需求有了很大的提高。随着经济全球化的发展，国际化营销促使企业对信息有了更高、更广的需求；随着消费意识的提高，企业的营销决策人员需要对消费者的消费习惯有更准确和更深入的了解；随着市场的竞争加剧、市场变化速度的加快，企业的营销决策人员也必须对营销策略和工具的更新有更深层次、更快速的了解和反应。

（二）市场调研的作用

市场调研的作用就是为营销人员提供信息，帮助他们认识营销机会、界定营销问题，并做出反应，即帮助营销人员更好地决策。具体来说，市场调研的作用体现在以下四个方面：

1. 为企业经营决策提供依据

市场调研的作用（1）

没有调研就没有发言权。企业要做出正确的市场营销决策，就必须通过市场调研及时、准确地掌握市场情况，使决策建立在坚实可靠的基础之上。市场调研对企业经营决策的重要作用主要包括两个方面：一方面，唯有通过科学的市场调研，才能减少不确定性，降低企业经营决策的风险；另一方面，在经营决策的过程中，企业可以通过市场调研，检查决策的实施及发展变化情况，及时发现决策中的失误和外界条件变化的影响，发挥信息反馈的作用，为进一步调整和修改决策方案提供新的依据。

2. 有利于企业发现市场营销机会

市场调研的作用（2）

通过市场调研，企业可以更清楚地了解到哪些市场存在未被满足的需求，哪些市场已经饱和，并从中寻求营销机会。在市场竞争激烈的情况下，企业因对市场信息掌握不够而坐失良机或销售受阻的情况比比皆是。所以说，及时发现市场营销机会或问题是企业经营管理的重要内容之一。市场营销机会与市场营销环境的变化密切相关。通过市场调研，企业可以随时掌握市场营销环境的变化，并从中寻找到发展机会。

3. 有利于企业增强市场竞争力

市场调研的作用（3）

现代市场的竞争实质上是信息的竞争，谁能获得并成功利用信息，谁就可能在市场竞争中立于不败之地。只有通过市场调研，摸清竞争对手的市场占有等情况，才能做到知己知彼；只有坚持不懈地进行市场调研，不断收集市场信息，才能正确把握经营策略的制定和调整，从而在市场上立于不败之地。此外，通过市场调研，企业可以对自身的综合竞争力进行评估和研究，挖掘自身最具竞争优势和发展潜力的生产经营项目，培育和创造新的市场，从而将自身的核心竞争力转化为市场竞争优势。

4. 有利于企业改善经营管理，提高企业的经济效益

在竞争的市场上执行一项决策，可能需要很多财力，而且风险性很高。为了制定科学的决策，有必要使决策建立在更严密、更可靠的信息资料基础上。另外，现代市场和市场营销的许多特性，如消费者的多样性、国际化和市场的不确定性，单凭直觉经验做出的分析缺乏可靠性。要使企业提高经济效益，必须进行市场研究，使企业的市场经营活动符合消费者的需求，使产品适销对路，以扩大市场占有率和提高利润。

总之，开展市场调研，能够为企业的各项经营决策提供科学的依据。

四、市场调研的基本类型

在现实生活中，市场调研的范围非常广泛，加之调研者的目的和出发点不同，市场调研通常呈现多样性。划分市场调研类型，提出市场调研的基本要求，有助于企业选择最适合的调研方法。按标准不同，市场调研可以进行不同的分类。

（一）按调研目的分类

按调研目的的不同，市场调研可分为探索性调研、描述性调研、因果性调研和预测性调研。

市场调研的分类（1）

1. 探索性调研

探索性调研是指市场情况不十分明晰，不能肯定问题和范围不明确时，为了找出问题的症结，进一步深入明确调研的具体内容和重点，而进行的小规模的非正式调查活动。这种调查特别有助于把一个大而模糊的问题表达为小而准确的子问题，并识别出需要进一步调研的信息。比如，某公司的市场份额较去年下降，公司无法一一查明原因，就可以用探索性调研来挖掘原因：是经济衰退的影响，广告支出的减少，销售代理效率低，还是消费者的习惯改变了等。

探索性调研通常是非结构调研和定性调研，进行探索性调研的目的是获得有关调研问题大致的背景资料。它主要利用现成的二手资料，或邀请熟悉业务活动的专家学者、专业人员等，对市场有关问题进行初步的分析和研究。探索性调研通常在项目开始的阶段进行，以获取背景资料、定义术语概念、阐明问题假设、确定调研优先次序。

市场调研的分类（2）

2. 描述性调研

描述性调研是寻求对“谁、什么事情、什么时候、什么地点”等问题的回答。它主要描述调研现象的各种数量表现和有关情况，如可以描述不同消费者群体在需要、态度、行为等方面的差异，为市场研究提供基础性资料。描述的结果尽管不能对“为什么”给出回答，但也可用作解决营销问题所需的全部信息。例如：某商店了解到，该店67%的消费者是年龄在18～44岁的女性，她们经常带着家人、朋友一起来购物。这种描述性调研为商店提供了重要的决策信息，使其特别重视直接向女性开展促销活动。描述性调研主要在对有关情形缺乏完整的知识时采用，解决“是什么”的问题。

描述性调研可以分为横向研究与纵向研究两大类，横向研究是指仅在一个时间点上，对研究总体进行测定；纵向研究则通过对相同样本的重复测定来完成。

3. 因果性调研

市场调研的分类（3）

因果性调研是调研一个因素的改变是否会引起另一个因素改变的研究活动，目的是识别变量之间的因果关系，其主要目的是解决“为什么”的问题，即弄清市场变量之间的因果关系，收集有关市场变量的数据资料，运用统计分析和逻辑推理等方法，判断何者是自变量（原因），何者是因变量（结果），以及它们的变动规律。例如：若要研究降价对销售额上升的影响程度，一般而言，企业营销目标、销售市场占有率、利润是因变量，而企业可以控制的商品分销、定价、促销等因素，以及企业外部的不可控因素则是自变量。

经常有人将因果性调研与相关性调研混为一谈。相关性调研指的是研究两类现象在发展变化的方向与大小方面是否存在一定的联系，是结论性调研的一种。相关性调研研究的是相关关系，因果性调研研究的是因果关系。比如：空气湿度大了就会下雨，湿度大是下雨的原因，下雨则是湿度大的结果；生活中人们往往根据蜻蜓低飞来判断天要下雨，蜻蜓低飞不是下雨的原因，只能说下雨和蜻蜓低飞两者是相关关系。

4. 预测性调研

预测性调研是指为了预测市场供求变化趋势或企业生产经营前景而进行的具有推断性的调研。预测性调研回答的问题是“未来市场前景如何”，其目的在于掌握未来市场的发展趋势，为企业经营决策提供依据。预测性调研可以充分利用描述性调研和因果性调研的现成资料，掌握市场发展变化的规律，运用一定方法，预测未来一定时期内市场对某种商品的需求量及其变化趋势，解决“会怎么样”的问题。

预测性调研可以充分利用描述性调研和因果性调研的现成资料，但预测性调研要求收集的信息符合预测市场发展趋势的需求，不仅要有市场的现实情况信息，还要有市场未来发展变化的信息，如各种新情况、新问题、新动态、新原因等方面的信息。

（二）按调研针对的不同产品分类

按调研针对的产品不同，市场调研可分为消费者市场调研、生产者市场调研和服务市场调研。

1. 消费者市场调研

消费者市场是指商品以满足个人生活需要为目的而形成的市场，商品的购买者和使用者是商品的最终消费者。消费者市场的商品购买者是消费者个人或家庭，市场购销活动对象主要是最终产品——生活资料，该购买活动是经常性的、零星的。由于商品消费的替代性较强，购销活动有一定的弹性，这些市场的购买者一般都缺乏较专门的商品知识，因此除商品本身之外的很多因素会对商品消费量产生影响。消费者市场调研主要针对消费者购买行为进行的调查。

2. 生产者市场调研

生产者市场是指为了满足加工制造等生产性活动需要而形成的市场。按照我国的习惯，生产者市场通常被称为生产资料市场。生产者市场的购买者主要是生产企业或单位，购买的产品多为初级产品和中间产品，或者为生产资料，购销活动具有定期、量大和缺乏一定弹性的特点。这是因为许多生产过程需要特定的原材料，否则不能生产出合格的产品，或有一定特征的产品。同时生产者市场的购买者都具有专门知识，比较固定、有主见，不是轻易可以说服的。生产者市场调研是指为了满足加工制造的生产性需要而形成的市场调研。

3. 服务市场调研

产品可分为有形产品和无形产品。有形产品可以从产品实物本身看到，或在使用过程中体会到其外观是否美丽、内在质量是否可靠、技术含量是否高端、广告包装是否恰当等。而服务市场是无形的，服务市场调研主要是对第三产业的行业发展、市场竞争、服务项目及质量方面的调研，包括服务内容、项目形式、覆盖面、时间、手段、措施和效果等方面。

（三）按调研的连续性分类

按调研的连续性，市场调研可分为经常性调研、定期调研和一次性调研。

1. 经常性调研

经常性调研是指在选定市场调研的样本之后，组织长时间的、不间断的调研，以收集时间序列的信息资料。经常性调研常用于对销售网点产品销售量的调研。

2. 定期调研

定期调研是指在确定市场调研内容后，每隔一定的时期进行一次调研，每次调研间隔的时间大致相等。定期调研可以帮助企业掌握调研对象的发展变化规律和在不同环境下的具体状况。常见的定期调研有月度调研、季度调研与年度调研。

3. 一次性调研

一次性调研是为了某一特定目的，只对调研对象做临时性的了解而进行的调研。

（四）按调研内容分类

按调研的内容不同，市场调研可分为产品调研、顾客调研、销售调研和促销调研。

1. 产品调研

产品调研包括对新产品的设计、开发和适销进行的调研。产品调研可以对现有产品进行改良，对目标顾客在产品款式、性能、质量、包装等方面的偏好趋势进行预测。同时，由于定价是产品销售的必要因素，因此对产品的供求形势及影响价格的其他因素的变化趋势进行的调研必不可少。

2. 顾客调研

顾客调研包括对消费心理、消费行为的特征进行调研，研究社会、经济、文化等因素对购买决策的影响，不仅要分析这些因素的影响作用到底是发生在生产环节、分配环节还是消费环节，还要了解潜在顾客的需求情况、影响需求的各因素变化的情况、顾客的品牌偏好及对本企业产品的满意度等。

3. 销售调研

销售调研包括对销售活动进行的全面审查，主要有对销售量、销售范围、经销渠道等方面的调研，如潜在顾客的需求情况（包括需要什么、需要多少、何时需要等），产品的市场潜量、销售潜量、市场占有率的变化情况等，都是销售调研的内容。销售调研还应该就本企业相对于主要竞争对手的优势、劣势进行评价。

4. 促销调研

促销调研主要是对企业产品或服务的促销活动中所采用的各种促销方法的有效性进行测试和评价。例如：广告目标、媒体影响力、广告设计及效果、公共关系的主要动作及效果、企业形象的设计和塑造等，都需要有目的地进行调研。

（五）按调研对象覆盖的范围分类

按调研对象覆盖的范围不同，市场调研可分为全面调研和非全面调研。

1. 全面调研

全面调研是指对市场调研对象总体的全部单位进行的调研，目的在于获得研究总体的全面系统的总量资料。一般而言，全面调研仅限于在调研对象有限的情形下使用，其调研结果虽然比较准确，但不易进行，需要一定的人力、物力。由于全面调研需要花费大量的调研费用，因此仅当非常必要时才可进行全面调研。

普查是最常见的一种全面调研。新产品试销的跟踪调研也常用全面调研。

2. 非全面调研

非全面调研是指仅对总体中的部分单位进行的调研，又分为市场典型调研、市场重点调研和市场抽样调研。市场典型调研是指从总体中选择具有代表性的部分单位作为典型进行的调研，其目的是通过对典型单位的调研，认识同类市场现象总体的规律性及其本质。市场重点调研是指从调研对象总体中选择少数重点单位进行调研，其目的是通过对这些重点单位进行调研，反映市场总体的基本情况。市场抽样调研是指根据概率原则抽出适当样本进行的调研，其结果可以控制，在市场调研中应用较广。

（六）按调研的空间范围分类

按调研的空间范围不同，市场调研可分为国际市场调研、全国市场调研、区域市场调研、城市市场调研和农村市场调研。

1. 国际市场调研

国际市场调研是指面向国际市场开展的调研，其范围根据需要，可以是某个国家、某个地区，也可以是全球市场，是范围最广泛的调研。随着世界经济全球化、一体化的发展，越来越多的企业走出国门，不仅为国内人民服务，更为全世界提供高质量的产品或服务，这就需要开展国际市场调研以了解其他国家、地区市场的特征和消费特点等。

2. 全国市场调研

全国市场调研是指在全国范围开展市场调研，以了解不同地区、不同消费者之间的差异。

3. 区域市场调研

区域市场调研是指在某一区域范围开展的市场调研，以了解不同区域、不同消费者之间的差异。

4. 城市市场调研

城市市场调研是指主要针对城市消费者的需求特点开展调研，以进一步满足城市市场的需求。

5. 农村市场调研

农村市场调研是指主要针对广大农村市场的特点开展调研，以进一步满足农村市场的需求。

（七）按调研的性质分类

按调研性质的不同，市场调研可以分为定性调研和定量调研。

1. 定性调研

定性调研是指收集、分析和解释那些不能被量化的数据或不能用数字概括的数据。任何采用非结构性研究技术的调研，都可以被称为定性调研。定性调研通常只研究相对较少的受访者或单位，换言之，定性调研的规模和范围非常有限。定性调研技术的非结构性和小规模样本的特点有重要的意义，该类调研被用于提供关于某个问题的最初洞察、观点、意见，而不是建议最终的行动路线，因此定性调研技术最适合运用在探索性调研中，其主要作用是获得预感，或者说，以便在之后更正式的调研中进行测试。例如：主导用户或关键信息提供者、案例研究方式、焦点人群访问、深度访问、文字关联测试和非结构观察等，都是在探索性调研中经常采用的定性调研技术。焦点人群访问是最常用的定性调研方式。

2. 定量调研

与定性调研相比，定量调研离不开结构性、大规模和更具代表性的受访者样本，因此定量调研技术一般用于结论性调研中，如描述性调研、因果性调研等。定量调研的主要作用是检验预感或假设。

表 1－1 为定性调研和定量调研的应用场景对比。

表 1－1　定性调研和定量调研的应用场景对比

主要领域	定性调研最佳应用场景	定量调研最佳应用场景
广告	某公司经销商希望得到关于创造性地通过电视广告来宣传该产品沟通方式的观点	某公司制定了两个情景，公司经理希望了解哪个情景能够有效影响目标顾客的产品印象
产品计划和促销	某厨房帮手公司的品牌经理希望了解顾客如何使用厨房用具，以及在何时、何地使用	某厨房帮手公司的品牌经理希望开展大规模调研，以确定厨房用具的主要使用者
个人销售	某型号轿车的销量不断下滑，销售经理希望识别可能的原因	通过同级经销商的讨论，销售经理怀疑是因为顾客满意度低造成销量下滑，并希望采用顾客满意度问卷的方式来证实这一猜测
服务营销	某医院管理人员希望了解患者在医院感受到恐惧的性质和程度	某医院管理人员希望评价患者对特定服务（如患者护理、食品提供，以及医疗诊治等）的评级

定性调研和定量调研的界限并不总是非常清晰的，有些定性调研可以获得统计分析数据，有些结构性问卷也可以设置开放式问题以供统计分析，两种调研方式都有缺陷。只有充分考虑其优缺点，才能获取调研的最大价值。

两种类型的调研在市场调研中都发挥着各自不同的作用。如果调研的目的是了解问题，或开发新产品概念，定性调研会更有用；如果调研的目的是预测销售，建立价格点和选择最佳的潜在目标市场，定量调研会更合适。如果一个公司希望预测对新产品概念的需求，或识别潜在目标市场，在进行定性调研之后，必须开展定量调研。所以说，定性调研和定量调研具有互补性，只有将两者有机地结合，才能实现调研的目标。

以上从不同角度，以不同标准来划分市场调研的各种不同类型，目的是对各种市场调研进行深入分析和研究，便于针对不同类型调研的特点，提出不同的调研要求，选择相应的调研方式、方法。上述各种类型的市场调研，有些单独在市场营销管理的决策中发挥作用，但在实际工作中往往是相互结合、相辅相成的，不同类型的市场调研往往与不同类型的市场预测结合起来，共同完成市场研究工作，探索市场未来发展，为科学的经营决策提供依据。

五、市场调研的内容

（一）市场需求调研

市场需求调研主要包括对商品需求量、需求结构和需求时间的调研，即了解消费者在何时、何地需要什么，需要多少。

商品需求量主要取决于社会购买力水平。调研商品需求量主要就是调研社会购买力。对企业来说，调研商品需求量，不仅要了解企业所在地区的需求总量、已满足的需求量和潜在的需求量，而且要了解本企业的市场销售量在市场商品需求量中所占的比重，即本企业的市场占有率，以及开拓地区市场的可能性。

调研需求结构主要是了解购买力的投向。需求结构的调研通常是首先按消费者收入水平、职业类型、居住地区等标准分类，然后测算每类消费者的购买力投向，即对吃、穿、用、住、行等商品的需求结构。调研需求结构一要了解需求商品的总量结构，二要了解每类商品的品种、花色、规格、质量、价格、数量等具体结构，三要了解市场和商品细分的动向、引起需求变化的因素及其影响的程度和方向、城乡需求变化的特点、开拓新消费领域的可能性等。

调研需求时间主要是了解消费者需求的季节、月份、具体购买时间，以及需求的品种和数量结构等。

市场需求总量及结构的调研是综合性调研，通常是由国家相应的经济管理部门组织进行，企业利用间接资料。而各类具体商品数量、质量、品种、规格、需求时间等方面的需求情况及其满足程度的调研，是企业市场需求调研的重要内容。为了准确把握消费者的需求情况，企业通常需要直接对某类商品的消费者的人口构成、家庭、职业与教育、收入、购买心理、购买行为等进行调研分析，然后得出结论。

（二）市场环境调研

企业的经营活动是在复杂的社会环境中进行的，受企业自身条件和外部环境的制约。因为环境的变化既可以给企业带来市场机会，又可以形成某种威胁，所以对企业市场环境的调研是企业有效开展经营活动的基本前提。

1. 政治环境

政治环境是指企业外部的政治形势和状况，分为国内政治环境和国际政治环境两部分。对国内政治环境的调研，主要是分析、研究党和政府的路线，各项方针、政策的制定和调整及其对市场、企业产生的影响。对国际政治环境的调研，主要是分析、研究相关国家的社会性质和政治体制，了解其政局稳定情况、国际政治形势的变化，如国家政权的更迭、地区冲突的爆发、国家政策的调整等，国际政治环境的变化必然会促进或破坏国际经济往来，从而影响企业能否进入、如何进入国际市场，以及进入国际市场的方向。

2. 法律环境

企业总是在一定的法律环境中运行，企业法律环境的调研就是要分析国家的各项法规、法令、条例等，尤其是其中的经济立法，如合同法、进出口关税条例、专利法、商标法、环境保护法等。在从事国际贸易交往过程中，除了解相应国家的法规、法令、条例外，还要熟悉相应的国际贸易惯例和要求，它们会从不同角度对企业经营活动产生影响。企业经营管理者不但要熟悉这些法规、法令、条例等，而且要善于运用。

3. 经济环境

经济环境是指企业所面临的社会经济条件及其运行状况和发展趋势。经济环境的调研主要是对社会购买力水平、消费者收入状况、消费者支出模式、消费者储蓄和信贷，以及通货膨胀、税收、关税等情况的调研。

4. 技术环境

新技术革命的兴起影响社会经济的各个方面。技术的迅速发展使产品从适销到成熟的时间不断缩短，生产不断加速。以电子技术、信息技术、光技术、新材料技术、生物技术为主要特征的新技术革命，不断改造着传统产业，使产品的数量、质量、品种和规格有了新的飞跃，同时与电子、信息、新材料、生物等有关的新兴产业也在建立和发展。新兴产业的兴起与发展，可能给某些企业带来新的营销机会，也可能给某些企业造成环境威胁，这就要求企业密切关注科技革命的新动向，重视新技术给人民生活方式带来的变化以及对企业营销活动的影响，更多地依赖科学技术的进步，不断研制新产品，利用新技术改善营销管理，提高企业服务质量和工作效率，推动社会生产的不断发展。

5. 社会文化环境

文化是一个复杂的融合体，其中包括知识、信仰、艺术、道德、风俗习惯以及人作为社会成员所获得的任何观念与习惯。文化最主要的特点在于它是人类后天习得的，并为人类所共有。文化使一个社会的规范、观念更为系统化，文化解释着一个社会的全部价值观和规范体系。在不同的国家、民族和地区之间，文化的区别要比类似肤色或任何其他生理特征更为深刻，它决定了人们独特的生活方式和行为规范。

总之，文化环境不仅建立了人们日常行为的准则，也形成了不同国家或地区消费者的态度和购买动机的取向模式。所以，企业在营销活动中应该“入乡随俗”，注意不同国家、不同地区的文化环境对企业经营方式的重要影响。如果主观假定一个国家或一个地区的商业文化背景，盲目地进入市场，风险必然很大。

（三）营销事务调研

营销事务调研是指围绕营销活动而展开的市场调研，主要包括产品调研、销售渠道调研、促销和销售服务调研、竞争对手调研四个方面。

1. 产品调研

产品调研即对生产者可能提供的产品品种、数量、质量、包装、产品生产周期以及产品生产的途径等进行的调研。

2. 销售渠道调研

产品从生产者向消费者转移的过程中，要经过若干流通环节或中间层次。销售渠道调研就是对产品在流通过程中所经过的流通环节或中间层次进行调研。

产品由生产者向消费者转移的典型模式为：生产者→批发商→零售商→消费者。企业可以根据消费者特点、产品性质、企业自身状况以及具体的市场环境进行选择，从而形成多样化的销售渠道。销售渠道的具体形式决定了销售渠道调研的具体内容。销售渠道调研主要包括批发商调研、零售商调研和生产者自销市场调研。

（1）批发商调研。其主要内容有：批发流通渠道的参加者以及市场占有率的变化；批发流转环节的具体层次；流转环节形成的客观因素的变化，如产品生产力布局的变化以及由此而引起的产品流向的变化；铁路、水路、公路、航空、民间运输等各类交通运输条件的变化；批发商业网点和零售商业网点布局的变化；产品品种和新产品发展方向的变化；易腐品的保管、销售条件的变化；企业经营管理条件的变化；批发商的购销形式；不同购销形式所起的作用以及影响购销形式的因素。

（2）零售商调研。其主要内容有：零售市场上从事交易活动的参加者；零售商企业的类型；零售商企业网点的分布情况；零售商企业市场的产销服务形式等。

（3）生产者自销市场调研。生产者自销市场是指由生产者将产品直接销售给消费者的产销合一的形式。通过市场调研，企业要掌握税收、物价等政策法规情况；生产者自销市场产品流转额和产品结构、比例的变化。

3. 促销和销售服务调研

（1）促销调研。促销是指企业把生产经营的产品及所提供的服务向消费者进行宣传，促进和影响消费者购买行为和消费方式的活动。促销的主要任务是向消费者传递产品和服务信息，扩大销售。促销活动的方式有很多，既有人员促销，又有非人员促销，在非人员促销中又有广告、营业推广、公共关系等具体形式。在促销调研中，应着重调研消费者对促销活动的反应，了解消费者最喜爱的促销形式。具体内容包括：调研各种促销形式的特点，促销活动是否独具一格、具有创新性；调研促销活动的接受度，促销活动是否突出了产品和服务的特点，消费者接受程度如何；调研促销活动能否给消费者留下深刻印象，效果与投入比如何；调研促销活动是否最终起到了吸引消费者、争取潜在消费者的作用。

（2）销售服务调研。从促销角度讲，销售服务也是一种重要的促销方式，这是企业为吸引消费者购买本企业产品，了解消费需求和产品质量等信息，建立企业信誉的一种促销方式。销售服务分为售前服务、售中服务和售后服务。销售服务调研应了解消费者服务需要的具体内容和形式；了解企业目前所提供的服务在网点数量、服务质量上能否满足消费者的要求，消费者对目前服务的意见反映；了解竞争者所提供服务的内容、形式和质量情况。

4. 竞争对手调研

有市场就有竞争，企业要想在市场上站稳脚跟，必须重视对竞争对手的了解，真正做到知己知彼。对竞争对手的调研，主要应了解以下几方面内容：竞争对手的数量，是否具有潜在的竞争者，主要的竞争对手是谁；竞争对手的经营规模、人员组成以及营销组织机构情况；竞争对手经营产品的品种、数量、价格、费用水平和盈利能力；竞争对手的供货渠道情况，是否建立了稳定的供货关系网；竞争对手对销售渠道的控制程度，是否拥有特定的消费群体，所占有的市场份额情况；竞争对手所采取的促销方式有哪些，提供了哪些服务项目，消费者反应如何。

操作指导

市场调研流程

一、明确调研方向

市场调研的第一步是明确问题和确定目标。由于企业的生产经营过程相对稳定，而目标市场却千变万化，因此，企业营销与市场需求往往不相适应，这种不相适应性在营销过程中会逐渐显现出来，营销人员必须找出造成这种不适应性的原因，这就是要确定市场调研的问题。问题明确了，调研的目标也就可以确定了。

1. 正确界定调研问题

当调研公司在确定企业调研问题时存在两种情况，一种是企业清楚市场调研的具体需求，即有确定的调研问题；一种是企业清楚营销问题所在，即清楚要解决的问题，但是不能明确市场调研的具体要求，这就需要调研公司深入地了解企业的经营情况和行业情况，帮助企业明确市场调研的具体需求。一般情况下，在确定了企业的营销问题后，调研人员需要收集和分析企业内部关于问题的各种记录和企业外部的相关资料，同时还需要咨询企业内部和外部对有关问题具有丰富知识和经验的专家，从而明确企业的调研问题。

每一个营销问题背后的原因可能各不相同，调研人员可以根据企业初步情况分析其所发现的问题，通过和决策者讨论、专家交流或文案调研等途径进行小范围的调查研究，以寻找问题的关键所在，从而使所调研的问题更加明确。比如企业可能存在营销增长乏力的问题，这时调研人员就要分析企业的经营情况、所处的行业情况、特定的市场环境等，找出影响企业销售增长的关键因素和变量。

2. 确定调研的目标

调研目标决定调研的方向和调研的具体内容，调研目标由企业的调研问题决定，立足于调研问题的解决，指在进行市场调研或研究时所要达成的具体、明确的目的或成果。通常，一项具体的调研项目就是根据调研目标展开的，调研目标可以是一个，也可以是多个。

3. 确定调研内容

在明确的调研目标的指导下，调研项目被细分成具体的调研内容，从而形成正确的调研架构，这是进行市场调研不可忽视的一个步骤。具体来说，就是将高度概括的调研目标进行具体化，保证调研的可操作性。

二、制订调研计划

市场调研的第二阶段是制订一个收集所需信息最有效的计划。设计调研计划要求做出的决定如下：

（一）确定资料来源

调研人员收集资料的来源有两个，即二手资料和一手资料，研究人员通常从收集二手资料开始，获得对问题的初步认识和了解，再收集一手资料，可以提高资料收集的效率和有效控制调研成本。对于第二手资料，需要确定收集的方向和收集方法，对于一手资料，应该初步确定调研人员的范围。

（二）选择调研方法

调研方法是指获取资料的方法。它包括在什么地点，找什么人，用什么方法进行调研。确定用什么方法进行调研，应从调研的具体条件出发，以有利于收集到符合需要的一手资料为原则。

（三）准备调研工具

确定了调研方法之后，就要进行调研工具的设计，如访问法的调查问卷的设计、观察法的观察记录表和登记表的设计，以及观察设备仪器的准备等。

（四）决定抽样计划

市场调研中如果调研对象选取不当，会导致调研结果的偏差。抽样计划就是根据调研的目的确定抽样单位、样本数量以及抽样方法等。

三、调研实施

（一）一手资料的收集

大部分一手资料的收集是由经过培训的访问员进行的，为保证调研结果的科学性和准确性，对调研人员有较高的要求，必须按照调研的要求，对调研人员实施一定的培训，以防止调研实施过程中的各种意外情况发生；对调研人员的管理，必须贯穿整个调研工作的始终。随着网络的普及，互联网调研也日益普及，这大大降低了调研实施管理的难度。

（二）二手资料的收集

二手资料的收集是市场调研的重要环节，它涉及从已有的、非原始来源获取信息和数据。在收集二手资料前，应制订一个详细的计划，包括搜索的资料类型、来源和关键词，评估所收集资料的可靠性和有效性，记录引用信息、整理和分类资料、分析和综合信息等工作。

四、调研结果报告

（一）信息分析

市场调研获得的信息大多数是分散的、零乱的，难免出现虚假、差错、冗余等现象，再加上调研人员的偏见，所以难以反映调研问题的特征和本质。因此，企业必须对收集来的信息进行分析处理，使之真实、准确、完整、统一。具体工作如下：

（1）分类。将收集来的信息按不同类别归类，以便于分析。

（2）编校。对收集到的资料进行检验、检查，验证各种资料是否真实可靠、合乎要求，剔除调查中取得的不符合实际的资料。包括检查资料的真实性和准确性程度、检查收集到的资料是否齐全、检查记录的一致性、口径的统一性等。

（3）整理和制表。在资料整理时，先对不明确的地方进行说明和补充，再对资料进行分析和对比，将编校过的资料根据调研目的和重要程度进行统计分类，制成表格或图形，使资料简洁明了。

（4）鉴定。由于各种因素的作用，调研结果不可避免地存在一定的误差，为确保检验结果的科学性，我们要采取一定方法对误差进行鉴定。常用的有凭经验鉴定和用公式计算两种方法。

（二）撰写调研报告

市场调研必须在调研计划得到执行的基础上，对调研结果写出分析报告，提交给企业的管理部门作为营销决策的依据。市场调研报告不仅要应用大量统计数据对市场现象加以描述，应用统计模型对市场现象的规律进行分析，还要做出判断性结论，提出建设性意见。

（三）实施反馈追踪调查

通过市场调研提供的信息情报而制定决策，在决策实施过程中，企业应该继续注意市场情况的变化，以检验市场调研所提供的资料是否准确有效，并收集新的信息，保证决策的正确性，从而通过不断的信息反馈发现新的市场趋势，总结经验，提高市场调研水平。

案例学习

案例1：宝洁进入中国市场如何进行决策

宝洁进入中国市场如何进行决策

宝洁成立于1837年，距今已180余年，是世界上最长寿的公司之一。虽然在2012财年创下销售额新高（837亿美元）的后几年里，宝洁业绩持续低迷，但是2019财年宝洁的全球营收为677亿美元，这依然是一个相当庞大的数字。最新资料显示，宝洁在全球经营着65个领先品牌，产品畅销180多个国家和地区，是在全球70多个国家和地区拥有分公司的行业巨人。

1988年8月18日，宝洁与广州肥皂厂、香港和记黄埔（中国）有限公司及广州经济技术开发区建设进出口贸易公司在中国组建了其在中国的第一家合资企业——广州宝洁有限公司。

在考虑中国市场进入策略时，宝洁首先想到引进的第一个产品是洗衣粉，毕竟当时宝洁拥有主导美国洗衣粉市场的汰渍和畅销全球的碧浪这两个优势品牌，而且根据宝洁以往的经验，洗衣粉对于经济尚不发达的市场来说，是当地消费者最有可能买得起的产品。因此，让洗衣粉成为第一个进入中国市场的产品似乎是个不错的主意，但宝洁不是一个靠“拍脑袋”定战略的公司，不论设想如何，宝洁的原则是一定要问问消费者的想法。

早在合资前的两年，即 1986 年，宝洁就派出了毕业于剑桥大学汉语和中国文学专业、讲着一口流利中文的市场研究人员吴凯女士到中国来调研洗衣粉的落地方案是否可行。吴凯在广州花了一个夏天的时间，采用座谈会、上门访问、试用等各种方法对市场进行调研。这项方案的结果并没有特别令人振奋。吴凯发现，尽管宝洁品牌表现得比当地厂商所生产的产品要好很多，中国消费者用了以后也觉得不错，但中国消费者对洗衣粉功效的要求很低。以衣物洁白、色彩鲜艳或优异洗净力为重点来推销宝洁的洗衣粉品牌，似乎不太乐观。那么，中国的消费者对什么更感兴趣呢？做完洗衣粉的市场测试后，吴凯随即进入洗发水市场进行调研。她发现，当时在中国市场上只有质量不那么好的洗发水，男性几乎都用香皂，甚至有人用洗衣粉，消费者对此类产品的需求比洗衣粉更多。吴凯给中国的消费者试用了宝洁的洗发产品，并把海飞丝和飘柔分成两组进行调查研究。结果显示，中国的消费者特别喜欢这两个产品，并且能够描述产品使用后头发的感觉——柔软、干净、清香、舒服。

尊重消费者的意见是宝洁一贯的市场秘诀。基于这样的调研结果，宝洁决定把落地方案改为售价比洗衣粉要贵得多的美发护发产品。这一方案转变的优势在于：第一，宝洁在此期间收购了理查德森·维克斯（Richardson-Vicks）公司，取得了在中国香港地区和新加坡的运营据点，可以强化美发用品的生产运作。第二，美发用品的资金投入较少。在俄罗斯、中欧和东欧，宝洁能够从它们在世界任何地方的工厂进口其销售所需的产品。例如：宝洁进入波兰市场时根本就没有在那里建厂，所有的产品都是从其他国家的工厂进口的。这样做的好处是，一旦发现某个市场没有达到宝洁所期望的底线要求，就能够以较少的损失撤出，而如果该市场表现出强劲的发展前景，宝洁随后便会加大投资。但中国的情况有所不同。要想进入当地市场，外资企业必须承诺在当地有实业投资或收购当地企业，并且必须以合资的形式进入。在这种情况下，宝洁最终选择了资金投入较少的美发用品作为其在中国市场的首发产品。

点评

宝洁能够成功打开中国市场，宝洁的产品能够顺利地在中国站稳脚跟，和宝洁认真研究中国市场特点、掌握中国消费者需求和爱好分不开。宝洁在中国市场营销成功的案例充分证明了市场调研在企业营销决策中发挥着重要作用。

案例 2：麦当劳向洋葱认输

麦当劳向洋葱认输

麦当劳是全球十大快餐连锁店之一，2009 年 10 月 31 日午夜，麦当劳在冰岛结束这一天营业的同时，也结束了其在冰岛长达 16 年的营业史，全面退出了冰岛市场。

麦当劳总部对此发布声明说，在冰岛开展业务是一项非常大的挑战。然而，麦当劳在冰岛的总经销商欧曼德森却表示：“麦当劳在冰岛的生意一直十分兴隆，每到就餐时，汹涌的人潮是任何一个地方都没有的！”

既然生意这样好，那又是什么原因使麦当劳选择了退出呢？谁也想不到，让麦当劳认输的，竟然不是同行业的竞争，而是冰岛的洋葱。

冰岛的农业不发达，大部分农作物都来自德国，包括麦当劳食品里一种必不可少的食材——洋葱。然而，麦当劳于1993年决定在冰岛开设分店时，并没有对此做过仔细的调研，麦当劳总部想当然地认为洋葱只是一种随处可见的便宜货，到开张之后才发现，冰岛的洋葱贵得出奇，购进一个普通大小的洋葱，需要卖掉十几个巨无霸汉堡包才够本。

既然开张了，麦当劳只能选择坚持。长期以来，麦当劳在冰岛的生意看上去虽然红火，但是所能产生的利润实在是薄之又薄。欧曼德森用一句话描述这十几年来的经营状况："我们一直在亏钱!"

2008年的金融风暴使冰岛克朗大幅贬值，欧元逐渐走强，加之进口食品税率提高，成本上升，更加大了麦当劳在冰岛的经营难度。在冰岛首都雷克雅未克，一个巨无霸的售价为650冰岛克朗（约36元人民币），但如果麦当劳要获得哪怕是基本的利润，就必须让价格上涨到780冰岛克朗（约43元人民币），如果是这个价格，麦当劳根本就不会成为人们的选择。而购买一只普通的洋葱，按欧曼德森的话来说："要花掉购买一瓶上等威士忌酒的钱。"洋葱的高价使麦当劳这个几乎是所向披靡的全球快餐巨无霸，在冰岛低头认了输。

点评

由于没有认真研究冰岛的原材料供应情况，麦当劳在冰岛的产品成本远高于销售价格，最终导致其不得不退出冰岛市场。这个惨痛的教训告诉我们，缺乏市场研究的决策会受到市场的严厉惩罚。

知识拓展

应用性调研及其开展

一、应用性调研及其本质

实际上，从事任何市场调研都是为了更好地了解市场，发现战略失败的原因，或是减少营销决策中的不确定性，出于这些目标所进行的市场调研被称为应用性调研。例如：丰田应该为新款轿车选择一个什么名字？A和B两个广告哪一个有更高的回忆度？这两个问题都可以通过应用性调研得到答案。

当然，也有些非市场调研则是为了拓展新的知识领域，它并不以某个具体的实际问题为目标，我们称之为基础性调研，也称为纯粹性调研。它的目标是为现有的理论提供证明，或者对某一概念或现象获得更多的了解。从长期来看，基础性调研有助于我们更多地了解生活的世界。通常，基础性调研的结果在短期内不能被管理者应用。因此，现在大多数基础性调研都在大学中进行，调研结果刊登在一些专业的杂志等出版物上。而企业所做的大多数调研都是应用性的，因为它们必须在成本上更为划算且对决策者有明显的价值。

应用性调研的类型

二、是否需要开展市场调研

对于一个特定问题，管理者在面临几种解决问题的方案时，不应该凭直觉草率地开展应用性调研。事实上，首先需要做的决策就是是否需要开展市场调研。

（一）不必开展市场调研的情形

1. 缺乏资源

由于资源缺乏而无法开展市场调研的可能性有两种：其一，一个组织可能缺少开展正常调研所需的必要资金。如果一个项目要求样本量达到 800 人，但预算只允许调研 50 人，那么就很难保证信息的质量。其二，一个组织或许能够提供调研所需的资金，但是没有足够的资金去实施由调研所产生的任何决策。小企业尤其缺乏创造有效营销组合所必需的资源。例如：一个表演艺术团的导演可能完全同意市场调研项目提出的方案，但该艺术团缺乏实施方案的资金。

2. 错过市场时机

如果已经错过成功进入某一市场的时机，那么就不应该开展市场调研。如果某一产品处于其生命周期的成熟期或衰退期（如磁带录音机或黑白电视机），此时还去做新产品进入市场的调研就是非常愚蠢的。对于很快就能达到饱和的市场，情况也是如此。但是对于已经上市的产品，如果需要调整产品来适应消费者口味、竞争和应对其他因素的变化，调研还是必要的。

3. 管理者还未对制定决策所需信息达成一致

通常，调研是在明确目标的情况下进行的，但很多时候，管理者不清楚问题所在，这时候可以通过开展初步的或探索性的调研来帮助其更好地认识问题。但是大型的或核心的调研项目不能在还未明确目标的情况下开展，因为调研的现象可能并不准确，或者制定管理决策所必需的主要因素有可能被忽略。有人认为，先进行调研就会更好地理解问题并知道下一步该做什么，这是一种错误的逻辑。

4. 决策信息已经存在

有些企业对某个市场已经研究了很多年，充分了解了目标消费者的特征以及目标消费者对现有产品的偏好，在这种情况下，再做进一步的调研就是多余的并且会浪费金钱。例如：宝洁对市场已经有了详细的了解，在进行了一些初始品尝实验之后，便迅速将福爵牌速溶咖啡推向美国市场，而并没有做进一步调研，但是这个策略并不总是有效。例如：宝洁认为自己已经彻底了解了镇痛剂市场，于是没有进行调研就推出了一款阿司匹林胶囊。但是该产品由于缺少独特的竞争优势而最终失败。

5. 调研成本超过收益

管理者可能不愿意为得到信息而付出太多的金钱或者等待太长的时间。获取额外信息的意愿取决于管理者对信息的质量、价格和时效的认知。管理者会为得到充分的信息（即可以让人们准确无误做出决策的数据)，而不是那些对于如何去做仍有不确定性的信息支付更多的金钱。因此，只有当信息的预期价值大于获取信息的成本时，调研才应当进行。

（二）决定开展市场调研的情形

潜在收益的两个重要决定条件是边际利润和市场规模。总体而言，假定产品具有相同的销售潜力，高边际利润的产品就要比低边际利润的产品更具潜在收益。同样，如果两个市场的竞争强度相同，那么较大市场规模中的产品就要比较小市场规模中的产品提供更多的潜在收益，如表 1-2 所示。

表 1-2 决定是否进行市场调研

市场规模	边际利润	
	小	大
小	成本可能高于收益（如眼镜螺丝更换、轮胎气门扩张），不要进行市场调研	收益可能高于成本（如兰博基尼时尚运动装、大型专用工业设备），可以进行市场调研，在决定进行调研之前，先尽量了解所有已经存在的信息
大	收益可能高于成本（如佳洁士美白牙贴），可以进行市场调研，在决定进行调研之前，先尽量了解所有已经存在的信息	收益很可能高于成本（如医疗设备），需要进行市场调研

团队实战训练

1. 任务目标

分组建立团队。

2. 步骤及要求

（1）熟悉团队成员。

（2）选拔团队核心成员。

（3）明确团队目标。

（4）确立团队形象。

项目二　市场调研准备

学习目标

知识目标：

1. 掌握调研方案设计的意义。
2. 掌握调研方案的基本内容和方法。
3. 掌握调研方案设计的基本要求。

能力目标：

1. 能正确运用沟通工具，与企业接洽、交流，确定调研问题。
2. 能根据企业实际情况策划调研方案。

素养目标：

1. 培养系统思考的能力。
2. 培养统筹规划的能力。

任务一　确定调研方向

大家来讨论

新可乐推广上市为何失败

1886年，约翰·斯蒂斯·彭伯顿在美国佐治亚州的亚特兰大自家后院发明了可口可乐；1893年，可口可乐公司成立，从此开启了可口可乐风行全球一百多年的饮料明星的历程；如今，可口可乐已经成为全球最有价值的品牌之一。在最初的五十多年，可口可乐的市场表现无人可敌。但是到了20世纪70年代末至80年代初，传统饮料可口可乐的市场份额受到后起之秀百事可乐的剧烈侵蚀，后者作为挑战者伺机发动了极具创意并势不可挡的猛烈进攻：宣扬青春、激情、冒险的新时代精神，并声称新产品偏甜，直接挑战传统，从而唤起了美国年轻一代的共鸣。

可口可乐公司迅速反击，于1982年出台了著名的“堪萨斯计划”。在这次市场调研中，可口可乐公司出动了2 000名调研人员，在美国10个主要城市调研消费者是否愿意接受一种全新的可口可乐。调研人员向消费者出示包括一系列问题的调研问卷，请消费者现场作答。问卷问题包括：“可口可乐配方中将增加一种新成分，使它喝起来更柔和，你愿意吗?”“可口可乐将与百事可乐品味相仿，你会感到不安吗?”“你想试一试新饮料吗?”等等。

根据调研结果，可口可乐公司得到如下数据：只有约10%的消费者对新口味可口可乐表示不安，且其中一半的人认为以后会适应新可口可乐。这表明消费者们愿意接受新口味的可口可乐。于是可口可乐公司技术部门决定开发出一种全新口感的可口可乐。1984年9月，他们终于拿出了样品。这种新饮料比传统可口可乐更甜、气泡更少、口感柔滑且略带胶黏感，这是因为它采用了比蔗糖含糖量更高的谷物糖浆。可口可乐公司组织了品尝测试，在不告知品尝者饮料品牌的情况下，请他们说出哪一种饮料更令人满意。测试结果令可口可乐公司兴奋不已，消费者对新可口可乐的满意度超过了百事可乐，而在以前的历次品尝测试中，总是百事可乐略占上风。可口可乐公司的市场调研人员认为，这种新配方的可口可乐至少可以将其在饮料市场所占的份额向上推动一个百分点，这意味着可口可乐会增加2亿美元的销售额。为了保证万无一失，可口可乐公司又投入400万美元进行了一次更大规模的品尝测试，美国13个大城市的19.1万名消费者参加了这次测试。在众多未标明品牌的可乐饮料中，品尝者们仍对新可口可乐青睐有加，55%的品尝者认为可口可乐推陈出新，口味胜过传统配方的可口可乐，而且在这次测试中可口可乐又一次击败了百事可乐。

1985年4月23日，可口可乐公司时任董事长宣布：“为了适应消费者对甜味更加偏好的变化，可口可乐决定放弃其秘而不宣的‘7X’配方，推出新可乐。”可口可乐公司向美国所有新闻媒体发出邀请，共有700余位报纸、杂志和电视记者出席了新闻发布会。消息闪电般传遍美国，在24小时之内，已经有81%的美国人知道了可口可乐改变配方的消息。“新可乐”上市初期，市场反应非常好。1.5亿人在“新可乐”问世的当天品尝了它，历史上没有任何一种新产品会在面世当天拥有这么多消费者。可口可乐公司发给各地瓶装商的可乐原浆数量也达到5年来最高点。

但接下来的很多事情对可口可乐公司而言几乎是灾难性的。在“新可乐”上市24小时之内，可口可乐公司接到650多个抗议电话。到5月中旬，公司每天接到的批评电话多达5 000个，而且更有雪片般飞来的抗议信件。可口可乐公司不得不开辟83条热线，雇佣更多的公关人员来处理这些抱怨与批评。有的消费者称可口可乐是美国的象征，是美国人的老朋友，可如今却突然被抛弃了。还有的消费者威胁说将改喝茶水，永不再买可口可乐公司的产品。在西雅图，忠诚于传统可口可乐的人们组成了“美国老可乐饮者”组织，准备在全国范围内发动抵制“新可乐”的运动。许多人开始寻找已停产的传统可口可乐，这些“老可乐”的价格一涨再涨。到6月中旬，“新可乐”的销售量远低于可口可乐公司的预期值，不少瓶装商强烈要求改回销售传统可口可乐。

可口可乐公司的市场调研部门再次对市场进行了紧急调研，结果发现，在5月30日前还有53%的顾客声称喜欢“新可乐”，可到了6月，一半以上的人说他们不喜欢，到了7月，只剩下30%的顾客说“新可乐”的好话了。愤怒的情绪继续在美国蔓延，媒体还在煽风点火。对可口可乐传统配方的热爱被媒体形容为爱国的象征。面对如此巨大的公众和经济压力，可口可乐公司屈服了，于1985年7月恢复了老可乐的生产，并更名为“经典可乐”，进一步强化其传统的特征。消息传来，美国上下一片沸腾，所有媒体都以头条新闻报道了“老可乐”回归的喜讯。“老可乐”的回归使可口可乐公司的股价攀升到12年来的最高点。

请思考：

（1）可口可乐“堪萨斯计划”实施的背景是什么？

（2）为什么可口可乐市场调研的结果和实际情况不相符？

（3）“新可乐”推出失败的原因是什么？

基本知识

市场调研目标决定了市场调研的各个方面，是市场调研必须首先明确的问题。市场调研的内容是根据调研的目标确定的，市场调研目标决定了调研项目的内容架构。市场调研对象则是根据调研目标和调研内容的要求确定的。正确确定市场调研目标和市场调研内容，对于全面、准确地收集调研资料、选择合适的调研方法有重要影响。

正如前文所述，市场调研的作用就是为决策者提供信息，帮助他们认识营销机会、界定营销问题并做出反应，所以说市场调研是源自营销的需要。企业在营销中产生了一些问题需要进行决策，从而产生了研究市场的动机。

正确界定调研问题的意义

市场调研的第一步是明确问题和确定目标。由于企业的生产经营过程相对稳定，而目标市场却千变万化，因此，企业营销与市场需求往往不相适应，这种不适应性在营销过程中会逐渐显现出来，营销人员必须找出造成这种不适应性的原因，这就是调查的问题。根据调研人员的经验，在任何一个问题上都存在许许多多可以调研的内容，除非对该问题做出明确的界定，否则信息收集往往不能满足市场调研工作的目的。如果对调研问题界定得太宽，可能会得到许多不需要的信息，而实际需要的信息又没有得到；如果对调研问题界定得太窄，也会束缚调研者思路，不利于调研工作的顺利进行。其核心是找到关键问题。

一、调研问题的确认

通常，为了准确界定市场调研问题，调研人员需要对问题产生的背景有较深入的理解，例如：开展市场调研的原因，行业发展的基本状况与趋势，以往的经营情况、销售量、利润、市场占有率，可利用的资源（资金和研究技术）和面临的限制条件（成本和时间），企业对市场前景的主观预测，企业要做的决策及要实现的目标，现有消费者与潜在消费者的人数及地域分布、人口统计及心理统计特征、产品消费习惯等，相关的经济、法律环境等。

企业在产生市场调研想法时，必然面临重大营销问题或重大营销挑战。因此，必须先从营销问题分析着手，确定进行市场调研的目标后，方可着手市场调研准备工作，以避免调研方向错误。

调研人员必须解决的问题有两种类型：营销管理问题与营销调研问题，如表 2－1 所示。营销管理问题以行动为导向，回答决策者需要做什么、可能采取什么行动，是决策者面对的问题，如“是否应实施降价策略”“是否应增加广告支出”等。营销调研问题则以信息为导向，涉及为解决营销管理问题到底需要什么信息、如何有效获取这些信息，是研究者面对的问题，如“某类产品的价格需求弹性”“顾客消费行为中的广告支出效应”等。为了保证调研内容的合理性，调研人员必须做到准确地识别企业的营销管理问题，这是营销调研的出发点。

表 2－1 营销管理问题与营销调研问题之间的关系

营销管理问题	营销调研问题
是否应推出一种新产品	确定对此产品的偏好程度
是否应进入新市场	确定市场规模、支付能力、竞争状况
是否应改变广告活动	确定现行广告活动的效果
是否应提高某产品价格	确定价格需求弹性、不同价格水平对销售和盈利的影响

（1）进行营销管理问题分析时，应从以下三个角度进行：

①企业面临的营销问题是什么？

②诸多市场影响力中，哪一种值得调研分析？

③未来，企业希望的市场情况是什么？

进行营销管理问题分析，可以帮助企业在市场问题焦点明朗化后拟订市场调研架构；也可以帮助企业明确了解借由市场调研拟达成的目标；还可以帮助企业分析达成目标后应采取的营销策略。

（2）营销管理问题的识别与确认一般包括以下步骤：

①确定问题的征兆（如销售量、市场份额、利润等）。

②列举产生征兆的各种可能原因（竞争者、消费者、企业自身及其他环境因素），确认关键原因。

③提出营销经理能接受的可能的解决方案。

（3）确定营销调研问题应遵循的三个基本原则：

①确保调研人员获得营销决策所需的全部信息。

②能指导调研人员开展调研活动。

③调研问题既不能太宽泛也不能太狭窄。

二、市场调研目标的确立

调研目标是设计调研方案、编制调研策划书的重要依据。确定调研目标就是指出在营销调研中要解决哪些问题，通过调研要取得哪些资料，获取这些资料有何用途。随着营销管理问题与营销调研问题的逐步明晰，市场调研目标便可相应得到确认。例如：某企业近年来销售量大幅度下降，此时确定的调研目标可能是“发现引起企业销售量下降的原因”。如果企业知道销售量下降是竞争者产品大幅度降价造成的，在这种情况下，调研的目标就不是“寻找原因”，而是“寻找解决这一问题的对策”。又如：某企业因原材料涨价导致利润降低，管理层考虑将成品提价，有关调研目标可描述为“通过对价格需求弹性的调研，确定不同价格水平对产品销售和盈利的影响，从而为企业制定合适的价格政策提供依据”。

市场调研常常是企业用来解决营销中出现的各种问题的管理措施，这时候，正确地确定调研目标是解决问题的先决条件。杭州联华华商集团旗下的世纪联华超市新塘店，得益于交通便利，周围生活小区多、居民多，还有医院、政府、中小学及一些商务办公楼等优势，2010 年开业以来业绩逐年上升，成为杭州城东居民首选的超级市场。但是由于受行业经营环境不断变化的影响，竞争不断加剧，新塘店在 2018 年 1—2 月，营业额、租金收入、利润等与上一年同期相比均有不同程度的下降，相反费用却上升了不少。针对这一情况，新塘店决定做一次市场调研，找出业绩下滑的原因，确定门店调整思路。因为现代零售超市除了具备一般的零售功能，还须具有产品展示、动态演示、文化先导、配送服务和产品开发等功能，所以世纪联华超市新塘店本次的调研目标设定为：

（1）了解消费者（特别是年轻群体）对大型超市的服务需求。

（2）了解各品类产品坪效情况，确定各品类产品经营绩效。

（3）分析招商品牌经营情况，确定招商绩效。

经过市场调研，新塘店发现了自身存在的一些问题，如年轻消费者认为现有的陈列过于陈旧，“颜值”不够；提供的服务过于单一；各品类坪效差异较大；招商的品牌经营好坏差距大等。新塘店据此调研结果进行了相应的调整。

正确的营销管理问题分析，可以产生明确的市场调研目标，并进一步产生正确的市场调研架构，这是进行市场调研前不可忽视的步骤。

三、调研内容的设计

调研内容是收集资料的依据，是为实现调研目标服务的，可根据市场调研的目标确定具体的调研内容。调研内容的确定要全面、清晰、简练，既要避免面面俱到，内容过多，过于烦琐，也要避免把与调研无关的内容列入其中。例如：消费资料市场的调研内容通常包括对消费者需求、消费者消费行为、市场环境、产品、价格、渠道、促销、竞争对手等方面的调研。

四、调研对象的确定

调研对象是由调研目标和任务决定的调研范围，以及所有个别单位构成的总体，它是由许多具有某些相同性质的调研单位组成的。调研单位是调研对象中的个体，即调研对象中的每一个具体单位，它是调研登记的各个调研项目的承担者。

在明确了调研主题之后，就要确定调研对象和调研单位，这主要是为了解决向谁调研和由谁具体提供资料的问题。调研前必须以科学的理论为指导，严格规定调研对象的含义，对调研对象的特征进行准确描述，并指出调研对象与其他相近事物的区别，以免由于界限不清而造成调研差错。调研单位的确定取决于调研的目标，调研单位不仅要非常具体，还要便于实施。例如：对消费资料市场进行的调研对象主要是目标消费者、业务员、促销员、经销商、售后服务人员、竞争对手等。

操作指导

确定调研目标的过程

一、确定调研问题

（一）与企业决策者进行充分沟通交流，明确市场调研意图

（1）选择恰当的时机和方式，对企业决策者进行访问。为了发现企业的营销管理问题，调研人员必须与决策者接触。应该注意的是，一个企业可能不止一位关键决策者，无论是与决策者单独见面还是集体见面，都可能有困难。调研人员应该根据企业面临的问题，有意识地首先选择与直接相关的决策者进行访谈。

调研问题的界定（1）

（2）对问题进行初步分析。调研人员一般与企业决策者共同进行的问题分析主要包括

以下内容：

①导致企业必须采取行动，进行角色转变的时刻，或者问题的演变过程。如企业某产品销售，在短期内突然出现市场份额的急剧下降。

②针对以上问题分析最可能的影响因素，以及决策者可以采取的不同措施，包括近期措施和长期措施。如产品市场份额短期大幅下降，主要原因是产品陈旧、价格过高、消费者偏好发生转移，还是广告不新颖等。

③企业决策者希望了解的市场情况。

④评价有关新措施的不同选择标准。例如：生产新的产品，可以用销售额、市场份额、盈利性、投资回报等标准进行评价。

⑤与制定新措施有关的企业文化。其企业文化是否有利于市场调研工作的组织与实施、调查结论的提交。

（二）与产业专家进行沟通交流

调研人员在确定调研目标时，与决策者访谈告一段落后，紧接着就应该与对公司的产品制造非常熟悉的产业（行业）专家进行沟通交流。这里所称的专家，包括委托单位内部的专家和外部的专家。在进行访谈时，调研人员一定要全神贯注，这些专家的知识与经验，可以通过随意的个人交谈获得，调研人员也无须制作正式的调查问卷。

（1）进行专家访谈，先列出访谈提纲。见面之前，应该是先将访谈内容开列一个提纲，但是访谈无须严格按照提前准备的题目顺序和问题进行，可以灵活地对计划进行随机调整，只要达到获得专家知识的目的即可。与专家访谈只是为了界定调研问题，不应该希望马上就找到解决问题的方法。

（2）要善于甄别专家，有选择地吸收其经验。与专家沟通交流的方法更多地适用于为工业公司或产品技术特性而进行的营销调研中，这类专家相对比较容易发现和接近。这种方法也适用于在没有其他信息来源的情况下。例如：对一个全新的产品进行调研，专家对现有产品的改造和重新定位，可以提供非常有价值的建议。

（3）了解企业背景因素。任何问题或机会的产生和出现，都存在于一定的背景之中。了解这些背景，有助于我们对课题更准确地认识和把握。为了了解营销调研课题的背景，调研人员必须首先了解客户的公司和产业，尤其应该分析，对界定调研问题会产生影响的各种因素。诸如购买者的行为、法律环境、经济环境以及公司营销手段和生产技术等。

①了解企业历史资料和发展趋势。了解企业的销售量、市场份额、盈利性、技术、人口、人口统计学，以及与生活方式相关的历史资料和未来趋势预测，能够帮助调研人员理解潜在的营销调研问题，对这种资料的分析应该在产业和公司的层面上进行。例如：一个公司的销售业绩下滑，而同时整个产业的销售业绩却在上升，这和整个产业销售业绩同时下滑是完全不同的情况。公司的历史资料和未来趋势预测，对于发现潜在的问题和机遇很有价值，尤其在公司资源有限，还面临其他限制条件的时候。

②了解企业的各种资源和调查面临的限制条件。作为专业调查公司，如果想要恰当，

正确地确定调研课题的范围，必须考虑到公司可以利用的资源，如公司和调查技术，以及面临的限制条件，如成本和时间。任何调查策划都必须考虑经费支持的限度。如果说一个大规模的调查项目需要花费 10 万元，而公司的预算经费只有 400 元，显然这个项目不会被企业管理者批准。在很多时候，市场调查课题范围都不得不被压缩，以适应预算限制。比如计划对公司的顾客进行调查时，就会将调查范围从全国压缩到几个主要的区域市场。

（4）分析决策者的目标。在界定管理决策课题时，必须分清两个目标：组织目标和决策者个人目标。组织目标有时比较概括和抽象，对它的描述常常是笼统的而不是准确的，如改善企业的形象、增强企业的竞争力等。一个经常使用的找出具体目标的方法就是，就一个问题当面告诉决策者各种可行的思路，然后问决策者愿意采取何种解决思路，如果决策者回答不上来，就进一步探讨，寻找新的目标。

（三）了解企业环境因素

（1）了解消费者行为。消费者行为是市场调研企业环境内容的一个重要组成部分。在大多数的营销决策中，所有的问题都会回到消费者对于营销者具体行为的反应上来。理解潜在的消费者行为，对理解市场调研非常有用。预测消费者行为应考虑以下因素：

①消费者和非消费者人数及地域分布；

②消费者人口统计和心理特征；

③产品消费习惯及相关种类产品消费；

④传播媒体对消费者行为及对产品改进的反应；

⑤消费者对价格敏感性；

⑥零售店主要光顾人群；

⑦消费者的优先选择。

调研问题的界定（2）

（2）了解企业所处的法治环境。法治环境包括公共政策、法律等。重要的法律领域，包括专利、商标、特许使用权、交易合同、税收、关税等。法律对营销的每个组成部分都有影响。

（3）了解企业所处的经济环境。经济环境包括购买力、收入、可支配收入、价格、储蓄、可利用的信息及总的经济形势。

（4）了解企业的营销及技术手段。一个企业的营销及技术手段会影响它的营销项目和战略实施。从更大范围来说，技术环境的其他组成部分也应被考虑在内。技术的进步，如计算机的持续发展，对营销调研产生了深刻的影响。

例如：计算机结账系统使超市经营者能够每天监督消费者对于产品的需求，并能向调研人员随时提供相关的数据。这样就能随时获得零售的信息，这不仅包括公司品牌的信息，也包括其他竞争性品牌的信息。数据收集的快速性和精确性使得调研人员能够对复杂的问题和改进产品所带来的市场份额的每个变化进行研究。

（四）确定市场调研问题

通过与企业决策者沟通，与产业专家交流，进行资料分析，了解营销问题背景，调研人员已经对企业做了一个摸底调查，在此基础上可以根据项目要求确定市场调研问题，明确调研方向。零售商店在最近六个月销售额同比下降了20%，这种下降可能是由于竞争加剧引起的，也可能是营销策略制定不当所致，如果是后者则需要说明是哪项策略制定不当，具体原因是什么。

调研问题的确定是一个从抽象到具体、从一般到特殊的过程。调研人员首先应限定调查的范围，找出企业最需要了解和解决的问题，然后分析现有的与调研问题相关的资料，如企业销售记录、市场价格变化等，在此基础上明确本次调研需要重点收集的资料，明确目标。

在确定调研问题的过程中，调研人员应避免两种错误：一是过于空泛，以至于不能为整体调研方案提供清晰的指导。如探寻企业的营销策略问题，企业形象影响因素问题等，都过于宽泛，使得调查无从下手。二是主题被界定得过于狭窄。研究消费者最喜欢产品的哪种口味问题？研究课题过于狭窄，限制了研究者的视角，妨碍调查真正经营决策所需要的重要信息。因此，为了避免犯这两种错误，关于问题的界定，既要考虑管理信息需求，还要考虑获取信息的可行性及信息的价值，以保证所确定的调查问题具有价值性、针对性和可操作性。

二、确定调研目标

调研目标是根据调研的问题来确定的。确定调研目标，就是明确在调查中要解决哪些问题？通过调查要取得什么样的资料，取得这些资料有什么用途？能给企业带来哪些决策价值？这是一个从抽象到具体、从一般到特殊的过程。调研人员首先应限定调研的范围，找出企业最需要了解和解决的问题，然后分析现有的、与调研问题有关的资料，如企业销售记录、市场价格变化等，在此基础上确定本次调研需要重点收集的资料，明确调研目标。

案例学习

杭州休闲旅游市场调研项目（节选）

一、项目背景

杭州有着充沛的旅游资源优势——拥有2个国家级风景名胜区，5个国家级森林公园，2个国家级自然保护区，1个国家级旅游度假区，1个省级旅游度假区，全市共有65个国家级、省级、市级文物保护单位。从人文、历史上看，自吴越、南宋开始，杭州就是一座休闲安逸的城市，富庶、优美、娴静，远离战争，吸引了无数文人骚客、社会名流来此观光。杭州秉承了先人的休闲遗风，城市休闲气息浓厚，休闲理念在这里已成为人们的共识。

2006年10月，杭州召开了第九届世界休闲大会，大会形成了一个共识：21世纪，以休闲、旅游、娱乐、健身、艺术、文化传播等为主的“休闲经济”，将名副其实地成为世界支柱产业。随着世界旅游业的蓬勃发展以及中国假日经济的兴起，“天堂”杭州每年吸引了数以千万计的海内外游客；随着联合国人居环境改善国际最高奖——联合国人居奖的颁发，杭州成为中国最适宜居住的城市之一；随着宋城、杭州乐园、未来世界等主题公园的兴建，杭州成为中国都市中的一处休闲胜地。

随着浙江省经济的发展，杭州市政府适时地提出了“建东方休闲之都，创生活品质之城”的城市发展目标，并推出了很多相应的措施。为了了解杭州休闲旅游市场的潜力和杭州市民对杭州城市发展目标的态度，2007 年的 9 月，杭州某高校学生组织并参加了这场调研活动。

二、调研问题

杭州休闲旅游市场现有状况以及休闲旅游市场需求情况。

三、调研目的

（1）了解外来游客和当地市民对休闲旅游市场的需求。

（2）了解杭州休闲旅游市场的状况。

（3）了解外来游客和当地市民对杭州休闲旅游市场的满意度及要求。

（4）了解杭州周边休闲旅游市场的状况。

四、调研内容

1. 杭州“黄金周”休闲旅游市场整体状况

（1）杭州“黄金周”休闲旅游主要热门集中地（商场、景点等）。

（2）杭州“黄金周”交通状况。

（3）杭州“黄金周”住宿接待状况。

（4）杭州“黄金周”外来游客接待状况。

2. 外来游客调研

（1）杭州休闲旅游市场游客容量统计。

（2）游客对杭州休闲旅游市场的偏好。

（3）本地游客与外来游客的人数比例。

（4）外来游客来杭州游玩的目的。

（5）外来游客来杭州游玩的感受。

3. 杭州市民休闲生活调研

（1）杭州市民休闲旅游行为特点。

（2）杭州市民对“建休闲之都”策略的态度和热情。

（3）杭州市民对现有休闲服务设施和项目的评价。

4. 杭州“黄金周”休闲旅游市场状况

（1）杭州“黄金周”休闲旅游市场服务人员（景点人员、宾馆人员）水平。

（2）杭州“黄金周”休闲旅游市场吸引客流主要采取的方式。

（3）杭州“黄金周”休闲旅游市场与平时休闲旅游市场服务水平的差异。

五、调研对象

（1）外来游客。

（2）本地市民。

（3）服务业从业人员。

点评

该项目是某高校市场营销专业学生参加浙江省“挑战杯”大学生课外学术科技作品竞赛的项目。该项目选题很有现实意义，反映了大学生关注生活、关心城市发展的务实精神。从调研准备的角度看，该项目的调研问题界定准确，调研目标设定完整、准确、合理，调研内容丰富，主题突出，表述清晰，调研对象选择明确，针对性很强。总之，在调研目标和内容部分，该项目构想完整、调研设计完善。

知识拓展

抽样调研

抽样调研是在现代统计学、概率论基础上发展起来的一种调研方法，它是对市场普查的逻辑补充和发展，是使用频率最高的一种非全面调研方式。

抽样调研的一般流程和类型

一、抽样调研的概念、作用及适用范围

（一）抽样调研的概念

抽样调研就是从全部调研对象中抽选一部分单位进行调研，并据此对全部调研对象做出估计和推断的一种调研方法。显然，抽样调研虽然是非全面的，目的却在于取得反映总体情况的信息资料，因此也可起到全面调研的作用。

（二）抽样调研的作用

（1）在不可能进行市场全面调研的时候，利用抽样调研即可取得市场总体全面的数据。

（2）有些现象虽然可以进行全面调研，但实际做起来有困难，这时也可以采用抽样的方法取得总体的全面数据。

（3）为了节省调研的人力、费用和时间，可以采用抽样调研代替全面调研。

（三）抽样调研的适用范围

抽样调研一般适用于以下情况：

（1）不能进行全面调研的情况。有些测量或试验是具有破坏性的，不可能进行全面调研，如电视的抗震能力试验、灯泡的耐用时间试验等。

（2）有些从理论上讲可以进行全面调研，但从实际上讲不能进行全面调研，如了解某个森林有多少棵树、职工家庭生活状况如何等。

(3) 抽样调研还可用于工业生产过程中的质量控制。

二、抽样调研中的常用术语

(一) 总体

总体是指所有调研对象的全体。它是根据一定研究目的而规定的、所要调研对象的全体所组成的集合。组成总体的各研究对象称为总体单位。

(二) 样本

样本是总体的一部分，它是由从总体中按一定程序抽选出来的那部分单位所组成的集合。

(三) 参数

参数是根据总体中的个体值统计计算出来的。描述总体的特征值被称为总体参数。

(四) 统计量

统计量是根据样本个体值统计计算出来的。描述样本的特征值被称为样本统计量。

(五) 抽样框

抽样框是指用来代表总体，并从中抽选样本的一个框架，其具体表现形式主要包括总体全部单位的名册、地图等。抽样框在抽样调查中处于基础地位，是抽样调查必不可少的部分，其对于推断总体具有相当大的影响。对于抽样调查来说，样本的代表性如何，抽样调查最终推算的估计值真实性如何，首先取决于抽样框的质量。

(六) 抽样比

抽样比是指在抽选样本时，所抽取的样本单位数与总体单位数之比。

(七) 置信度

置信度也称可靠度，或置信水平、置信系数，用样本值对总体参数做出估计时，由于样本的随机性，其结论具有不确定性，因此需要采用一种概率的陈述方法，也就是数理统计中的区间估计法，即估计值与总体参数在一定允许的误差范围以内。

(八) 抽样误差

在抽样调研中，通常以样本的数值对总体的某个特征进行估计，但当二者不一致时就会产生误差。因为由样本做出的估计值是随着抽选的样本不同而变化的，所以即使观察完全正确，这一估计值和总体指标之间也往往存在差异，这种差异纯粹是由抽样引起的，故称为抽样误差。

(九) 偏差

偏差也称偏误，通常是指在抽样调研中除抽样误差以外，由于各种原因而引起的一些误差。

(十) 均方差

在抽样调查估计总体的某个指标时，采用一定的抽样方式和选择合适的估计量，当抽样方式与估计量确定后，所有可能样本的估计值与总体指标之间，离差平方的均值记为均方差。

团队实战训练

1. 任务目标

确定伊利牛奶市场调研的调研目标和调研对象。

2. 步骤及要求

（1）通读伊利集团的企业背景资料。

（2）分析伊利集团当前的营销管理问题。

（3）确定伊利集团的营销调研问题。

（4）收集资料，了解牛奶的主要用途和效能。

（5）分析牛奶的消费者构成。

（6）拟订伊利集团进行市场调研的目标和内容。

（7）对调研对象进行描述，指出它们的基本特征。

3. 背景资料

内蒙古伊利实业集团股份有限公司（以下简称为伊利集团）是目前中国规模最大、产品线最全的乳业领军者，也是唯一一家同时符合奥运会及世博会标准的中国乳制品企业。伊利集团由液态奶、奶粉、冷饮、酸奶、健康饮品及奶酪六大产品业务群组成，旗下拥有雪糕、冰激凌、奶粉、奶茶粉、无菌奶、酸奶、奶酪等 1 000 多个产品品种。

在发展过程中，伊利集团始终致力于生产 100％安全、100％健康的乳制品，为消费者带来最适合中国人体质的营养，并以世界最高的生产标准严格要求自己，为消费者追求健康体魄和幸福生活服务。其中，伊利金典有机奶、营养舒化奶、畅轻酸奶、金领冠婴幼儿配方奶粉和巧乐兹冰激凌等产品因其回味无穷的独特口感和科学合理的营养价值备受市场认可，成为消费者心目中最受欢迎的“明星产品”。伊利集团对品质的执着追求也让市场和消费者见证了“草原雄鹰的腾飞”。

根据全球领先的独立品牌评估和咨询机构 Brand Finance 发布的“2019 年度全球最有价值食品品牌 50 强”排行榜，伊利已连续两年高居全球三甲，远超亚洲其他同行。同期公布的“2019 年全球最有价值的 10 大乳制品品牌”排行榜显示，伊利连续两年稳居全球乳品品牌价值第二名，品牌潜力更高居全球第一名。多年来，伊利股份以“品质＋创新”战略推动企业营收不断增长，品牌价值不断攀升、品牌潜力不断增强，才有了如今的亮眼成绩。Brand Finance 分析指出，在保持品牌潜力最高得分的同时，伊利集团凭借 24％的惊人增长速度，品牌价值高达 77 亿美元。

伊利集团较早地运用互联网思维，在生产、质量、渠道、营销等各个领域全面借助互联网技术，打造了“互联网＋乳业”的新型发展模式以及业务形态。伊利集团在全国拥有自建、在建及合作牧场 2 400 多座，其中规模化、集约化的养殖在奶源供应比例中达到

100%，居行业首位。

［提示］

（1）牛奶有不同的用途和效能，因而有不同的消费者。

（2）牛奶的消费者构成可以根据年龄、职业、身体状况等进行划分。

（3）伊利集团进行市场调研的目标和内容可能很多，这里只针对消费者拟定调研目标和内容。

（4）要恰当地描述不同消费者的特征，并划分调研范围。

任务二 设计调研方案

大家来讨论

某区职业健康状况调研方案

为了解我国主要职业病危害的分布、职业病危害的接触人群、职业病发病人数分布、主要职业病病种及特点，研究职业病的发病规律，为国家制定职业病防治政策提供科学依据，根据《关于开展全市职业健康状况调研工作的通知》要求，结合我区实际，制定本调研方案。

一、调研目标

通过实施职业健康状况调研，摸清我区主要行业职业病危害的情况、职业病危害的接触人群分布、职业病发病人数及主要职业病发病特点，研究职业病的发病规律，为制定我区职业病防治规划提供科学依据。

二、调研的组织机构和职责分工

为保证全区职业健康状况调研工作顺利开展，区政府成立职业健康状况调研工作领导小组，负责做好全区职业健康状况调研工作的协调、组织和实施工作；成立职业健康状况调研工作小组，负责开展调查研究、数据录入、资料分析和调研报告撰写等工作。各镇、街道办事处协助开展辖区内的职业健康状况调研工作。

三、调研的时间、内容及方法

调研分为全区职业健康状况基本情况调研和近10年职业病报告统计分析。

（一）调研的时间

调研的实施时间从即日起至年底。

（二）全区职业病危害基本情况调研

按照统一设计的调研表格对辖区内职业病危害的基本情况进行调研，并按照统一的编码及程序设计，录入调研结果，上报职业健康状况调研结果。调研内容包括：

（1）从业人数、接触职业病危害的人数及其地区、行业分布情况。

（2）存在或产生的主要职业病危害因素。

（3）用人单位职业健康监护情况。

（4）职业病发病情况。

（5）劳动合同签订、参加工伤保险和职业病病人保障情况。

（三）近10年职业病报告数据统计分析

对全区近10年职业病报告数据进行汇总、统计、分析，总结职业病发病的地区分布、行业分布、企业类型分布以及重点职业病的分布情况，并与调研资料进行比较分析。

四、调研产出

（一）基本情况调研与近10年职业病报告统计分析

（1）存在或产生职业病危害因素的企业数量及其行业分布。

（2）主要职业病危害因素及其分布。

（3）接触职业病危害人数及其分布。

（4）职业健康检查人数及职业病检出人数。

（5）上报职业病人数、类型、行业及地区分布。

（6）劳动用工合同、参加工伤保险和职业病病人保障情况。

（7）结合全区相关调研资料，初步绘制出有关的分布图。

（二）主要行业重点职业病发病估算

根据基本情况调研近10年职业病报告，结合全区重点职业病哨点监测、主要行业重点职业病发病估算和近60年来全区重大职业病流行病学调研的资料，估算全区主要行业重点职业病发病情况，对全区职业病防治基本情况做出初步估计，并制定以此为基础的职业病防治策略。

五、工作步骤

（一）组织部署与培训

3月1日前，成立职业健康状况调研工作领导小组及工作小组，完成对职业健康状况调研工作人员的培训。

（二）职业健康状况基本情况调研

（1）4月1日前，完成全区职业健康状况基本情况摸底调研。

（2）4月15日前，完成全区职业健康状况基本情况调研数据的录入、数据审核、结果分析和总结上报工作。

（3）4月30日前，由区疾病预防控制中心牵头完成全区年职业病发病数据的统计工作和近10年职业病报告的统计分析工作。

六、质量控制和技术保障

（1）由职业健康状况调研工作领导小组负责全区职业健康状况调研的工作组织、协调和保障。

（2）由职业健康状况调研工作小组负责对全区职业健康状况进行调查研究，并负责调研表格的审核及数据的编码、录入、上报和统计分析等工作。

七、工作要求

（1）各镇、街道办事处及有关单位要统一思想、提高认识，要把本次职业健康状况调研作为促进我区经济健康可持续发展、构建和谐社会的一项重要内容和实际举措，切实加强领导和部门间的协调配合，认真研究，并结合今年正在开展的粉尘与高毒物品危害治理专项行动，认真落实本方案中的各项工作。

（2）调研工作中如遇到困难和问题，请及时与职业健康状况调研工作领导小组联系。

请思考：

（1）该调研目标明确吗？其调研目标是什么？

（2）该调研内容清楚吗？其调研内容是什么？

（3）该方案是否清楚地说明了调研工作如何开展？有什么需要补充的吗？

基本知识

市场调研方案策划，又称市场调研方案设计、市场调研计划制订，是指在实际调研之前，根据调研目标和调研内容，对调研中需要着重解决的各个问题和各个阶段进行系统分析，做出通盘的思考和安排，从而确定调研目标、调研内容、调研对象，选择适当的调研方法，对人员和费用等做出适当安排的过程。市场调研方案的设计，为市场调研的贯彻实施提供了具体的方向。

确定了调研目标之后，就要拟订调研方案。调研方案是针对某个课题制定的一种指导调研过程的行动纲领或框架。不同的调研课题在调研方案的具体设计上是有区别的。但一般而言，调研方案应包括调研目标、调研内容、调研对象和调研单位、调研方法、调研进度表、调研人员的组成及分工、调研经费预算等。

调研工作计划是指对某项调研的组织领导、人员配备和考核、完成时间、工作进度和费用预算等事先进行的安排。它能使调研工作有序地进行，以保证调研方案的实施。

调研方案和调研工作计划各有不同的作用。一般的大型调研要分别制订调研方案和调研工作计划。而小型的调研可以将二者合并起来，统一考虑调研方案和调研工作计划。

调研方案是事先对调研所做的统筹安排，是调研策划的结果。确定了调研问题和调研目标之后，调研人员便要着手设计详细的调研计划，编制市场调研方案。调研方案是指导调研活动开展的纲领性文件，调研方案是否科学、可行是整个调研成败的关键。市场调研方案设计是市场研究者对市场从定性认识到定量认识的连接点。

一、调研方案的主要内容

调研方案的主要内容包括以下七个方面：

（一）调研目标

调研目标就是要明确在调研中解决哪些问题，通过调研取得什么样的资料，这些资料有什么用途等。衡量一个调研方案设计得是否科学合理的标准，就是看其是否体现了调研目标的要求，是否符合客观实际。

[illegible]数的市场调研中，一次调研通常有好几个目标。例如：某企业决策者想要[illegible]抑制市场份额的下降，其调研目标就是辨明引起市场份额下降的原因，寻找抑制市场份额下降的各种措施，选择最有效的行动方案。如果原因不清楚，明确其原因仅是市场调研的目标之一；如果市场份额下降是由于不合理的市场细分引起的，那么调研目标就是收集进行合理市场细分所需要的有关信息。所以，调研人员必须对每一个目标及相应要研究的问题有一个清楚的定义。

我们在前面的项目中已经对如何确定调研目标做了讲述，这里不再赘述。

（二）调研内容

明确了市场调研的目标，进一步要考虑的就是为了达到每个具体的目标需要调研哪些方面的内容。在确定调研内容时，调研人员如果具有丰富的市场营销学、广告学、消费心理学等相关学科的知识，就能更好地知道要达到某种目的或弄清楚某一方面问题，需要了解些什么内容了。

对于市场调研方案来说，确定调研的内容是相当重要的一个环节。调研内容的确定，不仅可以为问卷设计或访问提纲的编写提供依据，而且在调研方案形成阶段，调研目标能否达成，只能通过所界定的调研内容来判断。

确定调研内容实际上是一个把调研课题转化为调研内容的过程，即把已经确定了的调研课题操作化。一般而言，将调研课题转化为调研内容，首先要找出课题中涉及调研内容的主要概念，然后把概念操作化。

相较于社会调研，在长期的实践中，市场调研在各个领域已经形成大家共同认可并遵守的调研内容。例如：广告调研的内容一般包括广告诉求调研、广告媒体调研和广告效果调研等。又如：我们要进行网络购物调研，调研内容就可以包括网络购物市场状况、网络购物网站品牌、网民网络购物行为、购物网站各项功能评价、网络购物用户特征等不同的方面。

（三）调研对象和调研单位

明确了市场调研目标之后，就要确定调研对象和调研单位，这主要是为了解决向谁调研和由谁提供资料的问题。调研对象是指根据调研目标和任务，确定本次调研的范围以及需要调研的那些现象的总体。调研单位是指所组成调研现象总体的个体，也就是调研对象中所要调研的具体单位，即我们要进行调查研究的一个个具体的承担者。

例如：我们对杭州休闲服饰市场进行调研，调研对象就可以确定为休闲服饰消费者和专卖店。休闲服饰消费者主要界定为年龄在 18～50 岁的消费者。休闲服饰专卖店主要是杭州市有特色的 19 家休闲服饰专卖店，包括七匹狼、班尼路、美特斯邦威、高邦、佐丹奴、真维斯、森马、奋牌、斐卓等。

（四）调研方法

调研方案中的市场调研方法一般包括调研区域、抽样方案（主要包括样本数量、抽样方法和抽样步骤）、资料采集方法、数据处理软件和分析方法等。其中，最关键的是抽样方案和资料采集方法。

（五）调研进度表

调研进度表规定调研工作的开始时间和结束时间，包括从调研方案设计到提交调研报告的整个工作时间，也包括各个阶段的起始时间。它既是调研工作进行的时间依据，也是用以检查调研活动进展情况的依据。

调研进度表一般要将完成以下各项工作所需的时间都充分地考虑进去：

（1）调研方案的设计。

（2）调研工具的设计和印刷。

（3）抽样的实施。

（4）调研人员的招聘和培训。

（5）预调研。

（6）调研工具的修正和印刷。

（7）调研实施。

（8）资料的编码、录入和统计。

（9）数据的分析。

(10) 调研报告的撰写、修改和制作。

（六）调研人员的组成及分工

这部分内容要列出课题负责人及主要参加者的情况（包括姓名、性别、年龄、工作单位等），并可简单介绍团队成员的专长和分工情况。

（七）调研经费预算

市场调研的费用因项目不同而差异甚大。在制作经费预算时，要先列出调研过程中各个费用支出项目及金额，然后求出总费用。经费预算的确定一般需要考虑以下几个方面的费用：方案策划费；抽样设计费；问卷设计费；问卷印刷费；调研实施费（包括选拔、培训调研人员相关费用，试调研费，交通费，调研员劳务费，管理督导人员劳务费，礼品、感谢费，复查费等）；数据录入费；数据统计分析费；调研报告撰写费；资料费、复印费、通信联络费等办公费用；专家咨询费；其他人员劳务费（公关、协作人员劳务费等）；管理费或税金等。

二、调研方案的内容和格式

作为一份完整的书面材料，调研方案的撰写应注意以下事项：

(1) 引言。概括地叙述该项调研的背景，阐明调研问题的由来。

(2) 调研目标和内容。简要地回答“为什么要做这项调研”“研究结果用于何处”；列出该项研究预期获得的各方面信息，或者提出调研的假设。

(3) 调研实施说明。说明调研在哪些地区进行，选择在这些地区进行调研的理由；对调研对象进行明确的界定；说明抽样人数、抽样方法，并列出样本结构表；对研究设计、资料采集方法做具体的说明。

对于大规模的调研，通常要将抽样问题单独制作一份较为详细的抽样计划，对抽样中涉及的问题，尤其是抽样实施问题进行详细的说明。此外，必要时还要说明调研人员的数量和资格、调研实施的操作过程、调研人员的管理监督办法和数据的统计处理方法。

(4) 提交结果的方式。阐明调研报告的形式、数量、大致内容，以及其他附件。

(5) 调研进度表。列出调研过程每个步骤所需的总时间及起始时间。

(6) 调研人员的构成及分工情况。根据调研人员的专长合理分配调研任务。

(7) 调研费用。列出费用支出明细，计算总费用。

(8) 附录。如问卷初稿、抽样说明等。

操作指导

调研方案的设计过程

一、确定资料来源

调研人员收集资料的来源有两个方面，即二手资料和一手资料。二手资料是指经别人收集、整理过的资料，经常是已经发表的；一手资料是指调研人员通过发放问卷、面谈等方式收集到的原始资料。调研人员通常从收集二手资料开始工作，并据此判断他们的问题是否已经部分或全部解决，以免再去花费时间和精力收集一手资料。二手资料为调研提供了一个起点，具有成本较低及得之迅速的优点。但是，因为二手资料是过时的，而且是为其他目的收集整理的，很难直接满足企业为特定目的进行的市场调研的需要，所以直接收集和掌握一手资料是十分必要的。

调研方案的设计过程

二、选择调研方法

调研方法是指取得资料的方法，它包括在什么地点、找什么人、用什么方法进行调研。选择调研方法主要应从具体条件出发，以有利于收集到符合需要的一手资料为原则。一般而言，如果直接对消费者进行一手资料收集，可以分别采取访问法、观察法和实验法；如果调研内容较多，可以考虑留置问卷访问法。每类方法适用场合不同，究竟采用哪种方法，要依据调研的目标、性质以及调研经费的多少而定。

三、制订抽样计划

在从事调研方案策划的过程中，如果没有对总体正确地进行抽样，就往往不能得到正确的结论。即使用最好的问卷，非常小心地进行调研，并且结合科学的分析，若未采用正确的抽样方法或未接触真正的总体，其产生的结果也会令人误解，甚至歪曲。市场调研实践中确实存在因为时间或经费紧张，或过分强调技术，或缺少对先进管理方法的了解，从而对抽样方案没有引起足够重视的现象。因此，在设计调研方案时，必须真正地找到将要调研的对象，并制订有效的抽样计划。

抽样计划就是根据调研的目标确定抽样单位、样本数量以及抽样方法。抽样单位是指调研对象的总体，样本数量是指抽样数量，抽样方法是指采取随机抽样还是非随机抽样技术。在其他条件相同的情况下，样本量越大越具有代表性，样本数量的多少直接影响结果的精确度，但样本数量过大也会造成经济上的浪费。因此，在实践中决定样本大小的主要因素是研究经费、允许误差、问题的性质和决策者敢于承担的风险。

四、确定接触方式

抽样计划被确定后，调研人员必须决定接触调研对象的方式，如邮寄调查表、电话访问、人员面谈、在线访问等。其中人员面谈访问有安排访问和拦截访问两种形式。安排访问的对象是随机挑选的，这种方法因为花费了受访者的一些时间，而应该给予其一些报酬或奖金，以补偿对受访者的打扰。拦截访问是在商店大堂或商业街上拦截人们要求交谈，拦截访问有非随机抽样的缺点，并且交谈的时间很短。

目前在线访问越来越普及。企业可以把调查问题放在自己的官网上，同时给回答问题者一定的奖励；或者把问题放在人们常去浏览的网页上，实行有奖回答；或者进入一个社交媒体平台，在这里寻找愿意接受调查的顾客。但是调研人员必须认识到在线收集到的数据具有一定的局限性。这些数据不能完全代表目标消费者的观点，因为目标消费者中有些人根本不上网，或者有些人根本不愿意回答问题，这些都会导致结论失之偏颇。当然，假如调研人员在线收集到的数据使用科学的方法处理，那么这些信息对于调查还是有帮助的。

究竟采取哪种方式或以哪种方式为主，应根据调研的实际情况和客观要求来决定。

五、确定调研人员与费用

确定调研人员主要是确定参加调研的人员的条件和人数，包括对调研人员的必要培训。由于调研对象是社会各阶层的生产者和消费者，其思想认识、文化水平差异较大，因此调研人员必须具备一定的思想水平、工作能力和业务技术水平，能正确理解调研提纲、表格、问卷内容，能比较准确地记录调研对象反映出来的实际情况和内容，能进行一些简单的数字运算和初步的统计分析。同时，调研人员还应具备一定的市场学、管理学、经济学方面的知识，对调研过程中涉及的专业性概念、术语、指标应有正确理解。另外，调研人员也要具备一定的社会经验，要有文明的举止、大方开朗的性格，善于和不同类型的人打交道，取得他们对调研工作的配合。参加市场调研，不但工作任务复杂繁忙，有时工作也单调枯燥，如果缺乏良好的工作态度，不能严肃、认真地按要求进行调研，那么取得的资料将会产生很大偏差，可信程度将会降低，严重的甚至可能导致调研工作失败。因此，调研人员还必须具有严肃、认真、踏实的工作态度。

在确定了调研人员后，应根据实际，合理估算调研费用。

案例学习

杭州休闲旅游市场调研方案

一、调研背景

随着生活水平的日益提高，人们越来越注重自己的生活质量，在物质生活得到极大丰富的基础上，更加注重精神享受。在平日里，大多数人都因为工作、学习的压力而不能好好放松、享受生活。因此，在每个“黄金周”，他们会选择到各地旅游以放松自己。杭州作为浙江省的省会城市，有多处知名的旅游景点，各景点的独特气息也吸引了众多游客前来。杭州的旅游市场繁荣初见端倪，除了各大旅游景点，各种休闲服务市场也做好了充分的准备，以迎接游客的到来。

为规范休闲旅游市场秩序，深化诚信经营活动，构建和谐假日环境，杭州各休闲旅游接待单位秉承诚信经营理念，采取措施为广大游客提供方便、优良的服务，如围绕“诚信旅游”开展工作，组织开展休闲旅游市场秩序联合检查，净化各类休闲旅游市场经营环境；结合长假休闲旅游市场情况，开展个性化和精细化服务活动，创造舒适文明的消费环境等。

杭州休闲旅游市场的各大服务场所都有自己的服务体系，它们都在不断改进以满足众多游客的不同需求，力求在人员服务方面和设施设备方面都达到最好。

二、调研目标

(1) 了解外来游客和当地市民对休闲旅游市场的需求。

(2) 了解杭州休闲旅游市场的状况。

(3) 了解外来游客和当地市民对杭州休闲旅游市场满意度及要求。

(4) 了解杭州周边休闲旅游市场状况。

三、调研内容

1. 杭州休闲旅游市场开发战略分析

(1) 总体定位。

(2) 战略目标。

(3) 国际化战略。

(4) 产品提升。

(5) 设施改善。

(6) 空间结构。

(7) 主要策略。

(8) 保障措施。

2. 杭州“黄金周”休闲旅游市场整体状况

(1) 杭州“黄金周”休闲旅游主要热门集中地（商场、景点等）。

(2) 杭州“黄金周”交通状况。

(3) 杭州“黄金周”住宿接待状况。

(4) 杭州“黄金周”外来游客接待状况。

3. 外来游客调研

(1) 杭州休闲旅游市场游客容量统计。

(2) 游客对杭州休闲旅游市场的偏好。

(3) 外来游客与本地游客的人数比例。

(4) 外来游客来杭州游玩的目的。

(5) 外来游客来杭州游玩的感受。

4. 杭州市民休闲生活调研

(1) 杭州市民休闲旅游的行为特点。

（2）杭州市民对“建休闲之都”策略的态度和热情。

（3）杭州市民对现有休闲服务设施和项目的评价。

5. 杭州“黄金周”休闲旅游市场状况

（1）杭州“黄金周”休闲旅游市场服务人员（景点人员、宾馆人员）水平。

（2）杭州“黄金周”休闲旅游市场吸引客流主要采取的方式。

（3）杭州“黄金周”休闲旅游市场与平时休闲旅游市场服务水平的差异。

四、调研地点与对象

（一）调研地点

（1）杭州市区国内游客集中的酒店。

（2）“黄金周”杭州游客集中的景点。

（3）杭州长途汽车站和火车站。

（4）杭州本地人较多的景点。

（二）调研对象

（1）外来游客。

（2）本地市民。

（3）服务业从业人员。

五、调研方法及资料整理方法

（一）主要调研方法

文案调研法、观察法、面谈访问法、访谈法相结合。

（1）节假日客流量：文案调研法。

（2）整个杭州状况（平常交通状况、景点集中地、接待能力、住宿状况、商场状况）：文案调研法、观察法、访谈法。

（3）游客需求状况：文案调研法、观察法、面谈访问法。

（4）杭州“黄金周”休闲旅游市场状况：文案调研法、观察法。

（二）资料整理方法

（1）审核资料。检查收集到的资料是否齐全，有无重复、遗漏；对含糊不清、记录不准的资料，及时要求调研人员辨认或复核、更正；保证记录的一致性和统一性。

（2）资料分类。对经过审核的资料，分别归入适当的类别，分门别类编号收存；根据调研问卷中的问题，进行预先分类。

六、调研实施计划

（一）人员配备

（1）组织成立调研项目组，组长张××，组员 6 人，由周××老师负责指导。

（2）调研人员的配备、选拔和培训。

1）调研人员选拔条件：一定的文化素质，一定的专业知识，严肃、认真、踏实的工作态度，举止文明、性格大方、开朗。建议在本专业大一学生中选拔。

2）调研人员培训，包括调研的意义、目标、重要性，调研工作的基本技能、原理、方法，工作内容、统计口径，调研中的解释、询问方式与技巧。本专业大一学生已经学习过市场调研这门课，具备了市场调研的基本知识，但是为了保证调研的顺利开展，仍然要实施调研培训，不过培训会有所侧重。

（二）现场调研行动计划

（1）外来游客状况调研（感受、目的）。

· 调研方式：访谈法。

· 访谈地点及数量，如表 2-2 所示。

表 2-2　访谈地点及数量表　（单位：人）

区域	汽车东站	城站火车站	黄龙换乘点	之江换乘点
访谈数量	20	30	10	10

注：杭州汽车东站已于 2010 年 1 月停止营运。

· 访谈时间：2007 年 10 月 5 日—2007 年 10 月 6 日（访谈人数两天平均分配）。

· 访谈方式：每位访谈员在所分配区域的候车室对来杭游客进行访谈。

· 访谈人员要求：仪表端正、大方，举止得体，态度亲切、热情，把握谈话气氛的能力；认真负责、积极的工作精神。

（2）杭州“黄金周”交通、酒店和其他休闲旅游市场相关状况调研。

1）交通状况调研。

· 调研方式：文案调研法。分配人员收听相关电台对杭州“黄金周”交通状况的报道，如交通电台，并且结合收集相关的资料。

· 调研时间：2007 年 10 月 1 日—2007 年 10 月 4 日。

2）酒店状况调研。

①酒店服务人员调研。

· 调研方式：观察法。调研人员扮成游客对相应的宾馆进行调研并且记录他们的相关信息。

· 调研时间：2007 年 10 月 1 日—2007 年 10 月 3 日。

②酒店服务情况调研。

· 调研方式：面谈访问法。调研人员与酒店大堂经理进行面谈访问，了解杭州“黄金周”酒店服务情况并且记录相关信息。

· 调研时间：2007 年 10 月 1 日—2007 年 10 月 3 日。

③酒店接待能力调研。

· 调研方式：文案调研法、观察法。

· 调研时间：2007 年 10 月 8 日—2007 年 10 月 9 日。

（3）其他休闲旅游市场状况调研。

1）杭州“黄金周”休闲旅游市场吸引客流主要采取的方式调研。

• 调研方式：观察法。调研人员对主要的游玩地点、商场等进行观察并记录其所采取的相关宣传手段、形式、方法等。

• 调研时间：2007 年 10 月 1 日—2007 年 10 月 7 日。

• 记录地点：购物商场（杭州百货大楼、浙江银泰百货、杭州大厦、西湖时代广场）；景点（西湖、宋城）；游乐场所（杭州乐园、杭州未来世界公园）；主要商业街（延安路、武林广场、庆春路、解放路与官巷口）。

• 记录要求：划分不同区域，分配人员对不同区域进行调研、记录，并进行综合统计。

2）平日杭州休闲旅游市场服务水平及其他所需信息调研。

• 调研方式：文案调研法、观察法。

• 调研时间：2007 年 10 月 8 日。

（三）工作进度安排

第一阶段：2007 年 9 月 27 日—2007 年 9 月 30 日。

调研方案策划、总体方案论证及初步方案设计。

第二阶段：2007 年 10 月 1 日—2007 年 10 月 24 日。

调研实施、收集二手资料及实地调研。

第三阶段：2007 年 10 月 25 日—2007 年 10 月 30 日。

调研总结、统计调研资料、分析调研结果、撰写调研报告。

（四）质量控制

（1）调研前对整个方案及调研流程的讨论、检查、修改。

（2）调研人员的严格筛选及专业培训。

（3）问卷调研过程中的辅导、跟踪，及时解决调研难点。

（4）问卷的复核、整理。

（5）资料录入的复核、整理。

（6）调研报告提交前，对整个调研实际操作的各个环节进行检查、修正、补充。

（五）调研经费预算

（1）外出调研路费：200 元。

（2）资料打印费：100 元。

（3）在外调研餐费：600 元。

（4）景点门票：60 元。

（5）合计：960 元。

七、小组成员确定及工作安排

（一）小组成员

组长：张××

副组长：周××

组员：翁×、周××、王××、王××、陈×、彭××

（二）工作安排

（略）

点评

作为浙江省“挑战杯”大学生课外学术科技作品竞赛的参赛项目，《杭州休闲旅游市场调研方案》不管从内容上看，还是从格式上看，都体现了参赛学生的努力。此方案的调研目标设定明确、有针对性，符合调研的需求；调研内容设计合理、完整，较全面地反映了调研的需要；调研方法选择多样化，多角度地搜集信息，使资料更丰富；人员分工、调研费用预算和调研进度安排合理。当然，这一方案在抽样方案描述、语言表达等方面还有改进空间。但作为学生作品，这一方案仍然可圈可点。

知识拓展

抽样误差

一、抽样误差和非抽样误差

在市场调查中，无论是全面调查，还是非全面调查，都有可能发生误差。调查误差是指调查的结果和实际情况的出入及差数，一般有非抽样误差和抽样误差两种。

（一）非抽样误差

非抽样误差是基于抽样以外的许多其他原因产生的误差，从理论上看，概念性错误、逻辑性错误、对回答的错误解释等，都可能导致此误差的出现，故非抽样误差是调研人员需认真对待的一个问题。非抽样误差产生原因如图 2-1 所示。

- 非抽样误差
  - 非观测偏差
    - 覆盖不全
    - 无回答
      - 不在家
      - 拒答
  - 观测偏差
    - 被访问者责任
      - 故意错答
      - 误解而错答
    - 访问者责任
      - 访问员过失
      - 访问员作弊

图 2-1　非抽样误差产生原因

（二）抽样误差及相关概念

（1）抽样误差。抽样误差是指抽样方法本身所引起的误差，当从总体中随机抽取样本时，哪个样本被抽到是随机的，所抽到的样本指标与总体指标之间所形成的偏差，称为实际抽样误差。当总体相当大时，可能被抽取的样本非常多，不可能列出所有的实际抽样误差，而用平均抽样误差来表示各样本实际抽样误差的平均水平，即抽样平均误差。它反映了样本统计量与相应总体参数的平均误差程度，也表示用样本统计量推断总体的精准程度，被用作衡量样本指标。

(2) 抽样极限误差。根据概率原理，用一定的概率可以保证抽样误差不超过某一给定范围，这个给定的范围就叫作抽样极限误差。

（三）影响抽样误差的因素

抽样误差是由抽样的随机性造成的，是用样本统计量估计总体参数时出现的误差。抽样误差无特定偏向，其误差大小主要受以下三个因素影响：

(1) 与总体分布状况有关。总体各单位之间差异越大，估计总体方差越大，抽样误差就越大；反之抽样误差就越小。

(2) 与抽取的样本量有关。在其他条件相同的情况下，样本量越大，抽样误差就越小；反之，抽样误差就越大。

(3) 与抽样方式和估计方式也有关系。如分层抽样的估计精度高于简单随机抽样。在有辅助信息的条件下，比率估计、回归估计也可以有效地减小抽样误差。

在随机抽样时，抽样误差可以计算，并可以得到控制。各种抽样误差计算方法参见统计学教材。

二、样本容量

样本容量又称样本规模，就是样本数量的多少。在组织抽样调查之前，确定抽多少样本单位是一个很重要的问题。抽样数目过少，会使调查结果出现较大的错误；抽样数目过多，又会造成人力、财力和时间的浪费。因此，样本容量的确定是组织抽样调查中需要解决的一个重要问题。

（一）影响样本容量的因素

(1) 抽样的精确度，即置信度或置信水平的大小，所要求的置信度越高，样本容量越大。

(2) 总体的变异程度，即总体方差的大小，总体方差越大，所需要的样本量也越大。

(3) 允许误差（又称极限误差）数值的大小，允许误差与样本量的平方根大致成反比，允许误差率越小，样本量越大。允许误差的大小主要取决于调查的目的和费用的投入。调查结果要求比较精确，又有足够的费用投入，允许误差可以小些；反之，允许误差可放大些。

(4) 抽样的方法。在同等条件下，不重复抽样比重复抽样需要的样本单位数少一些。

(5) 抽样的组织形式。采用系统抽样和等距抽样与简单随机抽样需要的样本，数目少些。方法不同，抽样误差也不相同。

此外，根据调查经验，调查表的回答情况、访问的成功率高低、调查者的组织能力等综合素质也是影响样本数目的重要因素。在无回答率较高的调查项目中，应适当加大样本数量，以减少无回答带来的影响。

（二）样本容量的计算

由于概率抽样中有不同的抽样方式，对不同的抽样方式，样本容量计算的方式是不同的。这里仅以简单随机抽样为例介绍计算样本容量的基本原理。

(1) 样本均值的必要抽样数目的确定方法。

在重复抽样下：

$$n=\frac{t^2\sigma^2}{\Delta_{\bar{x}}^2} \tag{2-1}$$

在不重复抽样下：

$$n=\frac{Nt^2\sigma^2}{N\Delta_{\bar{x}}^2+t^2\sigma^2} \tag{2-2}$$

(2) 样本比例的必要抽样数目的确定方法。

在重复抽样下：

$$n=\frac{t^2p(1-p)}{\Delta_p^2} \tag{2-3}$$

在不重复抽样下：

$$n=\frac{Nt^2p(1-p)}{N\Delta_p^2+t^2p(1-p)} \tag{2-4}$$

其中：$\Delta_{\bar{x}}^2$ 为平均数的抽样极限误差；Δ_p 为比例的抽样极限误差；σ^2 为总体方差（未知时可用样本方差 s^2）；p 为比例；t 为概率度；N 为总体单位数。

例如：某批产品的平均重量为 70 千克，总体标准差为 5 千克，现准备对这批产品采用重复抽样方式进行简单随机抽样检验，要求可靠程度达到 95%，允许误差不超过 0.9 千克，试问需抽多少样本单位？

由题目条件可知：$\sigma=5$，$t=1.96$，$\Delta_{\bar{x}}^2=0.9$，按重复抽样公式得：

$$n=\frac{t^2\sigma^2}{\Delta_{\bar{x}}^2}=\frac{1.96^2\times5^2}{0.9^2}=118.6\text{（件）}$$

所以应抽取样本单位数 119 件。

若上题中该产品的一等品率为 90%，要求误差范围不超过 5%，试问应抽多少样本单位？

按样本比例公式计算得：

$$n=\frac{t^2p(1-p)}{\Delta_p^2}=\frac{1.96^2\times0.9\times0.1}{0.05^2}=138.3\text{（件）}$$

所以应抽取样本单位数 139 件。

这里需指出，为保证抽样推断准确程度，在确定必要抽样数目时，若有多个可供参考的方差值，应选其中方差最大值来计算。因为比例的方差为 $p(1-p)$，所以在推断比例时，必要的抽样数目应取最接近 50% 的比例来计算。

团队实战训练

1. 任务目标

设计娃哈哈集团大学城饮料产品市场调研项目的调研方案。

2. 步骤及要求

（1）明确娃哈哈集团大学城饮料产品市场调研项目的调研对象。

（2）明确各阶段选用的调研方法。

（3）确定调研工作的进程安排。

（4）设计完整的调研方案。

项目三 市场调研的方法

学习目标

知识目标：

1. 掌握不同调研方法的含义、特点。
2. 明确市场调研方法选择的意义。
3. 掌握不同市场调研方法的含义、特点。
4. 掌握不同调研方法的使用要求和适用场合。

能力目标：

1. 能区分间接资料调研和直接资料调研的不同。
2. 能根据调研项目要求选择合适的调研方法。
3. 能根据项目要求实施文案调研。
4. 能实施现场访谈。
5. 能实施观察调研。

素养目标：

1. 培养沟通表达能力。
2. 提高对信息可靠性的判断力。
3. 培养实事求是的工作态度。

大家来讨论

速溶咖啡为何受到“冷遇”

速溶咖啡现在几乎无人不晓，但速溶咖啡在刚投放市场时，却经历了连续十年的市场冷遇。20 世纪 40 年代，速溶咖啡这个新产品刚刚被投放市场，厂家自信它会很快取代传统的颗粒咖啡并获得成功，因为它的味道和营养成分与颗粒咖啡相同，但饮用更加方便，消费者不必花很长时间去煮咖啡，也不要再为刷洗煮咖啡的器具花费很大的力气。厂家为了推销速溶咖啡，就在广告上着力宣传它的这些优点。出乎意料的是，购买者寥寥无几。心理学家对消费者进行了问卷调查，请消费者回答不喜欢速溶咖啡的原因。

很多人表示是因为不喜欢速溶咖啡的味道，这显然不是真正的原因。

为了深入了解消费者拒绝购买速溶咖啡的潜在动机，心理学家改用了间接的方法对消费者真实的动机进行调研。他们编制了两种购物单，这两种购物单上的项目，除了一张上面写的是速溶咖啡，另一张上面写的是新鲜颗粒咖啡这一项不同，其他各项均相同。心理学家把两种购物单分别发给两组女性消费者，请她们描述对按购物单买东西的家庭主妇的印象。结果表明，两组女性消费者所描述的想象中的两个家庭主妇的形象是截然不同的。看有速溶咖啡购物单的那组女性消费者有近50%的人认为，按这张购物清单购物的A太太是懒惰的、邋遢的、生活没有计划的，有12%的人认为A太太是个挥霍浪费的女人，还有10%的人认为A太太不是一位好妻子。另一组女性消费者则把购买新鲜颗粒咖啡的B太太描述成勤俭的、讲究生活品位的、有经验的和喜欢烹调的主妇。这说明，当时的美国女性有一种带有偏见的自我意识：作为家庭主妇，担负繁重的家务劳动乃是一种天职，而逃避这种劳动则是偷懒的、应该被谴责的行为。

由于速溶咖啡的广告强调的是其省时、省力的特点，因此并没有给人以好的印象，反而被理解为帮助了懒人。由此可见，速溶咖啡开始被人们拒绝，并不是由于产品本身的原因，而是由于人们的动机，即大家都希望成为勤劳的、称职的家庭主妇，而不愿成为被谴责的、懒惰的、失职的家庭主妇。这是当时人们的一种潜在的购买动机，也是速溶咖啡被拒绝的真正原因。

有谁愿意被冠以“懒惰”的称号呢？广告制作者刻意宣扬的“方便”特征并没有与消费者的需求相契合，而正好与消费者的精神需求相抵触。不难想象，这样的宣传越是卖力，越容易引起消费者的反感与厌恶。

在认识到这一点后，速溶咖啡广告制作者便改变策略，不再强调其方便的特点，而是着力宣传新鲜颗粒咖啡所具有的美味、芳香和质地醇厚等特点，速溶咖啡也同样具备。他们在杂志的整版广告上画了这样一幅图画：一杯美味的咖啡，它后面高高地堆着褐色咖啡豆，并在速溶咖啡罐头上写上“100%真正咖啡”。厂家也在包装上进行了改良，使产品密封十分牢固，开启时十分费力，在一定程度上打消了消费者因用新产品省力而造成的心理压力。很快，速溶咖啡就成了深受消费者欢迎的咖啡产品之一。

请思考：

（1）消费者对速溶咖啡的偏见属于一般心理特征中的哪一种？

（2）新的宣传广告是否能够引起消费者的注意？

（3）人们对速溶咖啡产生偏见的深层原因是什么？

基本知识

在市场调研中，资料的收集工作非常重要，调研人员必须认真选择有效的方法进行资料收集，从而确保收集的调研资料能够满足调研项目的需要。市场调研方法有很多，按照所收集资料的类型划分，可分为直接资料法和间接资料法。

直接资料是调研人员为了解决面临的问题而专门收集的资料，也称一手资料。一手资料通常是文献型、微观的、静态的市场信息。常用的市场调研方法中最典型的就是访谈法、访问法和观察法。由于直接资料是调研人员自己组织市场调研取得的，因此直接资料的适用性强、可信度高。但是，取得直接资料需要较大的投入，有些资料又是企业无法组织调研取得的，因此，直接资料在反映市场及其影响因素的广度上具有一定的局限性。

间接资料是指从各种文献中收集的资料，也称二手资料。调研人员通过对间接资料的收集，可以初步认识要了解的市场，为进一步的直接市场调研奠定基础。常用的间接调研方法就是通常所说的文案调研法。在市场调研中，间接调研有着特殊的地位，作为对市场信息收集的重要手段，一直受到世界各国的极大重视。但是间接资料的适用性没有直接资料强，往往需要对资料进行再整理。间接资料的可信程度也要进行考查。

市场调研方法的历史

一、文案调研法

文案调研法是指通过收集多种历史和现实的静态文献资料，从中摘取与市场调研课题有关的信息，对调研内容进行分析和研究的调研方法。调研人员通过对二手资料的收集，可以使企业迅速地了解有关市场的信息，从而把握市场机会。在市场调研中，文案调研法有着特殊的地位，作为对市场信息收集的重要手段，一直受到世界各国的极大重视。

（一）文案调研法的优缺点

文案调研法的优缺点如表 3-1 所示。

表 3-1　文案调研法的优缺点

优点	缺点
（1）便于取得那些不可能直接接近或其他方法不能取得的资料。 （2）费用较少。 （3）可以不受时间和空间的限制，收集到比直接调研法更为广泛的、多元的资料。 （4）由于用该方法收集的资料都是书面形式的，因此不受调研人员和调研对象主观因素的干扰，反映的信息内容更为真实、客观。	（1）随着时间推移和市场环境的变化，间接数据资料会出现时效性问题。 （2）文献内容很难与调研人员实际从事的调研活动要求完全一致，尚需要进一步加工处理。 （3）由于间接资料的分析工作常需要使用难度较高的数量分析技术，因此在一定程度上降低了其利用率。 （4）向有关部门、单位查阅资料时，有时因保密原则而不能取得所需要的资料。

（二）文案调研法的资料来源

文案调研法的资料来源主要分为内部资料来源和外部资料来源两部分。

1. 内部资料来源

文案调研法的资料来源

内部资料来源于被调研企业或竞争对手的各个经营环节、各管理部门和各层次的活动记录。主要包括：

（1）业务资料。业务资料包括与企业经营活动有关的各种资料，如订货单、进货单、发货单、发票、销售记录、库存动态记录、合同签订及执行情况、业务员访问报告等。通过对这些资料的了解和分析，调研人员可以掌握本企业所生产和经营商品的供应情况，不同地区、不同用户的需求变化情况等。

（2）统计资料。统计资料包括各种统计报表，企业生产、销售、库存等各种数据资料，各类统计分析资料等。企业统计资料是研究企业经营活动数量特征及规律的重要定量依据，也是企业进行预测和决策的基础。

（3）财务资料。财务资料是由企业财务部门提供的各种财务、会计核算和分析资料，包括生产成本、销售成本、各种商品价格及经营利润等。财务资料反映了企业劳动占用和消耗情况及所取得的经济效益，通过对这些资料的研究，调研人员可以确定企业的发展前景，考核企业的经济效益。

（4）企业积累的其他资料。企业积累的其他资料如剪报、各种调研报告、经验总结、消费者意见反馈、企业制作的专门审计报告、同业卷宗及有关照片和录像等。这些资料都对市场研究有着一定的参考作用。例如：根据消费者对企业经营的商品质量和售后服务的意见，就可以对如何改进商品或服务加以研究。

2. 外部资料来源

外部资料来源于被调研企业外部的信息资料，主要包括：

（1）统计部门与各级、各类政府主管部门公布的有关资料。国家统计局和各地方统计局都会定期发布统计公报等信息，并定期出版各类统计年鉴，内容包括全国人口总数、居民购买力水平等，这些均是权威且有价值的信息。此外，财政、市场监督管理、税务、银行等各主管部门和职能部门也都设有各种调研机构，会定期或不定期地公布有关政策、法规、价格和市场供求等信息。这些信息都具有综合性强、辐射面广的特点。

（2）各种经济信息中心、专业信息咨询机构、专业调研机构、各行业协会和联合会提供的市场信息和有关行业情报。这些机构的信息系统资料齐全，信息灵敏度高。为了满足各类用户的需要，这些机构通常还提供资料的代理、咨询、检索和定向服务，是获取资料的重要来源。

（3）国内外有关书籍、报纸、杂志所提供的文献资料，包括各种统计资料、广告资料、市场行情和各种预测资料等。

(4) 各级政府公布的有关市场的政策法规，以及执法部门公布的相关案例。

(5) 有关生产和经营机构提供的商品目录、广告说明书、专利资料及商品价目表等。

(6) 各地电台、电视台提供的有关市场信息。近年来，全国的电台和电视台为适应市场经济形势发展的需要，相继开设了市场信息、经济博览等以传播经济、市场信息为主导的栏目、专题节目及各类广告。

(7) 各种国际组织、外国驻华使馆、商会所提供的国际市场信息。

(8) 国内外各种博览会、展销会、交易会、订货会等会议以及专业性、学术性经验交流会议上所发放的文件和材料。

(9) 互联网与市场信息网络提供的信息。互联网具有信息量大、速度快、成本低等特点，已成为当前获取市场信息的重要手段。

(10) 各种类型的图书馆提供的信息资料。调研人员可以充分利用图书馆资源，调取研究机构、高校等发表的学术论文和调研报告，获得关于某个特定调研主题的各种信息资料。

(三) 文案调研法的功能和适用范围

1. 文案调研法的功能

(1) 为拟订未来市场营销策略提供参考。

(2) 洞察营销活动得失、利弊并提供改进建议。

(3) 提供市场发展趋势及市场新契机的提示。

(4) 为实地市场调研奠定基础。

(5) 指明实地市场调研应调研的问题。

(6) 节省实地调研费用及时间。

(7) 协助鉴定实地市场调研资料的准确性。

文案调研法也存在一定的局限性，有待调研人员克服。例如：由于资料均为静态且为二手资料，因此不能完全满足企业了解市场动态的需要；收集资料也容易有遗漏，有力不从心之感。文案调研法只能被看作定性调研。

2. 文案调研法的适用范围

(1) 工业产品的主要投资方及生产厂家，利用文案调研法，并结合对消费者购买动机的深入访问，可获得较为精准的结论。

(2) 高级特殊产品，如高级汽车、高级音响等的市场调研。

(3) 国际贸易中出口企业对于产品出口地区市场的了解。

(4) 实地市场调研的预备调研。

(5) 企业经常性的市场调研。

（四）文案调研法的工作程序

文案调研法的工作程序包括资料的收集、资料的审查和资料的整理。

1. 资料的收集

资料的收集包括查找、阅读和记录三个方面的工作。

（1）查找。调研人员要根据调研目标和要求，制定收集资料的方案，做到有计划而不是盲目地收集资料。方案应明确哪些资料应该收集，哪些资料可以不收集。在列入调研收集的资料计划内容中，还要考虑哪些应该详细、重点地研究，哪些只进行一般性了解即可，以便于资料的研究和调研报告的写作。

（2）阅读。对收集的资料，调研人员还需要通过阅读来了解、决定其主次轻重，并有选择地使用。阅读的方法包括两种：第一种是大致浏览，通读全篇。这是一种快速阅读方法，只看资料的标题、内容提要、序言和后记，或者只看开头和结尾，选取结论性、关键性的语句，进行粗略的阅读，掌握大概意思，不研究资料的细节内容。第二种是精细研读。用这种方法阅读资料，要做到深入、系统甚至反复多次地阅读，不仅要理解内容，而且要分析其论证手段、方法，从多方面吸取有益的成果和知识，提高对问题的认识能力和论证能力。

（3）记录。资料的记录是资料查找和阅读过程中一项必不可少的工作。记录方法主要包括做资料卡片、做资料剪贴、做活页笔记三种。

2. 资料的审查

资料的审查指的是鉴定资料的真实性和可用性。真实性审查是指对资料来源的真实性和统计的真实性的鉴定。可用性审查是指检查资料的属性、测量尺度、分组状态是否与调研内容相适应等，以及对资料的时效性、完整性的审查。

3. 资料的整理

在文案调研中，通过查找、阅读和记录获得的文案资料如果处于凌乱、分散的状态，就说明调研人员没有完成资料收集工作，还必须对收集到的文案资料进行选择和分类整理。

（五）文案调研的具体操作

文案调研的方法不外乎两类：有偿和无偿。在具体的操作上主要包括以下七种方式：

1. 订阅

订阅主要针对的是公开出版刊物。订阅有关的报纸、杂志应是一项经常性的工作。订阅的报纸、杂志要尽量避免雷同，国内公开发行的报刊一般向邮局或新华书店订购，内部发行物一般直接订购。

2. 查找

查找是获取二手资料的基本方法。从操作的次序看，首先要注意在企业内部查找。一般而言，从部门自身的信息资料库中查找最为快速方便。其次还应从企业内部其他有关部门查找。只要信息基础工作做得比较好，从企业内部查找不仅可以获得大量反映企业本身状况的时间序列信息，还可以获得有关客户、市场等方面的资料。在内部查找的基础上，调研人员还可以到企业外部查找，主要是一些公共机构，如图书馆、资料室、信息中心等。为提高查找的效率，调研人员应注意熟悉检索系统和资料目录，在可能的情况下，要尽量争取这些机构工作人员的帮助。

3. 索取

索取就是向占有信息资料的单位或个人无代价地索要。由于索取是不付代价的，采用这种方法的效果在很大程度上取决于对方的态度，因此，向那些已有某种联系的单位和个人索取，或由熟人介绍向那些尚未有联系的单位和个人索取，常能收到较好的效果。有些企业出于宣传自己的需要，也乐意向社会提供有关的信息资料，向它们索取也会有好的结果。总之，对于那些可以无偿获取资料的有利时机，调研人员要善于利用。

4. 购买

购买即付出一定的代价，从有关单位获取资料。随着信息的商品化，许多专业信息公司对信息实行有价转让。大多数信息出版物也是有价的，购买将成为收集资料的主要办法。

5. 交换

交换是指与一些信息机构或单位之间进行对等的信息交流。当然，这种交换不同于商品买卖之间的以物易物，而是一种信息共享的协作关系。交换的双方都有向对方无偿提供资料的义务和获得对方无偿提供资料的权利。

6. 委托收集

企业对于自己无法获取或不知从何种渠道获取的信息资料可采用委托收集的方法，可委托市场调研公司、广告公司、咨询公司等进行有针对性的信息资料的收集。委托收集一般采用付费的方式，属于间接购买。

7. 网上搜索

这是指通过互联网、在线数据库、商业数据服务系统获取国内外市场有价值信息的方法。互联网的全球性使得计算机使用者无论在什么位置，都能获得全球的数据、图像、声音和文件。网上信息搜索有两种基本方法：一是知道所需二手资料的特定网站的地址，直接输入网址并进入相关网站；二是在情况不太清楚时，通过搜索引擎查找载有所需信息的网站。

二、访谈法

访谈法是指市场调研人员根据预定的计划，围绕专门的主题，运用一定的工具（如访谈表）或辅助方法（如录音机、网络、电子邮件等），直接向被访者口头提问，当场记录回答并由此了解社会实际情况的一种方法。

（一）访谈法的优缺点

1. 访谈法的优点

（1）灵活。

①访谈法是访谈员根据调研的需要，以口头形式向被访者提出有关问题，通过被访者的答复来收集客观事实材料。这种调研方式灵活多样，方便可行，可以按照研究的需要向不同的人了解不同类型的材料。

②访谈法是访谈员与被访者双方交流、双向沟通的过程。这种方式具有较大的弹性，访谈员在事先设计调研问题时，是根据一般情况和主观想法制定的，有些情况不一定考虑得十分周全，在访谈过程中，可以根据被访者的反应，对调研问题作调整或展开。访谈员如果不理解被访者的回答，可以提出询问，要求解释；访谈员如果发现被访者误解问题，也可以适时地做出解释。

（2）准确。

①访谈法是访谈员与被访者直接进行交流，可以通过访谈员的努力，使被访者消除顾虑，放松心情，做周密思考后再回答问题，这样就提高了调研材料的真实性和可靠性。

②访谈法要事先确定访谈场地，访谈员可以适当地控制访谈环境，避免其他因素的干扰，灵活安排访谈时间和内容，控制提问的次序和谈话节奏，把握访谈过程的主动权，这有利于被访者能更客观地回答访谈问题。

③由于访谈流程速度较快，被访者在回答问题时常常无法进行长时间的思考，因此所获得的回答往往是被访者自发性的反应，这种回答较真实、可靠，很少掩饰或作假。

④由于访谈常常是面对面的交谈，因此拒绝回答者较少，回答率较高。即使被访者拒绝回答某些问题，也可大致了解他对这个问题的态度。

（3）深入。

①访谈员与被访者直接交往或通过电话、网络间接交往，具有适当解说、引导和追问的机会，因此可探讨较为复杂的问题，可获取新的、深层次的信息。

②在面对面的谈话过程中，访谈员不仅要收集被访者的回答信息，还要观察被访者的动作、表情等非言语行为，以此鉴别其回答内容的真伪以及被访者的心理状态。

2. 访谈法的缺点

（1）成本较高。访谈法常采用面对面的个别访问，由于面对面的交流必须寻找被访者，路上往返的时间往往超过访谈时间，调研中还会发生数访不遇或拒访的情况，因此耗费的时间和精力较多。另外，较大规模的访谈常常需要训练一批访谈员，费用支出会大大增加。与问卷相比，访谈要付出更多的时间、人力和物力。由于访谈法费用大、耗时长，难以大规模进行，因此访谈法的样本量一般较小。

(2) 缺乏隐秘性。由于访谈法要求被访者当面作答，这会使被访者感觉到缺乏隐秘性，因此产生顾虑，尤其对一些敏感的问题，往往会使被访者回避或不能真实回答。

(3) 受访谈员影响大。首先，访谈法是被访者单独面对访谈员的调研方式，不同的访谈员的个人特征，可能引起被访者不同的心理反应，从而影响回答内容；其次，访谈双方往往是陌生人，也容易使被访者产生不信任感，以致影响访谈结果；最后，访谈员的价值观、态度、谈话的水平都会影响被访者，造成访谈结果的偏差。

(4) 记录困难。访谈法是访谈双方进行的语言交流，如果被访者不同意现场录音，对访谈员笔录速度的要求就很高，而一般没有进行专门速记训练的访谈员，往往无法很完整地将谈话内容记录下来，追记和补记就会遗漏很多信息。

(5) 处理结果难。访谈法有灵活的一面，但也增加了调研过程的随意性。因为不同被访者的回答多种多样，没有统一答案，所以对访谈结果的处理和分析就比较复杂。较低的标准化程度使一些访谈难以进行定量分析。

(二) 访谈法的类型

依据不同的标准，访谈法可以划分为多种类型：

1. 按访谈员对访谈的控制程度划分

(1) 结构性访谈。结构性访谈也称标准式访谈，它要求有一定的步骤，由访谈员按事先设计好的访谈提纲依次向被访者提问，并要求被访者按规定标准进行回答。这种访谈严格按照预先拟订的计划进行，它最显著的特点是访谈提纲的标准化，可以把调研过程的随意性控制到最小限度，能比较完整地收集到研究所需要的资料。这类访谈有统一设计的访谈表，访谈内容已在计划中做了周密的安排。访谈计划通常包括：访谈的具体流程、问题、提问方式、记录表格等。

由于结构性访谈采用共同的标准，信息指向明确，谈话误差小，因此能以样本推断总体，且可以对不同对象的回答进行比较、分析。这种访谈常用于正式的、较大范围的调研，它相当于面对面提问的问卷调研。一般而言，定量研究通常采用结构性访谈。

(2) 非结构性访谈。非结构性访谈也称自由式访谈。非结构性访谈事先既不制定完整的访谈提纲，也不规定标准的访谈步骤，而是由访谈员按一个粗线条的访谈提纲或某一个主题，与被访者交谈。这种访谈是访谈双方相对自由的访谈，较有弹性，能根据访谈员的需要灵活地转换话题，变换提问方式和顺序，追问重要线索。一般而言，这种访谈收集的资料深入且丰富。质性研究、心理咨询和治疗通常采用这种非结构性的“深层访谈”。

（3）半结构性访谈。还有一种调研中采用的访谈形式，是介于结构性访谈和非结构性访谈之间的半结构性访谈。在半结构性访谈中，有事先拟订的访谈提纲，它有结构性访谈的严谨和标准化的题目，访谈员虽然对访谈结构有一定的控制，但给被访者留有较大的表达自己观点和意见的空间。访谈员事先拟订的访谈提纲可以根据访谈的进程随时进行调整。

在质性研究中，研究的初期多运用非结构性访谈，以了解被访者关注的问题和态度。随着研究的深入，应逐渐进行半结构性访谈，对之前访谈中的重要问题和疑问进一步地追问。

半结构性访谈兼有结构性访谈和非结构性访谈的优点，它既可以避免结构性访谈缺乏灵活性、难以对问题进行深入探讨等局限，也可以弥补非结构性访谈的费时、费力，难以进行定量分析等不足。

2. 按调研对象数量划分

（1）个别访谈。个别访谈是指访谈员对每一个被访者逐一进行的单独访谈。其优点是访谈员和被访者直接接触，可以得到真实可靠的材料。这种访谈有利于被访者详细、真实地表达看法，访谈员与被访者有更多的交流机会，被访者更易受到重视，安全感更强，访谈内容更易深入。个别访谈是访谈法中最常见的形式。

（2）集体访谈。集体访谈也称为团体访谈或座谈，它是指由一名或数名访谈员亲自召集一些被访者，就访谈员需要调研的内容征求意见的调研方式。集体访谈是教育调研的一种很好的方法，通过集体访谈的方式进行调研，可以集思广益、互相启发、互相探讨，而且能在较短的时间里收集到较为广泛和全面的信息。

集体访谈要求访谈员有熟练的访谈能力和会议组织的能力。集体访谈一般需要准备提纲，如果在会前将调研的目标、内容等告知被访者，访谈的结果往往更加理想；参加座谈会的人员要有代表性，一般不超过十人；访谈员要使座谈会现场保持轻松的气氛，这样有利于被访者畅所欲言；如果讨论中发生与主题有关的争论，访谈员要支持争论继续；如果争论与主题无关，访谈员要及时引导到问题中心上来；访谈员一般不参加争论，以免影响被访者的思路。另外，访谈员要做好详细的座谈记录。

由于集体访谈的匿名性较差，因此涉及个人私密的调研不建议采用这种访谈方式。同时，这种访谈也会出现被访者受其他人意见左右的情况，访谈员应充分考虑这些因素，尽可能减少这种情况的出现。

3. 按人员接触情况划分

（1）面对面访谈。面对面访谈也称直接访谈，它是指访谈双方进行面对面的直接沟通以获取信息资料的访谈方式。在这种访谈中，访谈员可以看到被访者的表情、神态和动作，有助于了解更深层次的问题。

面对面访谈可以是访谈员到被访者确定的访谈现场进行访谈，也可以是在征得被访者同意的情况下，由访谈员确定访谈现场。为了方便被访者，一般而言，以到被访者确定的访谈现场为主。

（2）电话访谈。电话访谈也称间接访谈，它不是访谈双方面对面的直接交流，而是访谈员借助某种工具（即电话）向被访者收集有关资料的访谈方式。电话访谈可以减少人员来往的时间和费用，提高访谈的效率。访谈员与被访者相距越远，电话访谈越能提高效率，节约费用。被访者对电话访谈与面对面访谈的配合度相差不多，对于学校系统的成员（如教师、校长等），电话访谈比个别访谈更容易成功。

当然，电话访谈也有局限性。例如：电话访谈不如面对面访谈那样灵活、有弹性；不易获得更详尽的细节；难以控制访问环境；不能观察被访者的非言语行为等。但是，当需要在面对面访谈与电话访谈这两种访谈方式之间做出选择时，电话访谈值得优先考虑。

（3）网络访谈法。网络访谈法是指访谈者通过互联网平台，利用电子邮件、即时通信工具（如QQ、微信等）、视频会议软件等网络工具，与访谈对象进行交流互动，获取有关研究问题的信息资料的一种调研方法。借助网络媒介，访谈者和访谈对象无需面对面交流，不受地域和时间的限制，大大提高了访谈的效率和便利性。例如：对于一些跨国的研究项目，网络访谈法可以方便地与不同国家和地区的访谈对象进行沟通。网络访谈可以采用多种方式进行，如文字访谈、语音访谈、视频访谈等，访谈者可以根据研究目的和访谈对象的特点选择合适的方式，增加了访谈的灵活性和多样性。网络环境还为访谈对象提供了一定程度的匿名性，这有助于减少访谈对象的顾虑，使其更愿意表达真实的想法和感受，从而提高信息的真实性和可靠性。随着互联网的普及，网络访谈法会发挥更大的作用。

（三）访谈法的适用范围

访谈法被广泛运用于教育调研、心理咨询、征求意见等，更多运用于个性化研究；它适用于调研的问题比较深入、调研的对象差别较大、调研的样本较小或者调研的场所不易接近等情况。

在多数情况下，访谈法通过访谈者与访谈对象直接交谈的方式实现信息资料的收集，具有较好的灵活性和适应性，即使访谈对象阅读困难或不善于文字表达，也可以实施访谈，因此尤其适合针对文化程度较低的人或儿童进行调研。

（四）访谈法的工作流程

1. 设计访谈提纲

无论是哪一种形式的访谈，一般在访谈前都要设计一个访谈提纲，明确访谈的目标和所要获得的信息，列出要访谈的内容和主要问题。

2. 恰当进行提问

要想通过访谈获取所需资料，对提问就有特殊的要求，表述要简单、清楚、明了、准确，并尽可能地适合被访者；在类型上，提问可以有开放型与封闭型、具体型与抽象型、清晰型与含混型之分；另外，适时、适度的追问也非常重要。

3. 准确捕捉信息，及时收集有关资料

访谈法收集资料的主要形式是“倾听”。“倾听”可以在不同的层面上进行：在态度层面上，访谈员应该是“积极关注地听”，而不应该是“表面地或消极地听”；在情感层面上，访谈员要“有感情地听”或“共情地听”，避免“无感情地听”；在认知层面上，要随时将被访者所说的话或信息迅速地纳入自己的认知结构中加以理解和同化，必要时还要与对方进行对话，共同建构新的认识和意义。另外，“倾听”还需要特别遵循两个原则：不要轻易地打断对方和容忍沉默。

4. 适当回应

访谈员不只是提问和倾听，还需要将自己的态度、意向和想法及时地传递给对方。回应的方式多种多样，可以是如“对”“是吗”“很好”等言语行为，也可以是点头、微笑等非言语行为，还可以是重复、重组或总结。

5. 及时做好访谈记录

访谈员要及时做好访谈记录，在可能的情况下，还要录音或录像。

（五）访谈法的技巧

（1）一般应事先对被访者有所了解。

（2）一般要尽可能自然地结合被访者的具体情形开始访谈。

（3）访谈的问题应该是由浅入深、由简入繁，而且要自然过渡。

（4）在有充分准备的前提下，为避免访谈偏离主题，需要适当地调节和控制。

（5）无论是提问还是追问，问的方式和内容都要适合被访者。

（6）在回应时要避免随意评论。

（7）要特别注意访谈中自己的非言语行为。

（8）要讲究访谈的结束方式。

（六）访谈追问技巧

访谈往往需要被访者深入地回答，要求访谈员采取有效的追问技巧，使被访者能够进一步扩展、阐明或解释他们的回答。追问技巧的关键是既深入、客观又不至于诱导产生偏差。

1. 常用的追问方法

（1）重复问题。当被访者保持完全沉默时，他（她）也许没有理解问题，或还没有决定怎样来回答，重复问题有助于被访者理解问题，并会鼓励其应答。

（2）观望性停顿。访谈员认为被访者有更多的话要说，沉默性追问，伴随着观望性注视，也许会鼓励被访者收集他（她）的思想并给出完整的回答。当然，访谈员对被访者必须是敏感的，以避免沉默性追问造成冷场。

（3）重复被访者的回答。访谈员也许会逐字重复被访者的回答，这也许会刺激被访者扩展他（她）的回答。

2. 常用的追问问题

访谈往往需要被访者做深入的回答，这时增加一些中性问题以更好地启发被访者，注意这些问题一定是中性的，不会引起被访者回答产生偏差。例如：如果访谈员认为应答者的动机应当澄清，他（她）也许会问："为什么您这样认为呢？"如果访谈员感到需要澄清一个词或短语，他（她）也许会说："您的意思是——？"

常用的追问问题还有：其他理由呢？还有其他人呢？对此您还能再多谈谈您的想法吗？您是怎样想的？您指的是什么？哪一个与您所感受到的形式更接近？您可以告诉我您心中所想的吗？……

3. 示例

［例 1］　问：您喜欢这种电动工具什么呢？

第一次回答：外观漂亮。

追问：您还喜欢什么呢？

第二次回答：手感好。

追问：您还有没有喜欢的呢？

第三次回答：没有了。

［例 2］　问：您喜欢这种电动工具什么呢？

第一次回答：很好，不错。

追问：您所谓的"很好，不错"是指什么呢？

第二次回答：舒适。

追问：怎么个舒适法呢？

第三次回答：手握着操作时手感很舒适。

例 1 是勘探性追问的例子，通过追问扩展了被访者的回答，完整地记录下了被访者所喜欢的。例 2 是明确性追问的例子，从"很好，不错"这样一般化的回答中，访谈员抽取出了更确切、得体的答案。

［例 3］　常犯的错误追问。

错误的做法：您不喜欢这一口味？您是指口味太甜了吗？

正确的做法：您不喜欢这一口味，那么不喜欢这一口味的什么方面呢？

三、访问法

访问法又称采访法、询问法，是收集一手资料中常用的一种方法。它是调研机构派出人员，按照事先设计好的问卷，通过口头、书面或电话等方式，向被调研者了解情况、取得资料的一种调研方法。访问法具有问答性、多样性、简明性和计划性的特点。

根据调研过程中调研人员与调研对象接触的方式，访问法可分为面谈访问法、电话访问法和留置问卷访问法。

（一）面谈访问法

1. 面谈访问法的定义

面谈访问法是指由调研人员直接与调研对象接触，通过有目的的当面交谈获得资料的一种方法。其具体形式有很多种，既有派员工走出去的调研，也有把调研对象请进来的调研；既有个别交谈，也有开座谈会等形式；既有企业自身人员调研，也有聘请或委托他人调研；既有在家庭、单位调研，也有在购物场所、公共场所随机调研。

2. 面谈访问法的流程

（1）访前准备阶段。在面谈访问的准备阶段，调研人员通常要设计一份结构严谨的问卷，在访问过程中严格按照问卷预备的问题按顺序提问，这样可以方便资料的处理。另外，面谈访问前还要事先确定调研对象、调研时间和地点等。

（2）访问进行阶段。在面谈访问的过程中，调研人员首先要自我介绍，说明调研目标；其次要按照问卷预备的问题进行提问，并将调研对象的回答进行记录。如遇存疑的问题，可以对调研对象进行追问。

（3）结束调研阶段。结束面谈访问后，调研人员要整理记录的资料，并进行分析，得到调研结果。

3. 面谈访问法的优缺点

（1）优点：

①信息沟通直接。

②问题回答率和问卷回收率高。

③信息准确性高。

（2）缺点：

①调研成本高。

②可靠性受调研人员主观因素影响。

③容易遭到调研对象拒绝。

（二）电话访问法

1. 电话访问法的定义

电话访问法是指调研人员根据拟调研的事项，以电话的形式向调研对象征询意见，从而获得信息资料的一种调研方法。电话访问法常被用于需快速获取信息的调研事项。这种方法一般适用于调研对象对调研问题比较熟悉或者调研问题比较简单的市场调研。

2. 电话访问法的优缺点

（1）优点：

①取得市场信息资料的速度较快，具有时效性。

②费用便宜，以市内电话访问为主，比其他调研方法更经济。

③调研对象不会因调研人员在场而产生心理压力，因而能畅所欲言。调研人员容易得到访问法不易得到的调研对象的合作。

④调研人员管理方便。

⑤问卷简单，对调研人员的素质要求不是特别高，因调研人员而导致的误差也较低。

（2）缺点：

①只限于简单的问题，无法深入调研；调研问题深度不及面对面的个别访谈和问卷调研。

②电话调研受到时间限制，询问时间不能太长，这也会对深入了解一些情况和问题产生影响。

③访问过程中无法显示照片、图表等背景资料，从而极大地限制了各种调研工具的综合使用，限制了对比较复杂问题的调研。

④调研人员不在现场，难以辨别回答的真伪以及记录的准确性受到限制。

⑤调研对象不一定是预定样本。

3. 电话访问法的应用

随着现代通信技术的发展、计算机的广泛应用，整个电话访问的过程，包括问卷的设计和显示、样本设计、数据处理等都可以由计算机来控制和完成。现在，计算机辅助电话调研系统（CATI）已得到广泛应用，该系统使电话访问更加便利和快捷，也使调研的质量大大提高。在发达国家，因为很多人已经习惯了电话访问，所以应用电话访问法的调研非常多见，电话访问涉及的内容也非常广泛。

在我国，电话访问法主要应用于以下情况：

（1）热点问题或突发性问题的快速调研。例如：对中国举办奥运会的评价。

（2）关于某特定问题的消费者调研。例如：对某种新产品的购买意向，某种新产品推出广告的到达率，某新开播栏目的收视率等。

（3）企业调研。例如：企业领导对某些问题的看法，单位办公室主任对现用传真机的评价以及对新传真机的购买意向等。

（4）特殊群体调研。例如：新闻记者对塑造企业形象的看法，政府官员对扶持国内名牌的态度，投资者近期的投资意向等。

4. 提高电话访问回答率的方法

（1）找出调研对象。调研对象通常是通过电话号码名册抽样选取出来的。获得电话号码名册有两种基本方法：一是从电话号码簿里选取样本；二是建立调研地区号码（区域码）列表并经由随机数表产生电话号码（随机数拨号）。一旦名单或住户的样本被抽出，调研人员应该确定该号码是否为研究所需的类型，并且挑选该户合适的成员进行访问。

（2）打电话的时间非常重要。应该找调研对象能接受的时间进行联系，假如联系的时间正好不合适，应该道歉并且试着安排另一个较适当的时间。建议第一次通话应在一个星期的开始时进行。对于那些无应答者，第二次通话就应在周末进行，无论下午或晚上。对于那些仍无法联系到的人，则可在下一个星期内的上午进行，其次是下午。假如时间允许，也可将未找到的调研对象的后续联系工作暂缓。

（3）取得合作。调研人员应当简明陈述打电话的目的，调研对象通常在他们决定受访或拒访前会先听调研人员的介绍。此介绍应当简短，可以与邮寄问卷的附信内容相似。调研人员可使用下列话术：

• 一个合适的问候。例如："早上好！我是来自市场调研协会的王小二！"

• 简单说明项目及其目的。例如："我们正在对家庭的户主进行关于某产品看法的调研。"

• 指出调研可能持续的时间。例如："这个调研不超过 10 分钟。"

• 礼貌地请求进行调研。例如："请问我可以与您家户主谈几分钟吗？"

要想提高回答率或者获得调研对象更多的信息，调研人员最好在打电话前 3～5 天给调研对象寄一封通知信，其格式、内容与邮寄问卷的附信类似，但要提醒调研对象，他（她）可能很快会接到电话。当调研人员与调研对象联系时，调研对象很可能拒绝或质疑为什么他要参加这个研究，对于这类情况，调研人员在心理上要有所准备，并将抽样的方式和调研的目标详细地告诉调研对象。

（三）留置问卷访问法

1. 留置问卷访问法的定义

留置问卷访问法是指由调研人员将事先设计好的问卷当面交给调研对象，并说明回答问题的要求，留给调研对象自行填写，再由调研人员按约定的时间上门收回的一种方法。这是介于面谈访问法与邮寄问卷访问法之间的一种折中调研法。

2. 留置问卷访问法的方式

调研人员可以在将问卷当面交给调研对象 1～2 天后再登门取回填写好的问卷，也可以等待直至调研对象填写完毕后将问卷当面收回。有时，留置问卷是通过某些单位或组织间接地向调研对象发放的，然后通过这些单位或组织集体收回，或附上回邮信封，要求调研对象将填写好的问卷直接寄回。

留置问卷访问法的关键之一是保证匿名性，这一点要向调研对象交代清楚。

3. 留置问卷访问法的优缺点

留置问卷访问法的优点包括：调研对象可以根据自己的时间从容作答；可回答需要耗费时间或难以当面回答的问题；不需要面谈技术熟练的调研人员；调研问卷回收率高，调研对象可以当面了解填写问卷的要求，澄清疑问，避免由于误解提问内容而产生误差；不易受调研人员的影响。

留置问卷访问法的缺点包括：难以确认是否是调研对象本人的回答；比较耗费人力；调研地域范围有限。

4. 留置问卷访问法的适用范围

留置问卷访问法适用于民生相关的调研项目，因为民生问题关系到每一个公民的切身利益，大众有动机参与，可以通过社区等基层机构完成调研实施。

不同的方法有其各自的特点和适用场合，要根据项目的具体情况，如需要的调研资料的范围、调研问卷的复杂程度、资料的时效性要求、调研成本的多少等选择合适的方法。为了达到一定的市场调研目的，实现调研方案的目标，在实际调研中往往以一种方法为主，并辅以其他方法，这样才能扬长避短，以获得更好的效果。

四、观察法

（一）观察法的定义

观察法是指调研人员在现场对调研对象的行为进行直接观察、收集信息资料的调研方法。它的特点是：不直接向调研对象提出问题、求得答案，而是利用感官或器材记录调研对象的言行，以达到收集信息资料的目的。调研人员同调研对象不发生接触，而是由调研人员直接或借助仪器把调研对象的活动按实际情况记录下来。

（二）观察法的类型

1. 实验观察和非实验观察

实验观察是指在人为设计的环境中进行的观察。例如：要了解商场营业人员对挑剔顾客的态度情况，调研人员可以以顾客的身份去购物，并有意识地做出某些行为以刺激营业人员做出反应，从而获得调研人员想要了解的情况。

非实验观察是指在自然状况下进行的观察，所有参与的人和物都不受控制，与平常一样。例如：调研人员在自然状况下观察商场售货员提供服务的过程。

2. 结构式观察和非结构式观察

结构式观察是指事先制订观察计划并严格按照规定的内容和程序实施观察。其观察过程是标准化的，对观察的对象、范围、内容、程序都有严格的规定，因此能够得到比较系统的观察资料。

非结构式观察是指对观察的内容、程序事先不进行严格规定，依现场的实际情况随机决定的观察。人们日常所做的观察，大多都属于非结构式观察。

3. 直接观察和间接观察

直接观察是指对调研对象的行为进行的观察。

间接观察是指对自然物品、社会环境、行为痕迹等事物进行观察，以便间接反映调研对象的状况和特征。

4. 公开观察和非公开观察

公开观察是指在调研对象知道调研人员身份的情况下进行的，目标和要求明确，可以有针对性地为调研人员提供所需要的资料。但采用公开观察时，调研对象意识到自己受人观察，可能表现得不自然，或者有意识地改变自己的惯常态度和做法，这种不真实的表现往往导致观察结果失真。

为了减少公开观察的偏差，调研人员可以进行非公开观察，即调研人员在观察过程中不暴露自己的身份，使调研对象在不受干扰的情况下真实地表现自己，这样观察的结果会更加真实可靠。

5. 人工观察和仪器观察

人工观察是指由调研人员直接在观察现场记录有关内容，并根据实际情况对观察到的现象做出合理推断。但人工观察的结果易受调研人员自身因素的影响，如主观偏差、情绪反应等。

仪器观察是随着科学技术的进步出现的，是伴随着先进设备、手段，如录音机、摄像机等进入调研领域的一种新的观察方法。例如：通过在商场的不同位置安装摄像系统，可以较好地记录售货人员和顾客的行为表现。借助仪器设备进行现场观察和记录，可以提高效率，也比较客观。但仪器观察所记录的内容还需要调研人员做进一步分析，这就要求调研人员具有丰富的分析经验和较高的专业技术水平。

（三）观察法的优缺点

1. 优点

（1）大部分调研对象没有意识到自己正在接受调研，活动可以不受外在因素的干扰，处于自然的活动状态。

（2）比较客观，减少了主观偏见。

（3）调研对象不愿用语言表达的情感或实际感觉，调研人员可以通过观察其实际行为而获得。

2. 缺点

（1）由于是一种现场观察，记录的东西往往只限于表面，而调研对象内在的思想难以被了解。例如：人们的态度、动机等是无法通过观察获悉的。

（2）花费时间较长，成本费用较高。

（3）对调研人员的素质提出了较高的要求。

（四）观察法调研的组织实施

1. 观察法调研的实施流程

实施观察法调研时应遵循一个规范的流程，如图 3－1 所示。

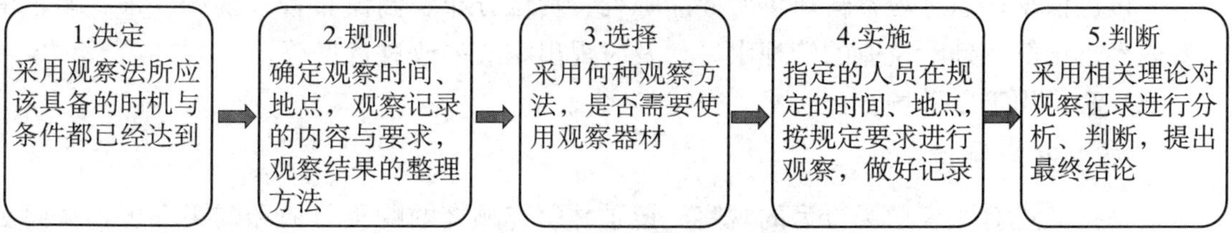

图 3－1 观察法调研的实施流程

2. 具体实施时应完成的工作

（1）确定对搜集信息的判断准则。调研机构根据市场调研的目的，确定通过观察而得到的信息是否达到规定的要求，如果可行，就可以确定采用观察法。

（2）确定要搜集的信息的类型，制定相应的观察记录规则。在实施观察调研之前，调研机构必须制定一份观察实施细则，明确规定观察的时间、地点、观察对象、观察和记录的具体内容，这将保证每位观察人员最终提交的观察记录结果有可比性。

（3）选择最好的观察方法。有许多观察方法可供调研机构选择，调研机构应根据市场调研目的的实现要求，结合具体的环境条件选择更为合适的观察方法。

（4）确定观察结果的判断标准。对于一份观察记录，不同的调研人员可能会提出不同的判断结果，最终导致无法达成一致的认识。所以调研机构需要确定：通过这项观察要达到哪些目的？根据什么原理确定观察记录上呈现的这种行为就是某种心理态度持有者的具体表现？

3. 观察法调研时的注意事项

（1）为使观察结果具有代表性，能反映某类事物的一般情况，应设计好抽样方案，以使观察的对象和时段具有代表性。

（2）在实际观察时，最好不让调研对象有所察觉，否则，就无法了解到调研对象的自然反应、行为及感受。

（3）在实际观察时，必须实事求是、客观公正，不得带有主观偏见，更不能歪曲事实真相。因此，要对调研人员进行有效的培训，提高调研人员的业务素质。要求调研人员遵守有关法律和道德准则，不能对涉及国家机密和个人隐私的内容进行观察，除非得到允许。

（4）调研人员的观察记录和观察项目最好有一定的格式，以便尽可能详细记录调研内容。

（5）为观察客观事物的发展变化过程，进行动态对比研究就需要做长期反复的观察。

（五）观察法的应用

在实践中，观察法运用得比较广泛，有经验的调研人员通过对经营现场观察了解到多方面的信息资料。例如：通过观察售货员接待顾客的服务方式、接待频率、成交率等，掌握吸引顾客的最佳服务方式；通过对顾客的观察，了解顾客的基本构成、顾客在不同时间段的流量规律以及行为规律，从而为企业调整劳动组织、合理安排营业时间、开展有针对性服务提供依据；通过观察营业场所商品陈列、货位分布、橱窗布置、现场广告、顾客留言等内容，了解和判断企业的管理水平，及时提出相应的改进意见等。

观察法可用于以下场合：

1. 顾客行为观察

这是指通过对顾客购买行为的观察，记录并研究顾客的购买习惯和购买心理，从而更好地满足顾客要求，引导顾客购买。顾客行为观察的内容有很多，如对顾客的流量、顾客购物的偏好、顾客对商品价格的反映、顾客购物的路径、顾客留意商品时间的长短、顾客产生冲动购物的次数、顾客付款是否方便等的观察（见表 3－2）。为了使调查更深入，有时往往辅之以商场中拦截访问的方法。

表 3－2　顾客观察表

1. 顾客的购买习惯	
（1）顾客组合人数/人	
（2）顾客在商店内停留时间/分钟	
（3）顾客所经过的区域	
（4）顾客触摸商品次数/人次	
（5）顾客向销售人员寻求帮助次数/次	
（6）购物金额/元	
（7）付款方式（现金/会员电子消费卡/信用卡）	
2. 顾客购买商品情况	（填写购买数量）
（1）食品	
（2）服装	
（3）护肤/化妆品	
（4）洗涤用品	
（5）家庭用具	
（6）书籍/办公用品	
（7）其他	

2. 环境观察

环境观察法，又称营业员和顾客态度的双重观察，是指让接受过专门训练的“神秘顾客”作为普通顾客进入其所调查的环境，其任务一般有两种：一是观察其购物的环境，如店堂布局、货架摆放、通道的宽窄、装饰等；二是了解服务质量，如营业员的服务态度、服务水平。调研人员通过观察判断调研对象是否符合消费者的愿望、是否达到上级有关部门的要求。这种方法对于已由价格竞争为主的初级竞争渐渐转变为以服务为主的高级竞争的现代企业来说，是实施监督控制及贯彻服务标准的一种有效方法。

环境观察法不仅需要用眼睛观察，还需要用一定的方法进行试探考察。在观察前应对观察项目进行适当划分，确定哪些项目可以立即观察到，哪些项目需要试探，并拟定观察顺序，确保项目不遗漏。

五、网络调研法

网络调研法是指利用互联网进行调研、获取调研资料的调研方法。网络调研法主要有两种方式：一种是利用互联网直接进行调研，收集一手资料，称为网络直接调研；另一种是利用互联网的媒体功能，从互联网收集二手资料，称为网络间接调研。

（一）网络调研法的种类

网络调研法包括网络访谈法、电子邮件问卷调研法、网络论坛在线访谈法、站点问卷调研法、搜索引擎法。

1. 网络访谈法

网络访谈法也被称为联机访谈法，是指在网络上使用已经建立的网站，通过事先的邀请，让若干名网友在指定的时间登录一个特定的网站而进行市场调研的方法。网络访谈法的具体操作包括三个步骤：

（1）选择调研对象，在需要进行一次网络小组焦点访谈的市场调查活动时，调研人员首先应该搜索其数据库，利用已有的顾客资料，按照既定的条件筛选出可以作为访谈对象的受访者名单，建立一个受访者的数据库；然后向受访者发送电子邮件，邀请他们届时接受访谈。

（2）事先通知访谈内容。凡进行电脑网络访谈，都应该事先通知参加者，告知访谈的内容、要求。如有必要，可以事先提供访谈指南或者调查的详细题目，以便访谈对象事先做好准备。

（3）进行访谈。访谈主持人在指定的时间前打开网站迎接受访者，讲解问题和再一次讲解讨论要求，并且与他们进行轻松的交流。主持人通过在网络上输入讨论的问题来控制访谈的进度。

2. 电子邮件问卷调研法

电子邮件问卷调研法主要是指向调研对象的电子信箱发放问卷并完成市场调研的方法，也包括将简单的调研问卷以电子广告的形式公布在网络上，进行公开调研的方法。

进行电子邮件问卷调研时，调研人员首先在自己的终端机上制定调研问卷，然后按照已经知道的电子邮件网址发出问卷，或者将问卷直接粘贴在自己的网站上。调研对象在自己的信箱中或者网络上看到问卷后，直接把答案寄回调研人员的信箱，或者立即进行点击回答。调研人员通过事先设计好的软件程序进行调研结果的统计。电子邮件问卷调研和邮寄问卷的性质、效果类似，只是邮寄问卷和回收问卷的方式都通过电子邮件形式来完成，提高了调研的效率。同时，由于回答和邮寄方便，因此电子邮件问卷的回收率相对传统邮寄问卷有所提高。

3. 网络论坛在线访谈法

网络论坛在线访谈法是指调研人员利用网上聊天室或论坛等与不相识的网友交谈、讨论问题、寻找帮助、获取有关信息。网络论坛在线访谈法与传统的访问调研法类似，不同之处在于调研人员与调研对象无须见面，这也可以消除彼此的顾虑，有助于调研对象自由发表意见。网络论坛在线访谈法适用于探索性调研或对有关问题进行定性分析，可以采取网上个别访问或者组织网上座谈会等形式。

4. 站点问卷调研法

站点问卷调研法是指将调研问卷以 HTML 文件的形式附加在一个或几个网络站点的页面上，浏览这些站点的网上用户在此页面上回答调研问题，再通过自动方式将问卷传回。站点法是一种被动的调研方法，也是目前网上调研通用的方法，可以在企业自己的网站进行调研，也可以通过其他公开网站进行。

5. 搜索引擎法

搜索引擎法主要是利用网络的搜索服务功能进行二手资料收集的方法。网上二手资料来源丰富，有企业网站、学校网站、服务机构网站、政府机关网站等。这些网站上有大量有关市场、政策等的有价值信息，通过收集这些信息，再进行加工处理，可以为企业提供参考。

企业可以利用上述方法直接进行网上调研，还可以委托市场调研机构开展网络调研。市场调研机构主要针对企业及其产品进行调研，调研内容通常包括：网络浏览者对企业的了解情况；网络浏览者对企业产品的款式、性能、质量、价格等的满意程度；网络浏览者对企业的售后服务的满意程度；网络浏览者对企业产品的意见和建议。

（二）网络调研法的优点

1. 调研问题形式更丰富

网络调研能够设计出多媒体调查问卷，可以直观地通过文字、图形和其他丰富多彩的表现形式做出选择和答题。

2. 调研具有交互性

网络调研可以通过视听技术，使网络调研人员与网上调研对象进行自由交流与沟通，可以获得更加全面和可靠的信息资料。

3. 为调研对象提供了调查的便利

调研对象可自行决定时间、地点作答，具有灵活性。

4. 调查范围广，调研费用低

随着互联网的普及，网络调研已经突破了地理空间的限制；网络调研省去了传统调查中耗费的大量人力，而且网络信息传播速度快，大大节省了调研的费用。

5. 调研结果可靠性高

网络调研隐匿性高，调研对象的戒备心理可以降到最低，同时网络调研又避免了线下调研时访问人员的人为影响，大大提高了调研的可靠性。

（三）网络调研法的缺点

网络调研法因其优点而越来越受到人们的重视。有人认为，网络调研必将取代传统的调研方式，这是调研发展的趋势和方向。但在现阶段，一个最主要的问题是：网络调研是否具有客观性？即网络调研的结果究竟在多大的程度上是可信的。

国内的网络调研最具代表性的是中国互联网络信息中心（CNNIC）的调查。从1997年至2025年1月，它对互联网在中国的宏观发展状况进行过55次调查，这些调查报告受到了国内外的重视，也是有关中国互联网发展统计引用率最高的调查报告。CNNIC的调查是典型的网络调查：把问卷放在网上，然后由访问者自愿填写。虽然成本低、简单易行，但却无法保证其客观性，如根据什么标准对问卷进行处理，用什么方法进行抽样等。

1. 调研范围仅限于网民

由于调查是在网上进行的，因此网络调研的对象只有网民，网络调研只适合以网民为总体的项目。对诸如“对中国网络媒体的发展状况的满意度”等问题的调查，网络调研无疑是合适的，但若要进行更大范围的调研，如“城镇居民对银行卡收费的态度”等，网络调研就显得不合适了，这种调研的总体范围相当广，并不仅限于网民，因此网络调研的结果无法代表真实的大众观点和态度。

2. 样本的代表性问题

如将全体网民作为全部总体，将参与调研的网民作为样本总体，那么这两者之间存在一个代表性问题。以网上问卷为例，若把问卷放在网站上，由调研对象自己填写，它面临许多问题。例如：是否能吸引到足够多的人填写问卷，填写问卷的人是否符合调研对象的要求，是否有人多次填写同一问卷，以及如何估计无回答误差等。这些问题都是调研人员无法控制的。

3. 调研结果的准确性无法验证

调研对象的态度往往会决定调研结果的准确性，网络调研是匿名开展、由调研对象自行完成的调研，无从获取和管理调研对象的作答态度，调研结果的准确性会受到影响。

（四）解决网络调研问题的主要手段

要有效减少以上这些问题带来的影响，我们可以运用一些技术手段。这些手段包括：

1. 网上用户身份的检验

在采集调研信息时，为了尽可能消除因同一个调研对象多次填写问卷给调研结果带来的代表性偏差，我们可以利用“IP＋若干特征标志”作为判断调研对象填表次数唯一性的检验条件。在设计指标体系时，对所有可以肯定的逻辑关系和数量关系都应充分利用，并将之列入调研质量检验程序，以保证网上用户身份的唯一性，排除干扰。

2. 电子邮件邀请和站点问卷调研相结合

在采用电子邮件邀请和站点问卷调研相结合的方法时，调研人员应给调研对象提供一个含有密码的链接，每一个调研对象的密码都不一样，而且只能使用一次。当调研对象点击链接时，程序会读取密码并与数据库核对，这样可避免不符合标准的人填写问卷，也可以防止同一调研对象多次填写问卷。

3. 随机 IP 自动拨叫技术

我们可以用这种技术进行主动的网上抽样调研。通过一个随机 IP 地址生成软件产生一批随机 IP，再由一个 IP 自动拨叫软件向这些 IP 发出呼叫，传送一个请调研对象参加调研的信息，收到该信息的网上用户可以按照意愿决定是否参加调研。

4. 选用特征标志作为“过滤器”

根据具体调研问题选取有效的指标，如年龄、性别、学历、职业、职务、地区以及其他品质标志和数量标志等，通过特征标志将调研表中代表性差的样本过滤出去。

（五）网络调研应注意的细节

1. 要合理设计问卷

问卷不可过长或过于复杂，以免调研对象没有足够的耐心填写，或导致有歧义、错误的回答。因此，网络调研问卷的设计要注意问题的数量和问卷的格式，控制好答题时间，使问卷能得到有效的回答。

2. 不要侵犯或泄露调研对象的个人隐私

许多免费下载的软件对用户的网上监测是在网民不知情的情况下进行的，这会招致网民的抗议与反对。因此，在问卷调研中，也要注意避免可能让网民隐私暴露的问题。

3. 要想办法提高调研的回答率

可以向调研对象提供一定补偿，如有奖问答或赠送小礼品等，吸引网民自愿参加网络调研。

（六）便捷的网络问卷制作和发布平台

随着互联网技术的发展，互联网服务日益完善，有不少公司提供网络问卷制作和发放服务，允许用户创建、发布和收集问卷，这些网站提供了丰富的功能和工具，帮助用户高效地进行问卷调查和数据收集。主要网站有：

1. 问卷帮

问卷帮提供简单、好用、免费的在线调查问卷系统，支持多种应用场景，如360度评估、在线考试、心理测评等。用户可以通过邮件邀请、短信邀请、手机验证邀请和密码邀请等多种方式发布问卷，并提供专业的分析报表和可视化图表。

2. 问卷网

问卷网提供免费易用的问卷调查、考试测评、投票评选和信息收集表单服务。支持多种题型组件和专业模板，用户可以通过链接、二维码、海报等方式高效分发问卷，并提供在线SPSS分析和可视化图表实时呈现。

3. 问卷星

问卷星提供问卷调查、在线考试、360度评估、报名表单、在线测评和在线投票等服务。用户可以通过生成链接及二维码、嵌入微信公众号/小程序、通过短信/邮件一对一发送等方式发送问卷，并支持数据报表下载和在线深度SPSS分析。

4. 腾讯问卷

腾讯问卷提供简单易用的问卷调查服务，用户可以通过创建、编辑、投放和回收四个步骤轻松进行问卷调查。腾讯问卷支持多种应用场景，适合个人、初创公司、世界500强企业、高校和政府部门使用，并提供问卷填答平台“卷叔填填圈”。

5. Zoho Survey

Zoho Survey是全球知名的在线问卷调查平台，提供创建问卷、收集回复和报表分析的功能。用户可以通过在线链接、邮件群发、手机离线调查、二维码扫描和社交媒体等多种途径进行问卷调查。这个平台支持自定义报表和Google Sheets深入分析问卷数据。

6. 乐调查

乐调查提供满足各类业务场景的问卷调查服务，包括产品创意测试、产品概念测试、产品宣称测试、产品广告语测试、产品包装测试和平面广告测试等。平台提供专业的问卷编辑器和易用的操作体验，并支持多品牌信赖。

7. LimeSurvey

LimeSurvey提供创建免费在线问卷的服务，支持多种问卷功能，如单项选择、多项选择、文本答案、图片选择、星级、语义差异、净推荐值、评分量表、Ordering、矩阵等。LimeSurvey提供灵活的选项、快速翻译、多媒体支持和响应式设计。

操作指导

影响市场调研方法选择的因素

一、调研对象的选择

调研对象总的文化水平，即读写能力，以及他们配合调研的态度，是选择调研方法时必须考虑的两个因素。例如：留置问卷访问法要求调研对象具有较强的读写能力；面谈访问法则对调研对象受教育水平要求较低；调研对象的合作倾向则是选择邮寄问卷访问法必须认真考虑的问题；只有在调研对象具有较高的文化水平和较易合作的情况下，邮寄问卷访问法才能发挥最大的效果。

调研对象具体的抽样方法也对选择调研方法有重要影响，不同的抽样方法可能使调研过程比较容易或非常困难。当以一个缺少地址或电话号码的总体清单为抽样框时，采用邮寄问卷、留置问卷、电话等访问方式显然会遇到很多麻烦。此外，抽样单位与调研对象单位的一致性也是制约调研方式的一个因素。当调研对象是个人、抽样单位是群体（如住户或单位）时，采用邮寄问卷、留置问卷的调研方法就会失去对谁是最终回答者的控制。这时，配以调研人员的走访显然是很关键的手段。

二、调研内容和提问形式

调研内容对选择调研方法的影响是客观存在的，但由于调研内容种类太多，因此要表达清楚这种影响并不容易。国外很多市场调研实践表明，电话访问法对于敏感性问题调研的能力较之留置问卷访问法或面谈访问法要低得多，这与人们的常识不一致。因而当内容很敏感时，调研方法中至少应包括一次与调研对象面对面的接触。而对大量一般性问题的调研，采用何种收集资料的方式则没有十分明显的影响。

调研内容对调研方法制约的另一种表现是受调研项目的多少及复杂程度的影响。一般而言，电话访问法由于调研时间短，因而适应性弱；面谈访问法以及观察法等其他调研方式的适应性则强一些。

与调研内容相比，提问形式或问卷形式对选择调研方式有更明确的影响。追寻原因的开放式问题，不宜采用留置问卷访问法；而选择项很多的问题以及需要对多项内容进行排列顺序的问题，不宜采用电话访问法；当提供必要的背景材料很关键的时候，或提问形式为“投射式”，即要补充完成某些提问时，留置问卷访问法是较合适的选择。

三、收集资料的要求

当把收集资料的过程作为一个整体对待时，怎样才能很好地将数种方法有机地结合起来？一般而言，要对以下四个方面进行综合考察，并根据实际情况做出正确选择。

（一）回答率

回答率是选择调研方法时首先应注意的问题，没有一定的回答率，任何资料的收集都不会成功。因此，收集资料的方式不应拘泥于某一种，而应采取数种方式，以保证必要的回答率。从具体的调研方法来分析，面对面座谈会的回答率最高，而观察法则没有回答率问题的干扰。

（二）从真实性的角度看

真实性也是收集资料过程中极为重要的问题，失去真实性的保证，获得的资料再多也没有任何意义。观察法收集资料的真实性取决于调研人员的素质，而邮寄问卷访问法最易从调研对象处得到真实资料。

（三）收集资料的周期

每种收集资料的方法都需要一定的时间，但周期的长短不同。因为现代市场调研要讲求时效性，所以没有时效性也就失去了市场调研的全部意义。从具体方式上看，邮寄问卷访问法一般要两个月左右的时间，因而在相同的调研规模内，电话访问法可大大缩短调研周期。

（四）调研费用支出

由于市场调研的费用是有限的，因此对于调研效益必须给予足够的重视，调研效益也可以说是调研中至关重要的因素。从具体调研方式看，邮寄问卷访问法较节约费用，但需要指出的是，计算调研费用要从调研整体上看，以邮寄问卷访问法为例，不仅要计算邮资，还要计算写地址或清理地址所需的时间成本及打印问卷、补寄等的费用。

案例学习

真维斯专卖店的暗访调查

真维斯在武汉市区开设了 20 多家专卖店，为了督促各专卖店提高服务质量，真维斯经常派出调查人员对各专卖店进行暗访调查，作为评比依据。表 3－3 就是中国纺织大学为此专门设计的调查表。

表 3－3　神秘人暗访调查表

店铺地址：
店铺编号：
访问日期：　　　　进店时间：　　　　店内顾客人数：
访问员：　　　　调查表编号：　　　　总得分：

调查项目	等级	评分标准
1. 营业员的礼貌		
（1）顾客进店时，有营业员立即面对顾客打招呼	优	有营业员立即面对顾客热情自然地打招呼
	良	有营业员面对顾客打招呼，但不自然、不热情
	中	有营业员打招呼，但不面对顾客
	差	不打招呼
（2）营业员衣着统一，佩戴胸卡，发饰整洁，化妆自然	优	衣着统一，佩戴胸卡，发饰整洁，化妆自然
	良	四项中有一项欠缺
	中	四项中有两项欠缺
	差	四项中有三项以上欠缺或其中一项严重欠缺

续表

调研项目	等级	评分标准
（3）营业员各就各位，无倚靠、聊天、干私事现象	优	营业员各就各位，无倚靠、聊天、干私事现象
	良	四项中有一项欠缺
	中	四项中有两项欠缺
	差	四项中有三项以上欠缺或其中一项严重欠缺
（4）能用普通话接待顾客，使用礼貌用语，面带笑容	优	使用礼貌用语、面带笑容（顾客讲普通话时，营业员也讲普通话）
	良	三项中有一项欠缺
	中	三项中有两项欠缺
	差	三项都欠缺或其中一项严重欠缺
（5）当顾客只想看看时，营业员没有板起面孔的现象	优	营业员态度热情，并适当推荐一些特色商品
	良	营业员态度热情，但未推荐商品
	中	营业员态度有较大变化，也未推荐商品
	差	营业员板起面孔
（6）收银员的态度和蔼，唱收唱付，并说“谢谢”	优	态度亲切、和蔼，唱收唱付，并说“谢谢”
	良	态度一般，并说“谢谢”
	中	态度一般，不说“谢谢”
	差	态度差
2. 营业员的推销技巧		
（7）同停留在货架前挑选货品的顾客主动打招呼并询问其需求	优	营业员主动过来打招呼并询问需求
	良	营业员主动过来打招呼但不询问需求
	中	营业员未主动打招呼，但顾客招呼时，能迅速过来
	差	营业员未主动打招呼，当顾客招呼一遍以上时才过来
（8）主动热情地介绍商品的特性、面料及洗涤方式	优	全面详细地介绍商品的特性、面料及洗涤方式
	良	顾客询问后，一问二答或以上
	中	顾客询问后，被动解答，一问一答
	差	顾客询问后，因反感而不答
（9）鼓励顾客试穿，乐意陪顾客到试衣间，并将待试服装为顾客准备好	优	鼓励顾客试穿，陪同顾客到试衣室，并将待试的服装准备好
	良	鼓励顾客试穿，陪同顾客到试衣室，但未将待试服装准备好
	中	不鼓励顾客试穿，顾客提出试穿后同意顾客试穿，但不陪同顾客到试衣室
	差	不鼓励顾客试穿，也不同意顾客试穿
（10）告诉顾客售后服务的内容，包括：免费修改裤长、更换颜色/尺码等	优	主动告诉顾客全部售后服务的内容
	良	告诉顾客两项售后服务内容
	中	告诉顾客一项售后服务内容
	差	未告诉顾客售后服务内容
（11）如果服装不合适，则主动、热情地给顾客更换或介绍其他商品给顾客试穿	优	若顾客提出不合适，主动征询不合适原因，并能提供相应的合适货品给顾客
	良	若顾客提出不合适，没有征询不合适原因，就为其提供其他货品
	中	若顾客提出不合适，让顾客自己挑选其他货品
	差	若顾客提出不合适，收回货品，不予理睬，或强行推销该货品

续表

调研项目	等级	评分标准
（12）如试穿满意，顺便向顾客介绍、搭配其他商品和饰品	优	主动介绍并主动引导顾客搭配其他货品
	良	未主动为顾客搭配，当顾客提出搭配要求后，能热情帮助搭配
	中	顾客提出搭配要求后，不情不愿地寻找相应货品
	差	顾客提出搭配要求后，没有反应
（13）服饰搭配恰到好处，令顾客满意	优	服饰搭配恰到好处，顾客非常满意
	良	服饰搭配水平较高，顾客比较满意
	中	服饰搭配水平一般，顾客可以接受
	差	服饰搭配水平太差，顾客不能接受
（14）在不需同时接待其他顾客时，陪同顾客到收银处付款，并说致谢语	优	陪同顾客付款，并说致谢语
	良	陪同顾客付款，不说致谢语
	中	让顾客自己去付款，说致谢语
	差	让顾客自己去付款，不说致谢语
（15）顾客离店时，营业员能立即主动地对每位离店顾客说送别语	优	顾客离店时，营业员热情、自然地招呼
	良	顾客离店时，营业员打招呼，但不热情
	中	营业员偶尔对个别离店顾客打招呼
	差	不打招呼
3. 购物环境		
（16）在收银台附近，整洁摆放或张贴着“顾客服务热线”的标牌	优	店内收银台附近有标牌，且很整洁
	良	店内收银台附近有标牌，但不够整洁
	中	店内收银台附近有标牌，但很脏
	差	无标牌
（17）店内货架、橱窗、门面招牌、地面整洁	优	店内货架、橱窗、门面招牌、地面整洁
	良	一项欠缺
	中	两项欠缺
	差	三项或四项欠缺，或有一项严重损害商店形象
（18）货品摆放整齐，货架不空置，货品及模特无污渍、无损坏	优	货品摆放有条不紊，分门别类，货架不空置、货品及模特无污渍、无损坏
	良	有一个货架（或货品、模特）未达到要求
	中	有两个货架（或货品、模特）未达到要求
	差	货品乱放，或三个以上货品及模特有污渍、有损坏
（19）试衣间整洁、门锁安全、设施齐全（配备衣钩、拖鞋）	优	试衣间整洁、门锁安全、设施齐全
	良	三项中有一项欠缺
	中	三项中有两项欠缺
	差	三项均有欠缺或其中一项以上严重欠缺
（20）灯光明亮、音响适中、温度适宜、走道通畅（无杂物堆放）	优	灯光充足、音响适中、温度适宜、走道畅通（无杂物堆放）
	良	四项中有一项有欠缺
	中	四项中有两项有欠缺
	差	四项中有三项或四项有欠缺，或有一项以上严重欠缺

说明：（1）对每项调查内容，优 5 分、良 4 分、中 3 分、差 1 分，满分 100 分。

（2）为使得调查顺利、有效地进行，中国纺织大学还设计出如下操作流程图，如图 3 - 2 所示。

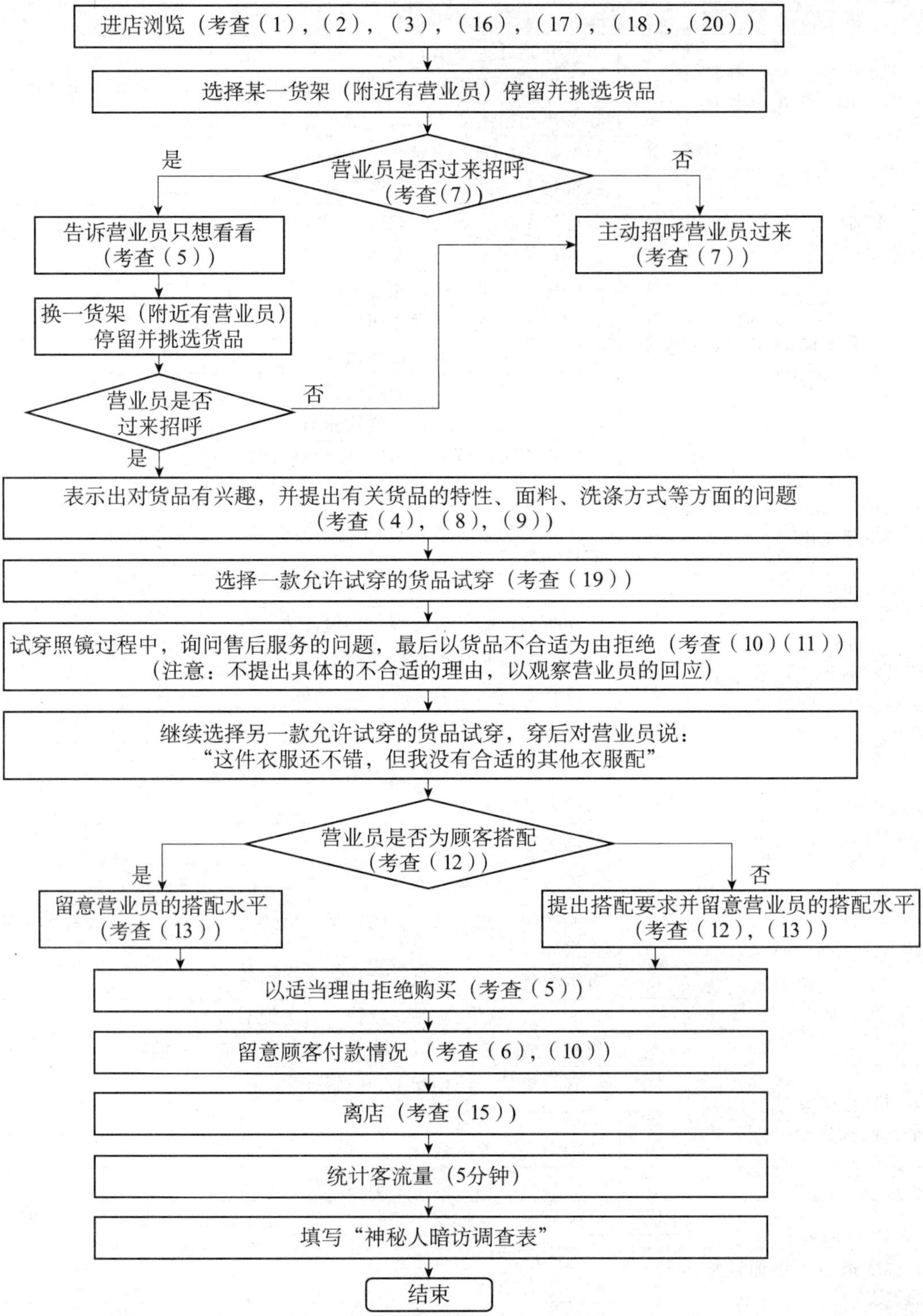

图 3－2　真维斯店铺服务水平观察调研流程图

真维斯委派调查员装作普通顾客对各专卖店进行调查评分，根据评分结果给予专卖店奖惩，有力地促进了各专卖店服务水平的提高。

资料来源：叶叔昌，邱红彬．营销调研实训教程［M］．武汉：华中科技大学出版社，2006.

点评

该项目是一个典型的环境观察项目，不仅精心设计了观察的内容，还合理规划了观察的流程，有效地保证了观察的科学性。观察法调研由于可以随时随地使用且结果客观真实，不仅在市场研究中应用广泛，在人们的日常工作生活中也被不断地使用。

知识拓展

实验调查法

实验调查法，按照实验的场所可分为实验室实验和现场实验。实验室实验是指在人造的环境中进行实验，研究人员可以进行严格的实验控制，比较容易操作，时间短、费用低。现场实验是指在实际的环境中进行实验，其实验结果一般具有较大的实用意义。

利用实验调查法的一般步骤：根据市场调查的课题，提出研究假设；进行实验设计，确定实验方法；选择实验对象；进行实验；分析整理实验资料并做实验检测；得出实验结论。实验调查只有按照这种科学的步骤来开展，才能迅速取得满意的实验效果。

实验设计是实验者进行实验活动、控制实验环境和实验对象的规划方案，它是实验调查各个步骤的中心环节，决定研究假设能否被确认，也决定实验对象的选择和实验活动的开展，最终还影响实验结论。

根据是否设置对照组或对照组的多少，我们可以设计出多种实验方案。基本的、常用的实验方案如下：

（1）单一实验组前后对比实验。选择若干实验对象作为实验组，将实验对象在实验活动前后的情况进行对比，得出实验结论。在市场调查中，经常采用这种简便的实验调查方法。例如：某食品厂为了提高糖果的销售量，认为应改变原有的陈旧包装，并为此设计了新的包装图案。为了检验新包装的效果，以决定是否在未来推广新包装，厂家取 A、B、C、D、E 五种糖果作为实验对象，对这五种糖果在改变包装的前一个月和后一个月的销售量进行了检测，得到的实验结果如表 3－4 所示。

表 3－4 单一实验组前后对比表

糖果品种	实验前销量（Y0）	实验后销量（Y1）	实验结果（Y1－Y0）
A	300	340	40
B	280	300	20
C	380	410	30
D	440	490	50
E	340	380	40
合计	1 740	1 920	180

实验结果表明：改变包装比不改变包装销售量大，说明消费者不仅注重糖果的品质，而且对包装也有要求。因此断定改变糖果包装，以促进其销售量增加的研究假设是合理的，厂家可以推广新包装。但应注意，市场现象可能受许多因素的影响，180 千克的销售增加量，不一定只是因为改变了包装。

因此，单一实验组前后对比实验，只有在实验者能有效排除非实验变量的影响，或者在非实验变量的影响可忽略不计的情况下，实验结果才能充分成立。

(2) 实验组与对照组对比试验。选择若干实验对象为实验组，同时选择若干与实验对象相同或相似的调查对象为对照组，并使实验组与对照组处于相同的实验环境之中。例如：某食品厂为了了解面包的配方改变后消费者有什么反应，选择了 A、B、C 三家商店为实验组，再选择与之条件相似的 D、E、F 三家商店为对照组进行观察。观察一周后将两组对调，再观察一周，其检测结果如表 3-5 所示。

表 3-5　实验组与对照组对比表

商店	原配方销售量（百袋）		新配方销售量（百袋）	
	第一周	第二周	第一周	第二周
A		37	43	
B		44	51	
C		49	56	
D	35			41
E	40			47
F	45			52
合计	120	130	150	140

从表 3-5 中可知，两周内原配方面包共销售了 120＋130＝250（百袋），新配方面包共销售了 150＋140＝290（百袋）。这说明改变配方后增加了 40（百袋）的销售量，对企业很有利。

实验组与对照组对比实验，必须注意二者具有可比性，即二者的规模、类型、地理位置、管理水平、营销渠道等各种条件应大致相同。只有这样，实验结果才具有较高的准确性。但是这种方法对实验组和对照组都是采取实验后检测，无法反映实验前后非实验变量对实验对象的影响。为弥补这一点，可将上述两种实验进行综合设计。

(3) 实验组与对照组前后对比实验。这是对实验组和对照组都进行实验前后对比，再将实验组与对照组进行对比的一种双重对比的实验法。它既吸收了前两种方法的优点，也弥补了前两种方法的不足。例如：某公司在调整商品配方前进行实验调查，分别选择了三个企业组成实验组和对照组，对其月销售额进行实验前后对比，并综合检测出了实际效果（见表 3-6）。

表 3-6　两组前后对比表

单位：百元

实验单位	前检测	后检测	前后对比	实验效果
实验组	Y0＝2 000	Y1＝3 000	Y1－Y0＝1 000	（Y1－Y0）－（X1－X0）＝1 000－400＝600
对照组	X0＝2 000	X1＝2 400	X1－X0＝400	

表 3-6 中的检测结果显示实验组的变动量为 1 000 百元，包含实验变量及调整配方的影响，也包含其他非实验变量的影响；对照组的变动量为 400 百元，不包含实验变量的影响，只有非实验变量的影响，因为对照组的商品配方未改变。实验效果是从实验变量和非实验变量共同影响的销售额变动量中，减去由非实验变量影响的销售额变动量，反映调整配方这种实验变量对销售额的影响作用。由此可见，实验组与对照组前后对比实验，是一种更为先进的实验调查方法。

团队实战训练

1. 文案调研实施

（1）查阅国家统计局网站，获取以下数据：

①中国、美国、日本、德国和印度五国 2000 年、2005 年、2010 年、2015 年、2020 年、2023 年五年的 GDP 数据。

②2024 年 1 月—12 月我国居民消费价格月度同比和环比涨跌幅。

③2024 年全国主要地区网络零售额及占比。

（2）查阅资料了解浙江省过去五年高考人数和地区分布。

2. 访谈调研实施

了解同学们体育锻炼的情况，开展访谈调研。要求：

（1）设计访谈提纲。

（2）制定访谈方案。

（3）在校园内选择三位同学实施访谈。

3. 食堂服务质量观察调研

（1）设计食堂服务质量观察调研表。

①讨论确定观察调研的内容。

②确定每项内容的评价标准。

③合理调整调研内容的顺序。

④观察调研表定稿。

（2）实施食堂服务质量观察调研。

各小组选择食堂，一起完成对某一食堂的观察调研。

项目四　设计调研问卷

学习目标

知识目标：

1. 掌握调研问卷的含义。
2. 掌握调研问卷的问题类型。
3. 掌握调研问卷的结构。
4. 掌握调研问卷的设计要求。

能力目标：

1. 能根据调研项目要求设计问题。
2. 能根据调研项目要求设计调研问卷。

素养目标：

1. 培养换位思考的能力。
2. 提升逻辑推理能力。

大家来讨论

两份问卷有什么不同

某班级两个不同的研究小组A、B都选择了“如何利用音乐调节人的情绪”作为研究课题，在选择研究方法时也都确定了以问卷作为其中一项重要的研究方法。两组同学经过认真设计，各自拿着打印好的问卷分别深入同学中进行调研。可在收回问卷、整理分析后，两组的调研结果产生了很大差距，以至于最后研究成果的水平也相差很远。问题究竟出在哪里呢？后来，老师和同学们经过比较与分析，发现问题就出在两个小组设计的两份不同的问卷上。请你仔细比较一下问卷A和问卷B。

问卷A

音乐对情绪的调节作用调研问卷

亲爱的同学：

你好！为了让大家能很好地利用音乐来调节自己的情绪，也为了找到一把开启快乐之门的钥匙，让我们的生活更加和谐美好，我们“跳跃音符”研究一组设计了此次问卷。希望拿到这份问卷的朋友用心填写，你的回答对我们的研究会很有价值，谢谢！

1. 你在情绪低落时会听什么音乐？

A. 流行　B. 民族　C. 经典（老歌）　D. 其他________

2. 你在心情烦躁时会听什么音乐？

A. 抒情　B. 劲爆　C. 欢快　D. 其他________

3. 你认为听自己喜欢的音乐能让情绪变得好一点吗？

A. 可以　B. 不一定　C. 没有效果

4. 为了舒缓内心的压力、排解压抑的情绪，你会听哪种类型的音乐？

A. 轻音乐　B. 抒情音乐　C. 流行音乐　D. 其他________

5. 课余时间，你喜欢听哪种音乐作为放松和娱乐？

A. 爵士乐　B. 古典音乐　C. 流行音乐　D. 其他________

6. 你认为不同类型的音乐对人的心情有什么不同的影响？（简答题）

____

____

“跳跃音符”研究一组

问卷 B

音乐与情绪的调研问卷

你好！请配合填写此次问卷！谢谢！

1. 你经常听音乐吗？

A. 经常　B. 有时　C. 偶尔　D. 极少　E. 从不

2. 你认为大学生听音乐的利弊关系是怎样的？

A. 利大于弊　B. 弊大于利　C. 没关系

3. 人开心的时候一定很喜欢听欢快的音乐吗？

A. 是　B. 否

4. 你喜欢的音乐方面的明星是哪个地区的？

A. 中国　B. 日韩　C. 欧美　D. 无所谓

5. 你经常是哪种情绪多一些？

A. 喜　B. 怒　C. 哀　D. 惧

6. 你认为音乐与人的情绪有关系吗？

A. 关系密切　B. 有点关系　C. 毫无关系　D. 不清楚

7. 你认为情绪低落时人会喜欢听伤感的音乐吗？

A. 是　B. 否

8. 请你准确地说出音乐的分类。

9. 请你准确地说出人的情绪的分类。

10. 你喜欢听什么类型的音乐？

11. 你认为什么样的音乐对人的心情有什么样的影响？

12. 请你对本次问卷调研进行评价。

“跳跃音符”研究二组

请思考：

（1）你觉得哪份问卷设计得更好？好在哪里？

（2）比较问卷 A 和问卷 B 的差别。

（3）请谈一谈设计一份科学合理的问卷应该注意哪些问题。

基本知识

一、问卷的含义、设计原则、结构

（一）问卷的含义

问卷是指调研人员根据调研目的和要求，按照一定的理论假设设计出来的，由一系列问题（调研项目）及备选答案组成，收集资料的一种工具。问卷在调研人员和调研对象之间起着重要的中介作用。问卷的质量将直接影响资料的真实性和实用性，直接关系着调研的成败。调研问卷可以使市场调研标准化和系统化，便于收集和整理资料。在市场调研中，调研问卷发挥着提问、记录和编码的基本功能。

问卷分为自填式和代填式两种，自填式调研问卷是由调研对象直接填写的，代填式调研问卷是调研人员在向调研对象询问了相关情况后及时填写的。

（二）问卷的设计原则

调研问卷设计是指根据调研目标，将所需调研的信息问题化，通过调研对象提供答案来获得必要的、便于统计分析的信息资料的活动。调研问卷的设计工作是一项技术性比较强的工作，需要经过专门训练并且结合一定的工作经验。问卷设计应遵循目的性、简明性、可行性、系统性、便于整理性等原则。

（1）目的性原则。问卷设计应围绕研究目标进行，从实际出发，重点突出，确保问卷聚焦于研究主题的核心内容，避免偏离主题。问卷中每个问题都与研究目的直接相关，避免无关或冗余的问题。

（2）简明性原则。问卷应尽可能简单易懂，避免不必要的复杂性，以减轻调研对象的负担并提高回答的准确性。问题的表述应清晰明确，避免歧义或多重含义。

（3）可行性原则。问卷设计应考虑实施的可操作性，考虑调研对象的情况和特征，确保问题是调研对象经验和记忆范围内的，确保问题可以被理解；还要使调研对象乐于回答和易于回答。

（4）系统性原则。问卷的结构、内容和问题的排列应具有内在逻辑性和整体性。确保问题按照逻辑顺序排列，从一般到具体，或从简单到复杂，使调研对象易于理解和回答。问题之间的过渡应自然流畅，确保调研对象在回答问题过程中的思维连贯性。问卷中的所有问题和答案选项应遵循一致的格式和风格，避免给调研对象造成混淆。对于复杂的问题，可以采用分层设计，逐步深入，以获取更详细的信息。

（5）便于整理性。问卷设计时还要考虑调查结果是否容易进行量化统计和分析。一般在设计问卷时以易于量化处理的封闭式问题为主，不易于量化处理的开放式问题尽量少放甚至不放。比较难把握的调研对象的态度性问题，则用态度测量表，将答案用数量或等级的差异表示出来。

（三）问卷的结构

问卷的结构一般包括标题、问卷说明、调研内容、调研对象个人资料、作业证明等，可以分成开头、正文和附录三个部分，问卷标题和问卷说明可以列为开头部分，调研对象个人资料及作业证明等可归结为附录部分。

（1）标题：概括性地说明调研的主题，使调研对象对所要回答的问题有一个大致的了解。确定标题应简明、扼要、准确、醒目、突出，易于引起调研对象的兴趣。

（2）问卷说明：通常又称为指导语，一般放在标题之后。问卷说明一般由以下几部分构成：一是介绍主持调查机构及访问员的身份；二是介绍本次调研的目的、意义，以提高调研对象参与调研的配合度；三是给出保密承诺，以打消调研对象的戒心；四是提示调研对象如何作答问题的方法，交代访问结果将如何处理，或者指导调研人员正确完成问卷调研工作的说明。问卷说明是调研人员与调研对象沟通的桥梁，因此，写好问卷说明是问卷调研取得成功的关键之一。

（3）调研内容：主要包括调研问题、问题的回答方式，是调研者所要了解的基本内容，是调研问卷中最重要的部分，也是问卷设计的核心内容。这部分内容设计的好坏直接影响调研结果。

（4）调研对象个人资料。通常有电话号码、年龄、性别、教育程度，依调查目的而定。

（5）作业证明。问卷的最后附上调研人员的姓名及访问日期、时间等。如有必要，还可写上调研对象的姓名、单位或家庭住址、电话等，以便于审核和进一步追踪调研。

在大规模的调研项目问卷中还会有编码。就是在设计问卷的同时将每一问题和选项都设计一个数字代码的工作过程，以便于分类整理，方便后续的计算机处理和统计分析工作。编码通常是在每一个调研项目的最左边，按一定要求顺序编号。

二、问卷题目的设计

问卷问题的类型

（一）问卷题目的类型

1．开放式问题

调研对象可以充分发表自己的意见，不受任何限制；调研人员可得到许多生动、具体、丰富的市场信息。但开放式问题要求调研对象具有较高的文字表达能力，花费时间较长。

（1）全开放题：是指不给出答案，由调研对象自由回答的问题。

（2）常用的形式：

①自由格式：调研对象可以用几乎不受任何限制的方法回答问题。

[例4-1] “你对华为的产品有什么看法？”

②词汇联想法：列出一些词汇，每次一个，由调研对象提出他（她）头脑中涌现的每一个词。

[例4-2] “当你听到下列文字时，你脑海中涌现的第一个词是什么？”

手机：____________；新能源车：____________；购物网站：____________。

③语句完成法：提出一些不完整的语句，每次一个，由调研对象完成。

[例4-3] 当您的朋友购买手机时，您推荐：____________。

④故事完成法：提出一个未完成的故事，由调研对象完成。

[例4-4] “华为又推出了新款手机，我发现产品的功能更强大了，有专业的测评机构说该款手机国产化率更高了，达到了99%以上，这使我产生了下列联想和感慨。”现在请完成这一故事。

⑤图画完成法：提出一幅有两个人的图画，一个人正在发表意见，要求调研对象也发表意见，并写入图中的空框中。

2. 封闭式问题

封闭式问题是指调研人员在提出问题的同时，还将问题的一切可能答案或几种主要可能答案全部列出，由调研对象从中选出一个或多个答案作为自己的回答，而不作答案以外的回答。封闭式问题有三种形式：单选题、复选题和顺位题。

（1）单选题，即对于所提问题只接受一个答案，当调研对象给出多于一个答案时，必须进行确认，以求一个最正确的答案，其特征是一般在问题最后的括号内有“单选”字样。单选题可以分为全封闭和半封闭两种，其标志就是答案表中是否有“其他（请注明）”字样，如果没有，为全封闭单选题；如果有，则为半封闭单选题。

①全封闭单选题。

A. 示例。

[例4-5] 请问在过去的三个月内，您平均每周锻炼多少次呢？（单选）

①1次以下　　②2次至3次　　③4次或4次以上

B. 主要特点：调研对象一定要从答案表中选择一个答案。

②半封闭单选题。

A. 示例。

[例4-6] 请问在过去的三个月内，您本人最常用哪个网站购物呢？（单选）

①淘宝　　　　②京东　　　　③拼多多　　　　④抖音

⑤其他（请注明＿＿＿＿＿＿）

B. 主要特点：调研对象可以从备选答案中选择一个，也可以自行给出答案，但是答案依然只能有一个。

（2）复选题是指对于提问可以接受一个或多于一个的答案，一般在问题最后的括号内有“复选”字样。复选题也分为全封闭和半封闭两种，区别的标志就是答案表中是否有“其他（请注明）”字样，如果没有，为全封闭复选题；如果有，则为半封闭复选题。

①全封闭复选题。

A. 示例。

［例 4-7］ 请问您使用哪些电子产品？（复选）

①手机　　②PAD　　③电脑　　④电子手环　　⑤电子手表

B. 主要特点：答案可以多个，但是一定要从备选答案中选择。

②半封闭复选题。

A. 示例。

［例 4-8］ 请问在过去三个月内，您本人登录什么网站收看视频呢？（复选）

①抖音　　②快手　　③视频号　　④B 站

⑤其他（请注明＿＿＿＿＿＿）

B. 半封闭与全封闭题的区别仅在于提问时，逐条确认每个答案后，追问调研对象是否还有其他的答案。

（3）顺位题。

①最重要顺位题。最重要顺位题是介于单选题和多选题之间的一种方法，它表面上是单选题，因为是在众多的选项中选择最主要的，因此归为顺位题。

［例 4-9］ 在您购买手机所考虑的因素中，最重要的因素是：

A. 质量　　B. 品牌　　C. 产地　　D. 型号　　E. 款式

F. 价格　　G. 售后服务　　H. 其他（请自填）

②排序题。排序题是为克服多选题的缺点而出现的一种题型，它最主要的特点是使调研对象选择答案呈现出顺序与程序。

［例 4-10］ 在您购买手机主要考虑的因素中，请将所给答案按重要顺序排序，将顺序号填写在左边方框中。

□质量　　□品牌　　□产地　　□型号　　□款式

□价格　　□售后服务　　□其他（请自填＿＿＿＿＿＿）

③重要程度顺位填空法：

［例 4-11］ 在您购买手机所考虑的因素中，重要的因素是什么？（最多选择 3 项，并按重要程度排序）

A. 质量　　B. 品牌　　C. 产地　　D. 型号
E. 款式　　F. 价格　　G. 售后服务　　H. 其他（请自填＿＿＿＿＿）
（　　　）（　　　）（　　　）

3. 量表式问题

量表式问题是一种用来测量调研对象对某一概念或属性的态度、意见或感受的题目。具体有以下几种类型。

（1）数值尺度题，实际上是单选题的另一种表现形式，这种问题是由调研人员列出标明所持见解的不同强烈程度的几个答案，供调研对象选择。有三点尺度、五点尺度、七点尺度等。数值尺度有两种表现形式：

①线段式：用线段表示人们态度的差异。

［例 4－12］ 您对华为的评价是：（请在线段上适合您的态度的“点”的位置画上圈）

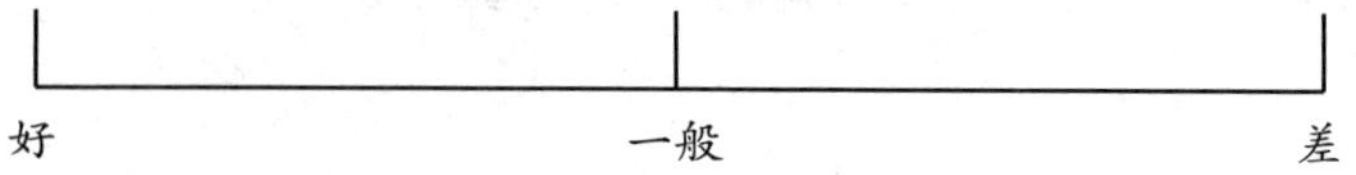

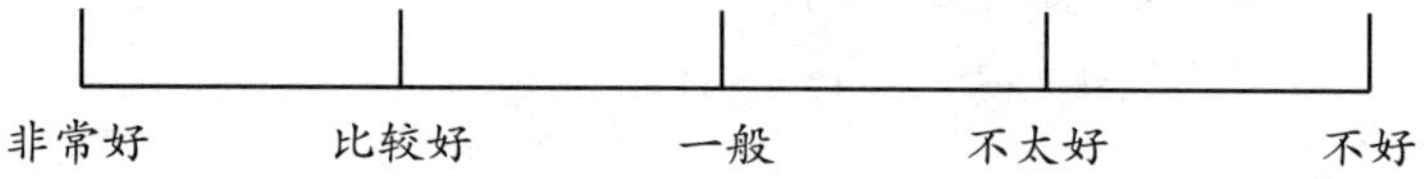

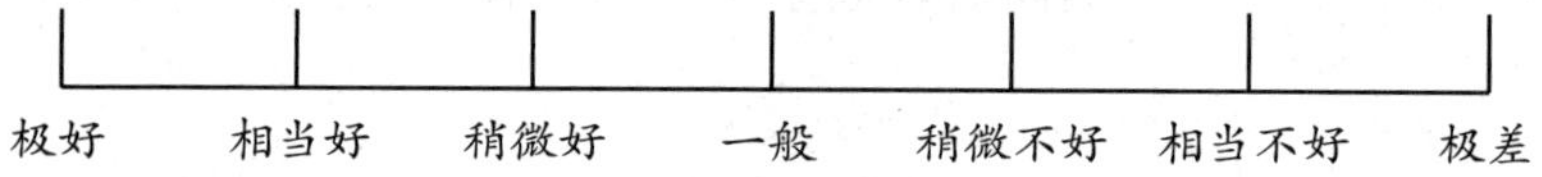

②矩阵式：用类似矩阵的形式表示人们态度的差异。

［例 4－13］ 您对华为手机的看法是：

观点	同意	比较同意	一般	较不同意	不同意
屏幕显示清晰	1	2	3	4	5
屏幕触感好	1	2	3	4	5
运行速度快	1	2	3	4	5
网络信号稳定	1	2	3	4	5
续航时间长	1	2	3	4	5
成像效果好	1	2	3	4	5
游戏性能强	1	2	3	4	5

（2）语义差距题，是从数值尺度题派生出来的、运用线段式的方式而形成的一种题型。它将线段式中间的每一个点由文字变成数字，并且将线段的左、右两个端点用一对反义词代替。

［例 4－14］ 看了这个广告，您现在的感觉如何？请在线段适当的位置上画圈。

1~7计分法

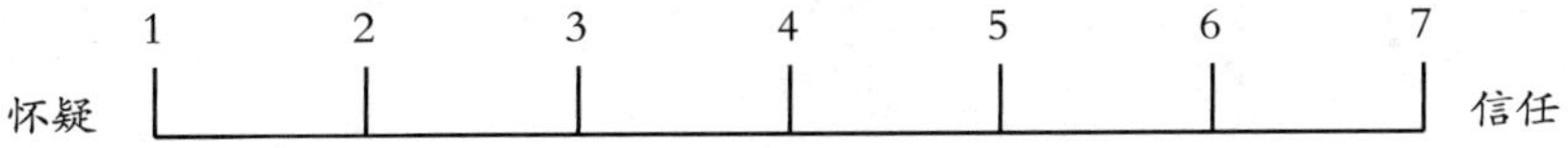

−3~+3计分法

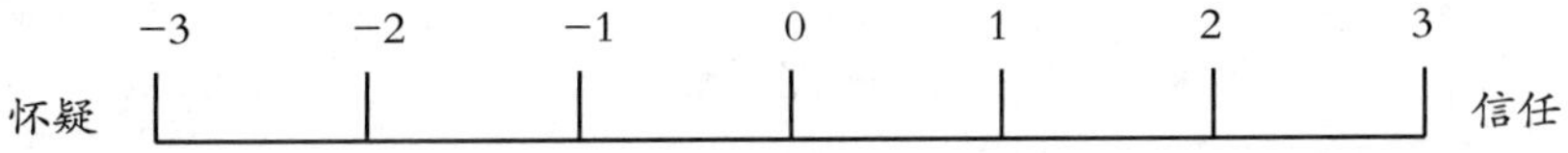

语义差距题一般由 12 个问题组成，采用均值比较的方法来表示调研对象对不同产品态度的差异。

［例 4－15］ 用这种方法调研并比较消费者购买某两种品牌衬衣的基本动机，基本设计为：首先出示 A 品牌衬衣的照片，然后问调研对象对这款衬衣有什么印象。

请按照下面的问题，在您认为最合适的位置打勾。

	非常	相当	稍微	一般	稍微	相当	非常	
1. 高雅	1 ——	2 ——	3 ——	4 ——	5 ——	6 ——	7	低俗
2. 成熟	1 ——	2 ——	3 ——	4 ——	5 ——	6 ——	7	幼稚
3. 奢华	1 ——	2 ——	3 ——	4 ——	5 ——	6 ——	7	朴素
4. 亲切	1 ——	2 ——	3 ——	4 ——	5 ——	6 ——	7	冷淡
5. 实在	1 ——	2 ——	3 ——	4 ——	5 ——	6 ——	7	虚浮
6. 活泼	1 ——	2 ——	3 ——	4 ——	5 ——	6 ——	7	呆板
7. 流行	1 ——	2 ——	3 ——	4 ——	5 ——	6 ——	7	俗气
8. 纯洁	1 ——	2 ——	3 ——	4 ——	5 ——	6 ——	7	污秽
9. 热情	1 ——	2 ——	3 ——	4 ——	5 ——	6 ——	7	冷漠
10. 大方	1 ——	2 ——	3 ——	4 ——	5 ——	6 ——	7	造作
11. 喜欢	1 ——	2 ——	3 ——	4 ——	5 ——	6 ——	7	讨厌
12. 新鲜	1 ——	2 ——	3 ——	4 ——	5 ——	6 ——	7	陈旧

接下来出示 B 品牌衬衣的照片，让调研对象回答同样的问题。

根据调研对象的回答，计算样本对 A、B 两个品牌在上述各个量尺的均值，可以得到人们对以上两品牌衬衣的基本印象，从中找出人们可能的购买动机。

由于运用语义差距法得到的资料的变量层次较多，可以进行各种统计运算，结果客观、准确，因此与价值尺度题相比，语义差距题在分析上的优点更突出。

4. 配合题

将左栏中的事物名称与右栏的性质、特征之间进行连线，调研对象认为符合哪一种就连哪一种。

［例 4－16］ 您认为以下三种手机品牌有什么特征？请用直线或斜线将手机品牌与特

征连在一起。其中一个品牌最多与三个特征相连。

	特征
品牌	国产
	网络信号强
华为	时尚潮流
	性价比高
苹果	拍照功能强大
	豪华
小米	性能强大

5. 双向列联题

与配合题有些相似，这种方法是将两类不同的因素综合在一起，通常用表格来表现。表的横向是一类因素，纵向是另一类因素，这种问题结构可以反映两方面因素的综合作用，提供单一类型问题无法提供的信息，同时也可以节省问卷的篇幅。

[例4-17] 当您想购买以下种类休闲服时，您通常会选择哪一个品牌（请在空格内打勾，一列一个，见表4-1和表4-2），并且勾出您从哪些渠道看到这些牌子的广告（每行可多选）。

表4-1 不同品牌休闲服品种表

品牌	种类					
	牛仔裤	休闲西裤	T恤	毛衣	衬衣	外套
美特斯邦威						
真维斯						
高邦						
森马						

表4-2 不同品牌休闲服广告类型表

品牌	属性					
	电视	广播	杂志	户外广告	商店招牌	网络
美特斯邦威						
真维斯						
高邦						
森马						

（二）问题设计应注意的事项

1. 根据调研目标设计问题

（1）设计的问句与目标不相符。

这往往是由于希望通过一个问题收集尽可能多的资料所致，应尽可能避免。

［例4-18］　调研目标是要了解人们对视频节目的偏好，请看表4-3：

表4-3　视频节目偏好调查表

类目	经常看	一般	很少看
视频节目	1	2	3
微短剧	1	2	3
综艺类	1	2	3
新闻类	1	2	3
搞笑类	1	2	3
其他	1	2	3

这种设计不能了解人们对视频节目的偏好，因为“看”和“喜欢”是两回事。准确的说法应该是：

如下视频节目您最喜欢的是（请在括号中打勾）：

微短剧（　　）　　综艺类（　　）　　新闻类（　　）

教育类（　　）　　搞笑类（　　）　　其他　（　　）

比较喜欢的是（请在括号中打勾）：

微短剧（　　）　　综艺类（　　）　　新闻类（　　）

教育类（　　）　　搞笑类（　　）　　其他　（　　）

（2）问句设计没有针对性。

［例4-19］　在市场调研的概念测试中，先给调研对象看一段广告，然后问：这段广告对你个人来讲有多重要？

①非常重要　　②重要　　③一般　　④不重要　　⑤非常不重要

这种问句设计得没有针对性，调研对象会无所适从，不知道要回答什么，对于研究者而言也是。

（3）设计的问句过多。

与调研目的不符的问句过多，也不能反映真实的情况，而且占用的篇幅大，调研对象回答的问题多，信度与效度都会降低；调研周期也会增加，得不偿失。

2. 注意问句的提法

对问句的提法总的要求是：问卷中的问句表达要简明、生动，要注意概念的准确性，避免提似是而非的问题。注意以下八点要求：

（1）避免提笼统、抽象或过于专业化的问题。

［例 4－20］ “你对某产品的印象如何?”这样的问题很难达到预期效果，可具体提问：“您认为某产品性能是否完善?”“产品外观如何?”“企业的售后服务怎样?”

如不要用一般人不易了解的词汇提问，如 ERP（企业资源计划）、GNP（人均国民生产总值）、CI（企业形象识别）、CRM（客户关系管理）属于专业用语，一般人可能不了解其意，所以不要采用。

（2）用词恰当，避免过于抽象。不宜使用一些形容词，如“普通”“经常”“一些”“美丽”“著名”等。对这些词语，人们的理解往往不同，在回答中没有确定的答案。如：“您经常到这家商店来吗?”调研对象不知“经常”是指多长时间，“经常”的含义不明确。又如：“您是否经常抽名牌香烟?”调研对象也很难回答，因为名牌香烟的定义不准确，即使回答了，意义也不大。

（3）避免使用含糊不清的句子。

［例 4－21］ “您是出门旅游，还是休息?”出门旅游也是休息的一种形式，它和休息并不存在互斥关系。正确的问法是：“您是出门旅游还是在家休息?”

（4）拟定问题要有明确的界限。

对于年龄、家庭人口、经济收入等调研项目，通常在理解上会产生歧义，如年龄有虚岁、实岁，收入是指工资，还是包括奖金、津贴、其他收入在内。

（5）不应将两个问题并为一个。

［例 4－22］ “您喜欢看电影和影视剧吗?”这是两个问题。

（6）拟定问题避免倾向性。

［例 4－23］ “您是否赞成这种‘削价倾销’的做法?”用词明显带有一定的倾向性。

（7）尽量不涉及被调研者的个人隐私。

［例 4－24］ “您今年几岁?”“您结婚了吗?”“您是否离过婚? 离过几次? 谁的责任?”对于这类问题，调研对象往往出于本能的自卫心理，容易产生种种顾虑，不愿意回答或不予真实回答，而且还会引起调研对象的反感，因此，应尽量避免。如果有些问题非问不可，也不能只顾自己的需要，穷追不舍，应考虑调研对象的自尊心，尽量注意提问的方式、方法和措辞。

（8）问题应避免过多的计算。

问题的设计应着眼于取得最基本的信息，计算应在数据处理阶段通过计算机程序进行，这样可以减少调研对象的负担。如果问调研对象：“您家每人平均每年的食品支出是多少?”其效果不会太好，改为“请问您家每月食品支出大概是多少?”和“请问您家有几口人?”两个小问题较好。

（三）答案设计技术

1. 答案设计的原则

（1）穷尽性。答案应包括所有可能的情况。

［例 4－25］ 您的文化程度是：

①初中　　②高中或中专　　③大专或大学　　④研究生

分析：选项不全面，没有包含初中以下文化程度。

（2）互斥性。互斥性是指答案间不能相互重叠或相互包含，即对于每个调研对象来说，最多只能是一个答案适合他的情况。

［例 4－26］ 您的职业是什么？

①工人　　②农民　　③干部　　④教师　　⑤司机　　⑥商业人员

⑦医生　　⑧售货员

分析："工人"和"司机"、"商业人员"和"售货员"并不互斥。

2. 答案设计应注意的问题

（1）非多选题的答案不宜太多。调研对象在阅读问题与答案时，记忆答案的数量是有限的，一般不超过 9 个。如果答案过多，调研对象回答问题时就会出现遗漏或不耐烦的现象。

（2）答案设计要与调研对象的状况一致。调研对象的文化程度会影响回答的结果，因此，调研的答案设计不是千篇一律的，要根据实际情况进行灵活调整。

［例 4－27］ 在农村调研消费者对"飘柔"洗发水的态度时，将问题设计为：

您对"飘柔"洗发水的态度是：

①很喜欢　　②比较喜欢　　③一般　　④不太喜欢　　⑤不喜欢

分析：实际操作时，一些年纪大、文化程度低的人的回答会令调研人员无所适从，他们的回答是"还行""可以""不错"等。再进一步追问是否喜欢，他们回答"喜欢"，再问是"很喜欢"还是"比较喜欢"，他们的回答是"喜欢就是喜欢"，结果调研人员无法断定他们的态度的层次。所以对于文化程度低的调研对象，应该只用 3 个层次或 2 个层次，而对于一些文化程度较高的调研对象，则要设计更多层次的答案。所以，调研的答案不是千篇一律的，要根据实际情况进行调整。

（3）答案不能带有更多的信息：

［例 4－28］ 您最喜欢的某产品的品牌是：

①甲（2023 年最畅销产品）　　②乙（2023 年次畅销产品）

③丙（2023 年第三畅销产品）　　④丁（2023 年第四畅销产品）

分析：答案中附带了 2023 年度畅销排名，会对调研对象的回答产生影响。

（4）答案中尽量不用贬义词。在问卷中，如果答案使用贬义词，会严重影响调研的结果。通常的做法是在褒义词的前面加上否定词，如不用“厌恶”而用“不喜欢”。

三、问卷的编排

问卷编排的基本原则是要站在调研对象的角度，顺应调研对象的思维习惯，使问题容易回答。问卷编排时要注意问句的排列顺序、问句排列逻辑的一致性、问卷的完整性和版面格式的合理性。

问卷编排应注意的问题

（一）问句的排列顺序

问句的排列应条理清晰，顺理成章，以提高调研对象回答问题的效果。总的原则是：将简单的问题放在前面，将较难回答的问题放在后面，包括将封闭性的问题放在前面，将开放性的问题放在后面；将容易、直观、清楚回答的问题放在前面；将较难回答的问题放在后面；将行为问题放在前面，将态度、意见、看法等问题放在后面；将消费者使用状况的问题放在前面，将原因问题放在后面等。特别要注意以下几点：

（1）将甄别性问题放在首位，以筛选合格的调研对象。

在市场调研中，只有目标调研对象的回答才是有效的信息，才会对调研有帮助，一般通过甄别问题对调研对象进行筛选。甄别问题通常放在问卷的首位，问卷说明之后。

（2）问卷的第一个正式问句要容易作答，而且最好具有趣味性，能激起调研对象的兴趣，甄别题之后的第一个问题要能够提高调研对象的积极性，有利于其完成作答。

（3）总括性问题应先于特定性问题。

总括性问题是指对某个事物总体特征的提问。特定性问题是指对事物某个要素或某个方面的提问。应将总括性问题置于特定性问题之前，否则，特定性问题会影响总括性问题的回答。

［例 4－29］ *有关挑选手机的影响因素*

问题 A：“在挑选手机时，哪些因素会影响你的选择？”

问题 B：“在挑选手机时，摄像功能处于一个什么样的重要程度？”

说明：问题 A 应置于问题 B 之前，否则，问题 B 会影响问题 A 的回答。

（4）将需要思考的问题放在问卷的中间以后。

调查开始时，调研对象的注意力和思维还没有完全集中到问卷上来，对相应问题的理解很浅显，经过一定题目的作答后，调研对象的思维开始活跃，就比较有能力来作答有一定难度的问题。

（5）在关键点插入提示。

当问卷题量比较大时，访问时间过长容易引起调研对象厌倦，这时就要及时给予调研对象鼓励。可以在问卷的适当位置给出一些简短的提示，来吸引调研对象保持兴趣，如“下面更容易些”“没几个问题了”等。

（6）将敏感问题放在最后。

敏感问题往往因容易令人产生反感情绪而出现防卫心理，当调研对象已经配合完成了大部分问题后，多数调研对象会容易放下防备，从而确保问卷的顺利完成。

（7）将开放性问题放在后面。

开放性问题一般需要花一定时间思考，作答时间较长，一般调研对象不太愿意作答，放在前面容易使调研对象产生畏难情绪而影响问卷的完成。

（二）问句排列逻辑的一致性

这是指在编辑问卷时应注意问句间的关系并按一定顺序排列。如按时间的先后顺序排列，让调研对象慢慢地回忆起以往的事物；或者按与个人关系的远近排列。务必使问句的排列合乎逻辑，这样才不会使调研对象乱了头绪，不知从何答起。

（三）注意问卷的完整性

一份问卷必须涵盖调研主题的所有范围，一份不完整的问卷往往会使研究者在分析时产生以偏概全的谬误。为了产生一份完整的问卷，拟订问卷前应该尽量把研究主题所涵盖的各方面的项目列出来，使各项目包含在问卷的问项中。

（四）注意版面的合理性

整个问卷的结构安排要合理，问卷的主体部分要突出、醒目。设计时，不要编排过密，各问题之间要留出一点空间，问卷的印刷要美观。这样才会使调研对象产生好感，从而引起其填写问卷的兴趣。

（1）同一个问题应排版在同一页，避免翻页对照的麻烦和漏题的现象出现。

（2）问题按信息的性质可分为几个部分，每个部分中间以标题相分，如第一、二、三、四部分。这样既可以使整个问卷更为清楚，也便于后阶段的数据整理与统计。

（3）调研问卷用纸尽量精良；超过一定页数时，应把它们装订成小册，配上封皮和封尾，而不应仅仅用钉订在一起，以便于携带和保存；也可使问卷显得庄重、专业，使调研对象以更认真的态度对待调研。

另外，问卷设计应较为简单，一般应限制在15～20分钟让调研对象答完。

问卷调查法是进行市场调研的一个重要工具，任何一种调研方法都有其调查的信度和效度，我们一方面要提高问卷问题的质量，保证每一个问题都能够准确测量我们所要测量的变量（即效度），另一方面还要努力做到使这种测量不受时间、地点和对象变化的影响。

操作指导

问卷设计的流程

问卷设计的流程包括前期准备、设计初稿、试验性测试、设计正式问卷。

一、前期准备

调研问卷必须根据调研目标和内容来设计。首先，调研人员要理解调研目标及内容，然后亲自走访有关行业部门进行访问调研，并拟订问卷方案，再进行试调研，经修改并同客户讨论后确定正式问卷。

准备阶段的走访是将调研内容具体化并以问题方式提出，例如：进行饮料产品的消费者调研，可以将调研内容转化成以下问题获得答案：

- 请问您最近买过什么品牌的饮料？
- 您隔多长时间购买一次饮料？
- 您一般一次购买多少饮料？
- 请说出您知道的饮料品牌。
- 您喜欢什么口味的饮料？
- 您是否看过饮料的广告？在广告中印象最深的一幅画面是什么？

…………

问卷设计的流程

通过此类问题的自由访问，问卷设计者对消费者的态度、意见有了主观感受，就可以进行问卷初稿设计了。

二、设计初稿

（1）对笼统、抽象的调研主题进行透彻的了解和分析，编写多个概念界定清楚、便于调研对象回答、直接为主题服务的现实问题和具体问题。

（2）将调研人员放在调研对象的位置，考虑回答这些问题能否得到确切的资料，哪些问题调研对象能够方便回答，哪些问题调研对象难以回答。

（3）按照思维逻辑，排列提问次序。

（4）决定提问的方式，哪些用封闭式提问法，哪些用开放式提问法，哪些需要解释和说明。如果是封闭式提问，还要设计答案，答案要设计得简洁、明了、完整。

（5）每个问题都要考虑怎样对调研结果进行恰当的分组或分类。

（6）审查提出的各个问题，消除含义不清的问题、倾向性语言和其他不妥的问题。

（7）考虑提出问题的语言是否自然、温和、有礼貌和有趣味性。

三、试验性测试

为保证问卷科学合理，应该在小范围内选择几个调研对象测试一下，一般样本量不用多，20个左右就够了。从试调研中要了解：

（1）问卷格式是否合适。如不合适，要进行必要的改进。

（2）调研人员采取的调研方式是否正确。如不正确，要进行必要的改进。

（3）抽样设计是否适当。如不适当，要加以改良。

（4）调研人员编组是否合理。如不合理，要进行必要的人员调整。

（5）调研成本是否合理。如不合理，要进行适当的成本控制。

（6）对未来资料整理统计的有效性进行预测。试验性测试常采用小规模问卷调研的形式进行，用来检验问卷设计中的缺漏。经过调整，并同时与客户讨论再修改后，才可定下正式问卷。

试验性测试还可用于训练没有经验的调研人员，使调研人员对实际调研工作有一个初步的准备。

四、设计正式问卷

对试测过程中发现的问题进行逐项汇总、分析研究，对问卷初稿进行必要的修改和补充，使其渐趋准确、合理、完善，继而设计出正式的问卷。

案例学习

案例1：杭州休闲旅游市场调研问卷（杭州市民版）设计

一、调研问卷设计思路

（1）杭州市民休闲旅游行为特点，包括休闲方式、地点、金额和期限。

（2）杭州市民对杭州建设“东方休闲之都”策略的态度，包括知晓度（包括对该策略的知晓度和对相应举措的知晓度）、态度。

（3）杭州市民对现有旅游服务和设施的态度，包括经常使用的服务项目、设施及评价，经常使用的交通工具、餐饮服务、住宿、娱乐项目等。

（4）杭州市民对现有旅游服务和设施的改进意见和建议。

二、设计调研问卷

杭州休闲旅游市场调研问卷（杭州市民版），如表4－4所示。

表4－4 杭州休闲旅游市场调研问卷（杭州市民版）

1. 请问您一般多长时间出去玩一趟？					
A. 一般春秋天气好都会出去玩		B. 一个月出去一趟			
C. 两个月出去一趟		D. 长假时出去一趟		E. 难得出去玩一趟	
2. 除了长途旅游，一般会去哪里休闲度假呢？（可多选）					
A. 杭州市内各景点		B. 杭州周边地区		C. 各娱乐场所	
3. 杭州市内您常去的是：（可多选）					
A. 湖滨一带	B. 南山路	C. 杨公堤	D. 宝石山	E. 满觉陇	F. 梅家坞
G. 龙井山园	H. 茶叶博物馆	I. 虎跑	J. 杭州花圃	K. 植物园	L. 灵隐寺
M. 其他（请具体说明）：					

续表

4. 请将以上各景点按您的喜好进行排序（从最喜欢开始）：
① ② ③ ④ ⑤ ⑥ ⑦ ⑧ ⑨ ⑩ ⑪ ⑫
5. 这些地方吸引您的原因是：
①
②
③
6. 杭州周边地区您常去或去过的地方有：（可多选）
A. 萧山 B. 桐庐 C. 富阳 D. 千岛湖 E. 建德 F. 绍兴
G. 临安 H. 天目山风景区 I. 其他（请具体说明）：
7. 根据您的体验，您去过的杭州周边地区按吸引力排序为：
① ② ③ ④ ⑤ ⑥ ⑦ ⑧ ⑨ ⑩
8. 这些地方吸引您的原因是：
①
②
③
9. 您喜爱的休闲娱乐方式有：（可多选）
A. K 歌 B. 去酒吧、咖啡厅 C. 游戏机房玩游戏 D. 茶室聊天 E. 棋牌室打牌
F. 美容、足浴 G. 健身 H. 购物 I. 看书 J. 其他（请具体说明）：
10. 一般您外出休闲度假的同伴是：
A. 朋友 B. 家人 C. 商务应酬公关对象
11. 您是怎样出行的？
A. 使用公共交通工具 B. 乘私家车 C. 租车 D. 由旅行社负责
①市内________________________
②周边地区____________________
12. 您对市内各景点（包括免费开放的区域和收费区域）的各项服务和设施的评价是：

道路	便于行走	1	2	3	4	5	不方便
路牌	清晰	1	2	3	4	5	不清晰
公厕	干净	1	2	3	4	5	不干净
休息设施	充足	1	2	3	4	5	不充足
安全保障	完备	1	2	3	4	5	不完备

13. 您怎样评价市内公共交通状况？

网线布局	合理	1	2	3	4	5	不合理
车辆调度	科学	1	2	3	4	5	不科学
站牌指示	清楚	1	2	3	4	5	不清楚
公交车况	性能好	1	2	3	4	5	性能差
车上设施	完善	1	2	3	4	5	不完善
司机/售票员服务	到位	1	2	3	4	5	不到位

其他（可详细说明）：
14. 您知道杭州“建休闲之都、创品质之城”的城市建设目标吗？
A. 知道 B. 听说过 C. 不知道
15. 您赞成“建休闲之都、创品质之城”的城市建设目标吗？为什么？

16. 您知道杭州市政府围绕“建休闲之都”都有哪些举措？
①
②
③

续表

17. 您知道杭州市政府采取了哪些措施来提高外来游客“黄金周”旅游的品质呢？ ① ② ③ 18. 您赞成这些措施吗？ A. 赞成　　B. 无所谓　　C. 不赞成 原因： 19. 您认为杭州在休闲旅游设施方面或者服务方面还不够完备或需要改进的有： ① ② ③ 20. “黄金周”休假政策将要调整，您认为这会对杭州的休闲旅游市场产生影响吗？为什么？会有哪些影响呢？（请尽可能具体） 您的姓名：＿＿＿＿＿＿　地址：＿＿＿＿＿＿　电话：＿＿＿＿＿＿ 访问员：＿＿＿＿＿＿　访问地点：＿＿＿＿＿＿　时间：＿＿＿＿＿＿ 问卷编号：＿＿＿＿＿＿

点评

在市场调研中，问卷设计是一个非常重要的环节，甚至决定着调研的成功与否。案例中设计的调研问卷目的在于了解杭州休闲旅游市场，问卷设计内容与调研主题紧密相关；问卷结构完整，内容简洁；问题编排顺序合理，提问清晰明确、便于回答。

案例2：某公司店铺评分表

某公司店铺评分如表4－5所示。

表4－5　店铺评分表

店铺名：　　　　负责人：　　　　填写时间：

1. 商圈系数	性质	满分系数	评分标准	评分系数
（1）商圈	成熟商圈	1	成熟商圈	1
			新兴商圈	0.9
			夕阳商圈	0.7
（2）区位	主城区	1	主城区	1
			近郊	0.9
			远郊、县	0.7
2. 可视性	标准值	满分	评分标准	评分
（1）店招宽度	10米	5	10米	5
			8～10米	4
			6～7米	3

续表

（2）实际门头（能够看到店内部分）	7米	10	10米	10
			8～10米	8
			6～7米	6
（3）门前遮挡物（妨碍物）	无	10	无	10
			5米以上有间隔（无遮挡）	8
			门前有遮挡但能看到店内	6
（4）最远能看到店招的距离	30米无遮挡	10	30米以上	10
			25～30米	8
			20～24米	6
3. 可到达性	标准值	满分	评分标准	评分
（1）门前台阶数	无	10	无	10
			3级以下	8
			3～6级	6
（2）人流主动线与店铺间阻挡物	无	10	无	10
			—	8
			有（阻挡物有开口）	6
（3）店铺入口到所在人行主出入口的距离	20米以内	10	5米以内	10
			5～10米	8
			11～15米	6
（4）店铺入口到公共交通站点的距离（公交站、地铁站）	20米以内	10	5米以内	10
			5～10米	8
			11～15米	6
（5）可辐射户数（备选址步行200米内可到达的小区入住户数）	1 200户	10	1 500户以上	10
			1 250～1 500户	8
			1 100～1 249户	6
（6）住宅居民的年龄层（住宅）	40岁以下	10	30岁以下	10
			30～39岁	8
			40～49岁	6
4. 基础商圈	标准值	满分	评分标准	评分
（1）商圈规模（200米内）	社区店：50家，CBD与大客流店150家	10	社区店：50家以上 CBD与大客流店：250家以上	10
			社区店：40～50家 CBD与大客流店：200～250家	8
			社区店：30～39家 CBD与大客流店：150～199家	6
（2）商圈主要人流入口到店铺的距离	20米以内	15	10米以内	15
			10～20米	12
			21～30米	9
（3）商圈的年龄层	20～29岁	10	20～29岁	10
			20岁以下	8
			30～40岁	6

续表

（4）人口（200 米范围内辐射商圈人口）	2 500	10	3 000 人以上	10
			2 500～3 000 人	8
			2 000～2 499 人	6
（5）店铺所在建筑年份	10 年	10	3 年以下	10
			3～5 年	8
			6～10 年	6
（6）店铺入口距离人流主动线的距离	0 米	15	0 米	15
			0～1 米	12
			1（不含）～2 米	9
5. 客流情况：工作日	标准值	满分	评分标准	评分
（1）早高峰客流（7:00—9:00）	800 人	20	1 000 人以上	20
			800～1 000 人	16
			700～799 人	12
① 18～45 岁客流	560 人	5	560 人以上	5
			520～559 人	4
			480～519 人	3
② 18～45 岁（女）客流	200 人	5	200 人以上	5
			150～200 人	4
			100～149 人	3
（2）午高峰客流（11:00—13:00）	700 人	20	1 100 人以上	20
			800～1 100 人	16
			700～799 人	12
① 18～45 岁客流	530 人	5	560 人以上	5
			525～560 人	4
			490～524 人	3
② 18～45 岁（女）客流	200 人	5	200 人以上	5
			150～200 人	4
			100～149 人	3
（3）晚高峰客流（17:00—19:00）	600 人	20	1 000 人以上	20
			800～1 000 人	16
			700～799 人	12
① 18～45 岁客流	460 人	5	560 人以上	5
			525～560 人	4
			490～524 人	3
② 18～45 岁（女）客流	200 人	5	200 人以上	5
			150～200 人	4
			100～149 人	3
6. 客流情况：周末	标准值	满分	评分标准	评分
（1）高峰（8:00—10:00、11:00—13:00、17:30—18:30）客流	三个高峰期总客流 2 400 人	10	3 000 人以上	10
			2 500～3 000 人	8
			2 000～2 499 人	6

续表

（2）18～45 岁（女）客流	600 人	5	600 人以上	5
			450～600 人	4
			300～449 人	3
7. 竞争店铺	标准值	满分	评分标准	评分
（1）CVS（连锁便利店）店铺数	2 店	－30	3 店及以上	－30
			2 店	－24
			1 店	－18
（2）大型菜场＋商超店铺数	1 店	－30	2 店及以上	－30
			1 店	－24
			—	－18
（3）竞争店店铺数（包括生鲜店、早餐店、小摊车）	5 店	－50	10 店及以上	－50
			6～9 店	－40
			3～5 店	－30
合计分数		160		

点评

为适应零售业发展的需要，某网络公司积极开设线下零售店。为有效评估在不同区域开设店铺的竞争力，该公司特意设计了店铺评分表，使用观察法对不同店铺所处的商圈、可视性、可到达性、基础商圈、客流情况和竞争店铺等进行评分，以确定该店铺的价值。

知识拓展

问卷质量的评价

一份理想的问卷，不仅要能准确反映研究对象的属性，还要能在一定条件下，以最小的计量误差收集所需的所有信息。问卷设计完成后，可以通过信度和效度来评价问卷设计质量。

一、信度和效度

信度是指问卷调研结果的一致性、稳定性和可靠性。如果研究单位的属性不变，测量结果也不变，则这种测量是可信的，反之就是不可信的。以货物重量的测量为例，某种货物第一次所称重量为 50 千克，再称一次仍然是 50 千克，那么作为一种测量方法，使用的磅秤是可信的，因为两次测量结果一致，具有前后一致性。如果某种货物第一次称为 50 千克，第二次称为 55 千克，则所使用的磅秤就不可信。在市场调研中，所需测量的属性往往比货物重量这类属性复杂得多，其信度问题也就更加复杂。此外，问卷调研的内容、措辞、问题形式、顺序等都会影响答案的一致性。

效度是指问卷能否真正测量到所要测量的东西，也就是能否达到测量的目的，是否正确衡量了调研人员所要了解属性的程度。效度有两个基本要求：一是测量方式确实是在测量所要测量的对象的属性，而非其他属性；二是测量方式能准确测量该属性。当某一测量方式符合上述要求时，它就是有效的。以某课程试卷为例，如果试卷内容过于简单，或远远超出学习内容，都无法准确反映学生学习水平，该试卷就属于无效试卷。

信度仅指测量结果的可靠程度，不涉及测量所得结果是否达到目的；效度则针对测量的目的，考查问卷能否发挥其测量的功能，考查的是测量的有效程度。效度与信度是高质量问卷所必备的，效度与信度之间的关系可以用一句话来概括：信度就是效度的必要条件，而非充分条件。也就是说，只要有效度就必须有信度，不可信就不可能正确。但是，信度不是效度的充分条件，即有了信度，不一定有效度。

二、信度评价

因为在实际操作中不可能重复测量一个人多次，所以无法直接得到调研对象内在的变化，只能利用团体资料，即对调研对象相互之间的变化进行估计，或者是对同一调研对象重复测量两次，用其变化情况的相关系数来表示。对于问卷设计信度评价的方法，主要有重复检验法、交错法、折半法和内部一致性等。

（一）重复检验法

重复检验法是通过用同一测量手段，对同一群调研对象先后测量两次，再根据两次测量的相关系数测量信度。例如：对一群调研对象进行问卷调研后，隔一段时间再用同一份问卷，对同一群调研对象进行调研，两次测量结果之间的相关系数就反映了问卷的信度。该种测验方法要求对同一样本重复实施两次调研，优点是可以提供有关结果是否随时间而变化的资料，作为测量调研对象将来行为表现的依据；缺点是受时间和经费的限制，现实中往往难以实现。此外，为避免记忆的影响，前后两次调研相隔时间要适度，一般而言，相隔时间越长，稳定系数越低。

（二）交错法

交错法是指调研人员设计两份问卷，每份问卷使用不同的问题，但测量的是同一属性，让同一群调研对象回答。根据两份问卷测量结果的相关系数计算问卷的信度，该种信度称为交错信度。这种方法要求两份问卷在提问形式、内容及难度、鉴别度等方面一致。

（三）折半法

折半法是将一份问卷中的问题随机分为两部分，通常要求这两部分问题数目相等，然后考查这两部分的测量结果的相关系数。如果结果高度相关，问卷就是可信的，否则就是不可信的，该信度称为折半信度。将问卷分为两半的方法很多，通常是将奇数题和偶数题分开。

（四）内部一致性

内部一致性是利用测量表中体现的同质性来测量信度。测量理论表明，如果量表的题项与潜在变量之间存在强相关，题项之间应该也有很强的相关性。量表的内部一致性程度会影响题项的相关性。阿尔法系数（α）常用于度量内部一致性信度，α被定义为量表中由共同的因素所引起的总体方差的比例，一般公式如下：

$$\alpha = \frac{k}{k-1}\left(1 - \frac{\sum \sigma_i^2}{\sigma_y^2}\right)$$

式中，σ_i^2 代表各题项的方差，每个方差所包含的信息都是以单一题项为基础的、非共有的；σ_y^2 代表量表的总体方差，等于所有题项方差与协方差之和；$\left(1-\frac{\sum \sigma_i^2}{\sigma_y^2}\right)$ 代表潜在变量引起的、共有的方差比例；$\frac{k}{k-1}$ 则是用来把 α 的取值限定在 0～1。

一般而言，信度的判别标准如表 4-6 所示。

表 4-6　信度的判别标准

信度≤0.30	不可信
0.30<信度≤0.40	勉强可信
0.40<信度≤0.50	稍微可信
0.50<信度≤0.70	可信（最常见的信度范围）
0.70<信度≤0.90	很可信（次常见的信度范围）
0.9<信度	十分可信

三、效度评价

低效度的问卷往往无法达到测量目的。对效度的评价非常重要，但也十分复杂和困难。调研人员可以从三个角度进行判断：一是观察问卷内容契合主题的程度，即内容效度；二是测量调研结果与有关标准间的相关程度，如可观察消费者对某种产品的满意状况与使用该产品的情况的相关性，当具有显著相关时，说明此问卷具有较高的效度，即准则效度；三是从实证角度分析其结构效度，即建构效度。

（一）内容效度

内容效度是测量问卷内容的适合性和相符性，要看问卷内容是否抓住或体现了调研问题的所有或主要特征，能否实现调研的目标。问卷内容与事先所要调研内容越一致，说明调研问卷的内容效度越高，调研结果越有效。

（二）准则效度

准则效度指的是用几种不同的测量方式、不同的指标对同一变量进行测量时的一致性程度。选择其中的一种方式或指标作为准则，其他的方式或指标与这个准则做比较，如果不同的测量方式与不同指标调研结果高度相关，则具有准则效度。例如：X 是一个变量，用 X_1、X_2 两种工具测量。若以 X_1 作为准则，X_1 和 X_2 高度相关，我们就可以认为 X_2 也具有很高的准则效度。当然，关键在于，作为准则的测量方式或指标一定要是有效的，否则效果比较差。

（三）建构效度

建构效度也称为结构效度。若问卷调研结果能够反映其理论特征，或者说问卷调研结果与理论预期一致，则认为其具有建构效度。换言之，建构效度就是调研结果与所要调研属性的同构程度。例如：在对婚姻满意度调研问卷的效度分析中，根据理论预期，婚姻满意度与婚姻忠诚度相关。调研结果表明，与对婚姻不满意的夫妻相比，对婚姻满意的夫妻不太可能欺骗对方。调研结果与理论预期一致，证明调研问卷具有建构效度。

效度测定的这三个角度可视为一个累进的过程，建构效度常被认为是最强有力的效度测量。内容效度只需要一个单一的概念和对概念的一个测量法；准则效度仅需要一个概念，但需要对概念的两个以上的测量法；建构效度则需要与命题相关的所有概念及其测量法。效度是针对某种评测目的而言的，并不具有普遍意义，而且效度分析具有多面性，只有综合分析各类型的效度，才能把握结果的有效性。现实中对效度的分析主要采用定性方法。除此之外，因子分析也是效度分析的有力统计工具。

团队实战训练

1. 项目任务

设计《娃哈哈集团大学城饮料产品市场调研问卷》。

2. 步骤及要求

（1）根据调研内容确定调研问题。

（2）选择合适的题型。

（3）确定问题的排列顺序。

（4）完成问卷其他各要素。

（5）完成问卷开场白设计。

项目五 市场调研的组织实施

学习目标

知识目标：

1. 掌握调研队伍的构成。
2. 了解调研人员应具备的基本素质。
3. 掌握调研人员培训的内容、方式及相关问题。

能力目标：

1. 能根据项目要求实施调研人员培训。
2. 掌握访问和追问技巧。

素养目标：

1. 培养时间观念、规范观念。
2. 培养团队协作的工作作风。

大家来讨论

某新能源汽车企业的市场调研实施工作

某新能源汽车企业为了研究某地新能源汽车潜在消费者的需求特点，在该地做了一次市场调研。

该企业成立了初期调查小组。小组成员收集了本企业内部和外部已有的关于新能源汽车消费者的二手资料，并利用已有知识和经验对资料做出初步的分析，据此提出了本次针对该地的潜在消费需求调查的主题、范围和目标，希望重点掌握该地潜在消费者的规模、主要消费需求的项目和特点、购买新能源汽车的潜力等基础信息。为了制定科学有效的调研方案，小组成员还做了一系列预调查，通过小规模一手资料的收集，确定调研问题和调研重点。在前两线准备工作的基础上，小组成员对正式调研工作做了完善的设计，包括问卷设计、调研方案、方法设计和抽样设计，并规划了本次新能源汽车市场调研的时间、地点、人员、进度、经费等。

有了完备的市场调研方案，还要有执行者来完成本次市场调研。于是该企业在初期调研小组的基础上，成立了正式的某地新能源汽车消费需求调研项目组。项目组的主要成员包括管理人员、研究人员、督导员、调查员等。因为该企业在某地没有办事机构，所以只能将项目组的管理人员和部分研究人员设置为本企业员工，其他人员都在调查地聘用临时人员。项目组选聘了一批具有高尚职业道德、较强的知识水平和能力水平，以及良好身心素质的人员，然后对聘用人员进行市场调研、政策法规和规章制度培训，访问技巧培训、心理适应培训以及新能源汽车和调查地特征的专项培训。为了提高调查效率，项目组采取了边招聘、边培训、边工作的方式开展了实际调查实施工作。在这个过程中，调查人员通过发放问卷、面谈、实验和观察等多种调查方法收集了大量前沿资料。

为了确保调查工作能够顺利开展，达到预期目标，项目主管带领大家对实施过程中的调查开展了调查现场控制、调查质量控制、调查进度控制和调查成本控制等。特别是针对临时聘用的访问员，做了非常及时和有针对性的现场指导工作，保证了收集信息的质量。针对异地调查和聘用人员多的情况，项目主管做了成本控制。

请思考：

（1）该企业的市场调查工作过程是否完备且合理？

（2）每个阶段的工作安排有哪些值得学习及需要改进之处？

基本知识

一、调研人员队伍的组建

（一）选择调研人员

调研人员主要负责各种类型研究项目的资料收集工作，以收集原始资料为职责，对调研对象进行访问。一个市场调研机构一般不可能拥有太多的专职调研人员，而兼职的调研人员队伍又不太稳定。因此，调研机构常常要进行调研人员的招聘工作。招聘调研人员，可以采取笔试的形式，也可以采取面试的形式。

在招聘过程中，对调研人员的考查应该包括以下几点：

（1）责任感。责任感在市场调研中尤其重要。缺乏责任感的人，即使工作能力很强，专业水平很高，也很难把事情做好。

（2）普通话。普通话一般人都听得懂，所以在一般情况下，尽量选择普通话标准的人作为调研人员，同时要具体情况具体分析。例如：我国方言很多，许多地方平时习惯使用当地的方言，如果调研人员能够使用方言和调研对象交谈，就容易得到调研对象的认同，降低调研对象的心理防御，提高访问的成功率。

（二）明确调研人员的素质要求

调研人员应具备一些基本的主客观素质，主观方面的素质包括：敬业，不偷懒或歪曲资料；耐心，不为机械式工作所苦，且能循循善诱调研对象合作；性格开朗，能以自然、开朗的个性与调研对象讨论各种问题；积极主动，能完成访问工作；细致耐心，能仔细记录访问答案等。客观方面的素质包括年龄在20～45岁、女性为佳、口齿清晰、会当地方言等。

1. 道德修养

品德问题是任何企业在挑选员工时都必须予以重视的关键。在调研人员的挑选过程中，坚持品德第一的标准仍然是需要予以强调的。

（1）具有较高的职业道德修养。这不仅表现在调研工作中能够实事求是、公正无私，绝不能满足于完成任务而敷衍了事，也不能迫于压力，屈从或迎合管理层的意志，还表现在自觉保守机密上。由于市场调研的特殊性，调研人员会接触到客户的很多机密性资料，调研人员必须保证所有的资料不会丢失或通过自己的谈话等方式泄露。保密的内容包括：对参与项目所涉及客户的任何资料都不得向外透露；访问记录及附带资料不得私下抄录、复印或向他人透露；为了更好地保证项目的保密性，所有调研人员都不可以同时在其他市场研究公司任兼职调研人员。

（2）敬业精神，即具有强烈的社会责任感和事业心。在调研工作中，既要认真细致，又要具有敏锐的洞察力，严格区分有价值的资料和容易混淆的虚假资料，凭自身业务素质分析和界定资料的真实性和可靠性，反复核实，做到万无一失。

（3）谦虚谨慎、平易近人。调研人员最主要的工作是与调研对象打交道。谦逊平和、态度友好的调研人员，往往容易得到调研对象的配合，从而能够获得真实的信息；而那些脾气暴躁、盛气凌人的调研人员则容易遭到拒绝，或得不到真实的信息。

2. 业务素质

这要求调研人员拥有：一是阅读能力，即能够准确地理解问卷的目的，理解问题和选项的含义；二是表达能力，即在调研过程中，能够将要询问的问题表达清楚；三是观察能力，即可以判断调研对象回答的真实性；四是书写能力，即能够准确地将调研对象的回答记录下来；五是独立工作能力，即能够独自到达指定的地点，寻找指定的调研对象并进行访问；六是随机应变能力，即要能够随机应变，适应不同类型人的特点；七是具有很强的时间观念，即必须养成严守时间的习惯。

3. 外在仪表

外在仪表即整洁大方的衣着，充满自信的精神状态，具有亲和力的微笑。由于调研人员通常要走家串户地进行入户访问，因此，调研人员的外表不仅会影响调研对象的合作态度，甚至会影响调研人员能否入户成功。特别是在一些社会治安较差的地区，这一点尤为突出。因此，良好的外在仪表也是在挑选调研人员时必须予以重视的。

4. 身体素质

身体素质包括体力和性格两个方面。市场调研是一项非常艰苦的工作，特别是入户访问和拦截调研，对调研人员的体力要求较高。同时，调研人员的性格最好属于外向型，善于交际、谈吐自如，善于倾听和提出问题、分析问题、解决问题，具有较强的心理素质和抗挫折能力，能正确面对拒绝和不被理解。

二、调研人员的培训

调研人员的素质是市场调研成败的关键。因此，应当重视对调研人员的培训。在整个调研活动中，需要具有各种职能的调研人员，企业应根据调研人员的不同职能进行不同层次的培训。

（一）培训准备

1. 培训步骤

调研人员的培训步骤如图 5－1 所示。

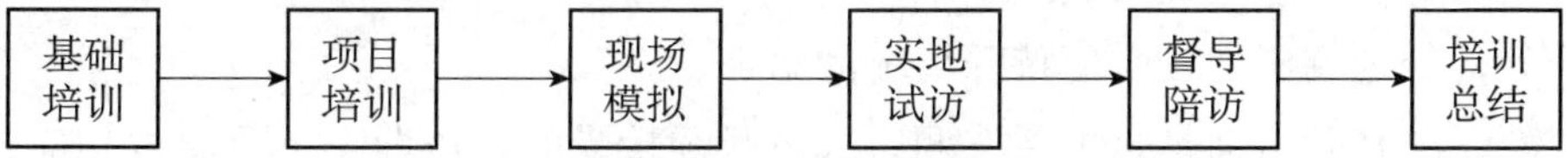

图 5－1　调研人员的培训步骤

2. 条件准备

（1）要有足够大的地方。最好是如图 5－2 所示的座位安排，可以使调研人员在模拟的时候能够相互看得到。

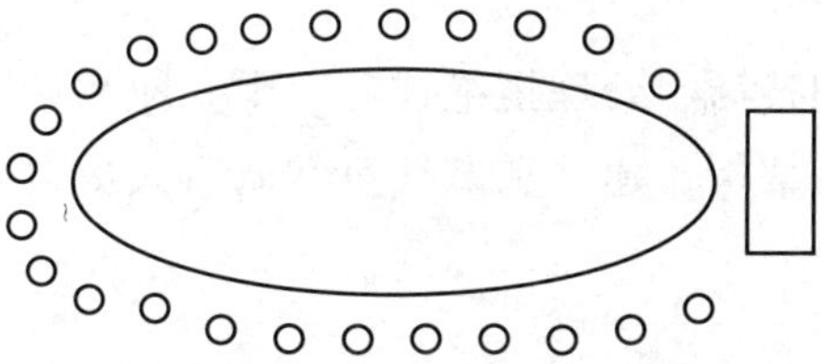

图 5－2　培训座位安排

（2）配备投影仪。

（3）准备签到表及调研人员培训资料。培训资料包括培训问卷、签到表、卡片、试访问卷、试访礼品、陪访报告、模糊答案表等。

（二）培训内容

对调研人员的培训，必须让其掌握两个方面的内容，即“怎样做”和“为什么要这么做”。“怎样做”的培训是指让调研人员知道怎样确定访问地点、怎样确定访问对象、怎样进行接触（包括仪表和谈话方式等）、怎样问候（包括开场白等）、怎样确定合格的调研对象（包括筛选方法等）、怎样询问和追问、怎样记录、怎样结束访问。“为什么要这么做”的培训是指让调研人员知道遵循访问指南和访问程序是十分重要的，必须向新调研人员讲清楚必须这么做的理由以及不这么做可能造成的后果。这一点在新调研人员培训中很重要，但往往容易被忽视。

对调研人员的访前培训，可以分为三个部分：基础培训、基本技巧培训和项目培训。

1. 基础培训

基础培训主要是对调研人员进行例行的培训，主要包括：

（1）调研基本知识培训。

（2）确定调研对象（包括抽样技术）培训。

（3）市场调研问题性质培训。

（4）调研人员态度和行为准则培训，包括访问前必须携带的物品，如问卷、样本计划、身份证或访问介绍信、纸、笔、赠品、示卡、文件夹等。

（5）调研对象心态把握培训。

（6）如何处理调研中发生的特殊情况的培训。

一定课时的基础培训是每个备选调研人员必须接受的，培训完了要通过相应的考试才能具备调研人员资格。在基础培训中，最关键的问题是帮助调研人员树立信心，掌握与人沟通的技巧。如对调研人员进行态度训练，其目的就是让调研人员明确调研工作对整体市场研究的客观性、科学性的重要作用，通过训练，促使他们在今后的调研实践中认真细致、一丝不苟地按照要求完成所有任务。

2. 基本技巧培训

基本技巧包括电话访问技巧、处理拒绝技巧、中心地点访问技巧、提问技巧、入户访问技巧、现场操作中的难点解析、建立和谐气氛和调研人员自身安全保护等。基本访问技巧的培训包括：

（1）如何问候（开场白）。

（2）如何进行接触。

（3）如何询问和追问。

（4）如何记录。

（5）如何结束访问。

3．项目培训

项目培训是针对每个特定的调研项目对调研人员进行的培训。项目培训的内容包括：

（1）该项调研项目的内容和调研目标。

（2）该项调研项目的问卷结构、问卷内容。

（3）该项调研项目的调研时间、调研步骤及注意事项。

（三）培训方法

1．集中讲授

集中讲授主要用于培训新调研人员，是指对新调研人员进行系统的培训，为其讲授市场调研基本理论和知识，市场调研的经验和方法，介绍相关的背景资料。

2．个别指导

个别指导是指由在实际工作中具有丰富经验的工作人员对调研人员进行指导。担任指导的人员要结合实际调研任务，对调研人员在市场调研、收集和整理资料等方面进行指导，同时对访问的技巧与艺术给予指导。

3．模拟培训

模拟培训是指一种由受训人员参加并具有一定真实感的培训方法。角色扮演是一种模拟培训的方法，由受训人员和有经验的调研人员分别担任不同的角色，模拟各种难以处置的市场问题，以培训受训人员。案例分析也是一种模拟培训的方法。案例分析可以就某个企业的实例进行论证，也可以假拟某个案例进行分析，用以培养受训人员处置各种情况的能力。

4．加强管理

在市场调研开始之后，需要通过各种方式加强对调研人员的管理。加强管理的主要方法是检查调研人员的问卷是否合乎要求，访问是否真实可信。此外，还可以通过跟踪现场调研，检查调研人员的工作态度和工作质量，并将跟踪现场调研结果作为评价其工作效果的依据之一。对于完成任务好、工作表现突出的调研人员应给予奖励，以提高他们的工作积极性和工作热情；对于不能胜任的调研人员，应及时予以更换。

（四）督导的培养

督导是指对调研人员进行培训和管理，并且负责问卷的回收与检查的工作人员。

1．督导的主要职责

（1）培训和管理调研人员。

（2）检查问卷是否有漏答、错误、作弊等现象。

（3）根据调研时间安排，及时检查访问进度，抽查问卷的真实性。

（4）编辑、整理所有的资料。

（5）评价调研人员的工作业绩，对于不能胜任的调研人员，及时提出撤换的建议。

督导作为高层次的调研人员，应当熟悉调研的具体步骤，掌握各种调研知识，并善于带领和培训调研人员。

2. 督导的基本素质和能力

一个好的督导，除了具有逻辑性强、口齿清晰、耐心细致、敢于克服困难、认真负责的基本素质外，还应具备以下能力：

（1）管理能力。在现场数据收集过程中，各种各样的干扰因素都会影响数据收集的进程和质量，为了获得满意的采集结果，科学有效的管理控制这一过程就显得尤其重要。一个督导管理能力的强弱，基本上决定了一个项目能否按时、圆满地完成。在现场实施过程中，督导的管理能力主要表现在以下几个方面：

①对调研人员的管理。在项目执行过程中，督导必须管理好所有参加项目的调研人员的工作，保证数据采集的有效性和准确性。

②对项目执行信息的管理。督导应该能够把项目执行过程中产生的各种信息有序地收集、整理和归档，并且及时向与项目有关的人员和客户递交。项目执行中的主要信息有配额完成情况、项目实施进度、实施中出现的问题等。

③对意外事件的处理。在项目执行过程中，调研人员可能遇到各种复杂情况，督导作为现场负责人，有责任对出现的意外情况做出迅速处理。例如：若现场调研受到保安或者其他人员的干涉，督导就要与他们交涉，征询合作事宜。

（2）沟通能力。在现场实施调研的过程中，督导会和各种与项目有关的人员产生工作上的联系，如和数据处理部的同事交换信息，向执行现场实施的调研人员了解访问中的各种情况，和委托项目的客户发生联系，与调研对象进行交往等。在这样多方向联系的信息交换过程中，督导必须具备很强的人际交往和沟通能力。

（3）培训能力。培训能力是督导的一种极为重要的能力。调研人员对行业的认识、对调研公司的认识、对公司文化的理解和认同、对现场实施工作的理解和实施技能的掌握、对具体项目要求的理解等，都是通过各类培训获得的。因此，良好的培训能力对于督导工作的有效开展是至关重要的。督导要进行的培训主要包括基础培训、项目培训和调研人员的再培训，由于这三种培训的对象和目的各不相同，因此各自的侧重点会有所差异，对督导培训能力的要求也会有所侧重。督导要做到熟练掌握各部分培训内容，并进行实际训练。

（4）专业能力。专业能力是衡量督导是否合格的重要因素。作为一名督导，专业能力的高低决定了其在工作上的成就。

①良好的专业知识，即了解和掌握市场调研的基本知识，现场实施的基本概念和要求，各类访问的类型、特点和基本要点等。

②过硬的访问能力，即熟悉各类访问工作，并且有相当丰富的实践经验，能够胜任任

何一种类型的现场调研工作。

③良好的计算机操作技巧以及其他与现场实施有关的操作能力。

（5）职业道德。良好的职业道德是指督导在现场工作中必须遵守行业规范和公司的章程。一个不具备良好职业道德的督导，是不可能胜任现场管理这一工作的。

①必须有职业感和工作使命感。在操作项目时，督导要能够全身心投入，并且站在客户利益的角度来发现问题、解决问题。

②必须具备基本的是非标准。在具体实施中，督导必须遵循科学的原则来判断问题和解决问题，而不是依据个人的喜好、外界的干扰来评判。

③必须有严格的保密意识。督导要坚决替客户保守商业机密，不向调研对象、调研人员、其他客户或他人（包括家人）泄露客户的商业机密。对调研对象的个人资料保密，不利用任何调研对象资料进行与项目无关的活动。保守公司的机密，在未经允许的情况下，不得向任何第三方提供客户的任何资料。

（6）团队协作能力。一个项目的完成，涉及各个部门的通力合作，因此督导的团队协作能力也是影响其工作成效的一个极为重要的因素。

①必须学会倾听他人，如研究部的项目说明、调研人员对项目问题的陈述、各种相关人员的建议等。

②必须学会站在他人的角度来看待问题和思考问题，如在项目执行过程中，应该学会站在客户角度来看待项目的进程，这样就能理解执行时间紧迫的原因，从而积极推动项目进程。

③必须学会知道别人需要什么，这包括知道研究人员需要什么样的产品、数据处理人员需要什么样的资料、客户想知道的是什么信息等。

三、访问调研实施

（一）实地访问调研的流程

1. 流程

实地访问调研的流程如图 5－3 所示。

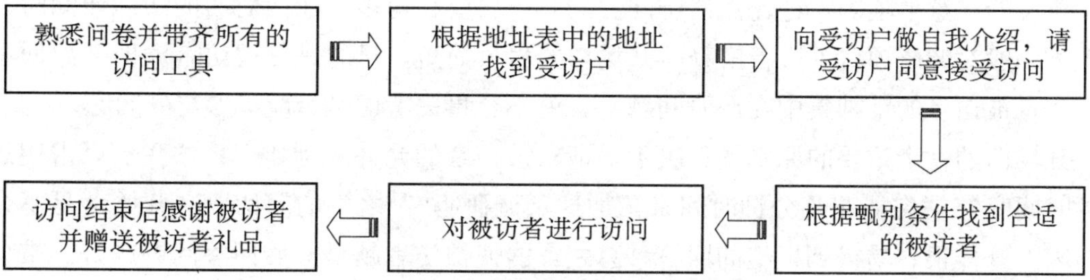

图 5－3　实地访问调研的流程

2. 携带的物品

实地访问调研过程中，需携带被访者名册、问卷、调研手册、身份证明书、赠品、地图、铅笔、纸夹等。

3. 确定访问时间和地点

选择一周中的哪一天和一天中的哪一时段进行访问，是一个很重要的问题，它不但会影响应答率或拒访率，还会影响被访者对问题回答的质量。如果是入户访问，应安排在9:00～21:00进行，同时应注意避免用餐时间。为了能得到有代表性的样本，访问应尽可能安排在周末和晚上进行。应当严格要求和管理调研人员，确保他们按照规定的时间访问，否则，调研人员一般都会倾向于选择自己方便的时间，而不是被访者方便的时间或督导规定的时间。

由于调研人员不一定理解访问的地点会对答案有影响，因此督导要具体规定访问的地点，并监督调研人员以确保他们认真执行了关于访问地点的要求。如果是入户访问，调研人员要争取得到允许进入被访者的家中，最好是和被访者面对面地坐在一起，以便准确地提问和记录。

如果在购物中心、商城、体育馆等公共场所进行访问，最好事先征得有关负责人的书面批准，并让调研人员随身携带相关批文的复印件，以免发生误会，延误工作。

（二）设计开场白

1. 被访者需要筛选

调研人员可以说："您好！我叫×××，是××公司的访问调研员。我有一些问题要询问拥有国产轿车的用户。请问您的轿车是国产的还是进口的?"（如果是国产的，则继续访问；如果是进口的，则结束访问。）

2. 被访者不需要筛选

调研人员可以说："您好！我叫×××，是××公司的访问调研员。我有一些关于商场的问题，想了解您的看法。"（马上问第一个问题）

如果是邮寄问卷或自填式问卷，封面要包含充分的信息，如调研的性质、参与的重要性、填答的注意事项等，这比面谈访问法的开场白要长得多。在面对面的实地访问时，调研人员一般对调研项目不进行解释。开场白要尽量简短，目的是使被访者立即开始回答问题。一旦被访者的精神集中在调研问题上，就不会再去考虑是否应该参与的问题。

开场白的一个重要的原则是：决不要请求被访者的允许。例如：将"我可以占用您几分钟时间吗?""您能花几分钟时间来参加这项调研吗?"之类的问话放在开始都是不合适的，因为这样很容易得到拒绝的回答。总之，能使被访者越早开始回答问题越好。被访者一旦参与，一般就不会中途停止。

四、访问调研的监督管理

在市场调研中，调研人员本身的素质、条件、责任心等都在很大程度上制约着市场调研工作的质量，影响市场调研结果的准确性和客观性。因此，加强市场调研的监督与管理是一项重要工作。

（一）督导工作

督导对现场调研进行监督、控制和管理，是按要求进行访问的现场管理者。督导能力的高低关系着一个项目能否顺利、高效地实施。

督导在调研中负责管理，按管理职责分为现场督导和常规督导。

1. 现场督导的职责

现场督导一般在街头访问或者电话访问的场合使用，由于街头访问很难对被访者的身份进行事后复核，因此如果没有有效的现场督导，调研人员的作弊基本上无法被证实。现场督导是一种事前控制误差发生的方法。现场督导的主要职责包括：

（1）监督调研人员是否进行真实调研。大多数街头访问是由一名督导带领若干名调研人员，在同一个调研地点进行访问。督导在不影响调研人员工作的情况下，在访问现场附近观察调研人员与调研对象接触的情况，并计算访问时间，以判断调研人员工作是否认真负责、监督调研人员是否进行了真实调研。

（2）及时检查访问质量，纠正可能的偏差。督导也可以对被访者进行现场复核，询问其接受调研的主要内容，判断调研人员是否进行了真实、完整的调研。如果发现调研人员对问卷理解错误，或者出现其他失误，督导可以进行解释，帮助调研人员及时纠正。

（3）处理现场意外情况。在调研现场比较复杂的情况下，督导可以作为现场负责人进行处理。例如：当调研人员到达某居民区后，发现该居民区正在拆迁，住户已经离开，这些情况应该怎样处理，都需要现场督导进行决策。

（4）为调研人员提供现场服务。现场督导要做好调研人员的服务工作，如为异地访问的调研人员安排食宿、交通等。在入户调研的实施过程中，如有 11 名调研人员负责一个居民点调研，为每位调研人员安排现场督导是不现实的，此时的现场督导可以采取热线电话支持的形式，即督导向调研人员提供一个固定的电话号码，要求调研人员定时报告调研进度，当出现意外情况时，及时联系，这种方式能有效避免错误的积累，但对调研人员素质要求较高。

2. 常规督导的职责

常规督导不出现在调研现场，主要负责调研人员的招聘、培训，以及充当调研人员的联络人，其主要工作职责有：

（1）招聘与组织调研人员。由于大多数调研机构都采用兼职调研人员，因此常规督导应保持与当地大、中专院校的紧密联系，通过人才市场或者直接到大、中专院校学生实践部招聘兼职调研人员。在具体的项目中，督导负责向调研人员交代工作内容、报酬标准，在调研结束后督导负责核定调研人员的工作量，并发放报酬。

（2）培训调研人员。常规督导主要负责对调研人员进行基础培训、基本技巧培训和项目培训，组织模拟访问，根据项目要求选派合适的调研人员，确保顺利、高效地完成专项调研任务。

（3）回收并审核问卷。回收并审核问卷是督导的一项重要工作，由于调研人员数量较多，每名调研人员完成访问后，交回的问卷需要进行审核，工作量非常大。一般采用的方法就是将若干名调研人员编为一个小组，安排一名督导负责，调研人员的所有问卷都由该督导回收并进行逐份审核，确定有效问卷数。若发现问题则需要责令调研人员返工。

督导应由有调研经验的人员担任，所有担任调研督导的人员必须经过调研实践操作，因此许多调研机构的督导都是从公司内部的调研人员队伍中晋升上来的。

（二）调研项目执行手册

访问调研作为收集一手资料的重要手段，具有工作量大、工作过程难以控制的特点。由于收集资料的真实性与准确性和访问操作程序的规范化有很大关系，因此每个具体调研项目都会制定相应的调研人员手册和督导手册，或者将二者合二为一，形成调研项目执行手册。

1. 调研人员手册

调研人员手册是指调研人员在执行访问任务过程中必须遵守的准则和操作流程的汇编。调研课题、调研目标、调研范围、调研对象、调研方法不同，都会导致调研操作流程的不同。这时只有通过调研人员手册，明确调研的具体操作流程，才能让不同调研人员按统一标准进行操作，确保收集的信息资料准确、完整。编写调研人员手册，主要应包括以下几项内容：

（1）调研人员在访问过程中应遵循的基本原则。

（2）问卷使用的一般要求，即问卷填写常见情况的处理规则，如缺失答案的统一编码。

（3）针对具体调研问卷的填写说明，要特别对一些难以理解，或者在试访问中出现较多的问题进行详细解释，给调研人员适当提醒。

2. 督导手册

督导手册是指对督导工作的具体要求与操作流程的汇编，包括督导的基本职责、具体调研项目在实施中可能出现的问题、督导特别需要注意的事项。督导手册要明确现场复核的内容与要求、督导管理的关键点、督导对调研人员培训的内容。

3. 调研项目执行手册

调研项目执行手册，又称为项目执行指令，是指项目执行的工具、环境要求、配额分配等具体内容的汇编。调研机构也可将调研人员手册和督导手册中的内容放入调研项目执行手册中，这样的项目执行手册就是访问调研的行动指南。

（三）市场调研项目控制

1. 监督调研方案的执行

调研方案直接关系到实地调研作业的质量和效益。调研人员的工作能力、职业态度、技术水平等，都会对调研结果产生重要影响。一般的调研人员应具有沟通力、创造力和想象力。调研费用因调研种类和收集资料精确度要求的不同而有很大差异，调研组织者应事先编制调研经费预算，制定各项费用标准，力争以最少的费用取得最好的调研效果。调研进度，即调研项目的期限和各阶段的工作安排，也会影响调研结果的质量。调研进度包括规定调研方案设计、问卷、抽样、人员培训、实地调研、数据录入、统计分析报告、撰写的完成日期等。为保证调研工作的顺利开展和按时完成，调研机构可制定调研进度表，对调研任务加以具体规定和分配，并随时检查和控制调研进程，保证调研按方案有序推进。

2. 审核调研问卷

在问卷的初稿完成后，调研人员应该在小范围内选择一些有代表性的调研对象试调研，了解问卷初稿中存在哪些问题，以便对问卷的内容进行检测和修正。如果试调研导致问卷内容发生了较大的变动，调研人员还可以进行第二轮测试，以使最后的定稿更加规范和完善。

3. 审核抽样方法

抽样方法的选择取决于调研的目标、调研问题的性质，以及调研经费、调研的时间限制等客观条件。调研人员应该在掌握各种类型和各种具体抽样方法的基础上，对拟选择的抽样方法进行验证，只有这样才能在各种环境特征和具体条件下，及时选择最为合适的抽样方法，以确定每一个具体的调研对象，从而保证数据收集的科学性。

（四）调研人员控制

市场调研人员所收集的问卷是研究的重要信息来源。但是在实际操作中，由于各种原因，调研人员的问卷来源不一定真实可靠。这就必须对调研人员进行适当的监控，以保证调研问卷的质量。

在收集市场调研资料的过程中，要加强对调研人员的控制，就要从市场调研过程的真实性、完整性和准确性三个方面予以监督。

1. 调研过程的真实性

调研过程的真实性是指在真实的时间、地点，对真实的人做真实的调研，并真实地填写调研记录。对调研过程真实性的监督，一般可通过以下方法：

（1）现场监督。在调研人员现场调研时，督导跟随，以便随时进行监督，并对不符合规定的行为进行指正。这种方法适用于电话访谈、拦截访问、整群抽样调研。一般而言，对调研人员的现场监督可以从以下几个方面进行：

①对调研技巧的监督。对调研技巧的监督是指通过在现场观察和分析，发现调研人员是否正确掌握了相关的调研技巧，主要观察调研人员是否能够娴熟地打开局面、提出问题、展示图片和运用其他演示资料；是否能够使调研回到主题；是否能够记录主要观点，而不是仅仅记录无关紧要的答案等。督导如果发现调研人员在工作技巧上存在问题，要在适当的时候予以指正，或者现场示范，或者重新培训。

②对调研时间的监督。对调研时间的监督有两种方法。一种方法是从整体调研时间和个别调研时间分配是否合理来监督。如果一份入户访问需要 25 分钟完成，而在连续的 3 个小时内，某调研人员居然完成了 20 份调研记录，就显得较为可疑了。除了单一时段的长短和总时段的可信与否外，对调研时间进行监督的另一种方法就是查询调研人员是否在规定调研时间内完成了应有的调研，并在规定时间内把调研记录如期交回等，这些问题都会影响调研项目能否顺利完成。

③对访问态度的监督。通过监督调研人员的访问态度，能发现调研人员是否在认真地投入现场工作，是否可以胜任某项调研工作，是否可以获得正确的调研结果，是否会做出合理的记录等。对访问态度的监督，可以从以下三个方面来进行：一是通过在调研时观察调研人员是否认真倾听，是否积极提问，是否会记录一些重要内容等；二是在现场观察调研人员与被访者交流时的热情程度和耐心程度；三是通过调研记录进行监督，一个工作认真的调研人员的问卷填写应当是清楚的、容易辨认的，而且是经过自我检查的。

（2）问卷检查。对调研人员收集来的问卷检查主要检查时间、地点、调研对象、调研内容等是否如实填写，是否有疑问，答案之间是否有前后矛盾，笔迹是否一样等。

（3）电话回访或实地回访。督导可以根据调研人员提供的电话号码进行回访。如果电话回访找不到有关的被访者，那么就要根据调研人员提供的真实地址，由督导进行实地回访。实地回访的方法相较电话回访更加真实可靠，但需要花费更多的时间和精力。

2. 调研过程的完整性

调研过程的完整性是确保问卷信息可以分析和使用的重要条件。如果调研问卷上填写的都是“不知道”或者空白，则很可能是不完整的调研。至于回答留有空白或者答案为“不知道”的情况，究竟有多少才算问卷不完整，需要根据具体的调研而定。通常情况下，这类答案的比例不应该超过 10%。有经验的督导会通过大多数调研人员调研记录中不完整的比例得出平均数，并抽取与平均数差距较大的记录予以复核。还有一种调研过程不完整的情况是，调研人员由于粗心或者懒惰，而没有把问卷填写完整，这种情况在问卷检查时就可以筛选出来。

3. 调研过程的准确性

调研过程的准确性是进行调研质量复核时最重要的内容。若一份已经完成的问卷具备真实性、完整性，却存在不准确的问题，是很可惜的事。

为了确保调研过程的准确性，选聘调研人员和开展试调研的工作要严格控制。因为调研工作主要是真实、准确地记录被访者的回答和反应，如果由于调研人员能力不够而发生记录不准确或者理解失误，调研的质量就无从谈起了。

操作指导

访问调研的技巧与执行

一、调研人员工作技巧

（一）提问和追问

1. 提问应遵循的原则

（1）要对问卷十分熟悉。

（2）按问题在问卷中出现的顺序来提问。

（3）丝毫不差地按照问卷的指导语和措辞来提问。

（4）提问时说话要慢且清楚。

（5）对方不理解的问题要重新提问。

（6）如果需要出示卡片，一般在问题陈述完以后再出示。

（7）在访问过程中，如果不可预料的原因使提问中断，且中断的时间过长，那么一般情况下就应放弃该访问。

2. 追问

问卷中会有一些开放式的问答题，需要被访者深入地回答。调研人员要采取有效的追问技巧，使被访者能够进一步扩展、阐明或解释他们的答案。追问技巧的关键是既深入、客观，又不会因诱导而产生偏差。常用的方法有：

（1）重复问题。当被访者保持完全沉默时，他（她）可能没有理解问题，也可能还没有决定怎样来回答，重复问题有助于被访者理解问题并作答。

（2）观望性停顿。当调研人员认为被访者有更多的内容要说时，观望性停顿也许会鼓励被访者整理他（她）的思路并给出完整的回答。当然，调研人员也要避免因观望性停顿造成冷场。

（3）重复被访者的回答。调研人员在记录回答时，往往会逐字重复被访者的回答，这也许会刺激被访者扩展他（她）的回答。

3. 中性的问题

问一个中性的问题也许会具体向被访者指明要寻找的信息类型，例如，如果调研人员认为被访者的动机应当澄清，他（她）也许会问："为什么您这样认为呢?"如果调研人员感到需要澄清一个词或短语，他（她）也许会说："您的意思是?"

常用的追问问题还有：其他理由呢？还有其他人吗？对此您还能再多谈谈您的想法吗？您是怎样想的？您指的是什么？哪一个与您所感受到的形式更接近？您可以告诉我您心中所想的吗？……

［例 5-1］ 问：您喜欢这种杯子的什么方面呢?

第一次回答：容量大。

追问：您还喜欢什么方面呢?

第二次回答：手感。

追问：您还有没有喜欢的其他方面呢?

第三次回答：没有了。

［例 5-2］ 问：您喜欢这种杯子的什么方面呢?

第一次回答：很好，不错。

追问：您所说的"很好，不错"是指什么呢?

第二次回答：舒适。

追问：怎么个舒适法呢?

第三次回答：捧在手里感觉很舒适。

分析：例 5-1 是勘探性追问的例子，通过追问扩展了被访者的回答，完整地记录下了被访者喜欢这种电动工具的原因。例 5-2 是明确性追问的例子，从"很好，不错"这个一般化的回答中，调研人员抽取出了更确切的答案。

［例 5-3］ 常见的错误追问：

错误的追问：您不喜欢这一口味？您是指口味太甜了吗?

正确的追问：您不喜欢这一口味，那么是不喜欢这一口味的什么方面呢?

（二）记录

（1）在访问期间随时记录回答（不要过后补记）。

（2）使用被访者自己的语言（记录原话）。

（3）不要对被访者的回答进行归纳、总结或解释。

（4）记录与问答题有关的全部内容。

（5）记录所有的追问语和对应的回答。

（6）边记录边重复所记录的答案。

（三）结束

只有在所有的信息都收集到了之后才能结束访问。在正式访问结束之后，被访者自行发表的评论也要记录下来。调研人员也应当回答被访者关于调研项目的提问，给被访者留下一个好印象。最后，调研人员应向被访者赠送一个小礼品，并对被访者的合作表示诚挚的谢意。离开访问场所之前一定要再次检查，以确认所有材料（包括问卷、卡片、展示物品等）没有遗漏。

需要注意的是，不要让被访者看调研项目以外的资料。

二、各种具体题型的提问、追问及记录方法

（一）单选题

1. 全封闭单选题

（1）主要特点：被访者一定要从备选答案中选择一个答案。

（2）提问要求：

①向被访者提问，同时列出所有的备选答案，请被访者从中选出一个答案。

②如果被访者的答案与所列举的答案不一致，提醒被访者从备选的答案中选择一个，不可以根据自己的想法随便圈一个答案。

③如果被访者选择了两个或两个以上的答案，须与被访者确认一个最准确的答案。

④在与被访者确认答案的时候，不可以诱导被访者。

（3）提问过程：重复备选答案，提醒被访者在其中选择一个答案。

[例5-4]　请问在过去四个星期内，您平均每天用香皂洗多少次手呢？（单选）

A. 一次以下　　　B. 一次至两次　　　C. 三次或以上

问：请问在过去四个星期内，您平均每天用香皂洗多少次手呢？您每天洗一次以下，一次至二次，还是三次以上？请您只选择一个答案。

第一次回答：每天大概两三次吧。

追问：请您仔细想一想，是每天两次还是三次？

第二次回答：三次。

2. 半封闭单选题

（1）主要特点：被访者可以从备选答案中选择一个，也可以自行给出答案，但是答案依然只能有一个。

（2）提问要求：半封闭单选题与全封闭单选题发问方法的主要区别在于读完全部答案后，追问被访者是否还有其他的答案，但要注意答案只能有一个。

（3）提问过程：读出题目及答案，在读出答案时要提醒被访者可以给出备选答案中没有的答案，并提醒被访者只选择其中的一个答案。

（4）记录方法：当被访者给出备选答案以外的答案时，调研人员须将答案记录在题目答案下面的空白处。

[例5-5]　请问在过去的三个月内，您本人最常用哪种个人清洁用品来洗手呢？（单选）

A. 香皂　　　B. 沐浴液　　　C. 洗手液　　　D. 洗面奶

E. 其他（请注明________）

问：请问在过去三个月内，您本人最常用哪种个人清洁用品来洗手呢？是香皂、沐浴液、洗手液、洗面奶，还是其他的呢？请您只选择一个答案。

第二次回答：我一般用香皂和洗手液。

追问：相比较而言，您是用香皂多一点儿，还是用洗手液多一点儿？

第二次回答：还是用香皂多。

（二）复选题

1. 全封闭复选题

（1）提问要求：向被访者提出问题及每个答案内容，并向被访者逐个确认，不需要再进行追问。

（2）提问过程：读出题目，然后逐一读出答案请被访者确认，并提示被访者："请您给出一个或多个答案。"

［例 5-6］ 请问您家里有下列哪些物品？（复选）

A. 电冰箱　　B. 微波炉　　C. 热水器　　D. 洗衣机

E. 以上都无

问：请问您家里有没有下列物品？电冰箱有吗？

此处注意：若被访者主动给出答案，调研人员不需再确认。

2. 半封闭复选题

（1）半封闭与全封闭题的区别仅在于提问时，逐条确认每个答案后，追问被访者是否还有其他答案。

（2）对于"其他"的追问，最多只追问两次。

［例 5-7］ 请问在过去三个月内，您本人都用过哪些个人清洁用品来洗手、洗脸、洗澡呢？您用过________。（复选）

A. 香皂　　B. 沐浴液　　C. 肥皂　　D. 洗面奶

E. 其他（请注明________）

问：请问在过去三个月内，您本人都用过哪些个人清洁用品来洗手、洗脸、洗澡呢？您有没有用过香皂？

第一次回答：用过。

追问：沐浴液呢？

第二次回答：用过。

追问：肥皂呢？

第三次回答：没有。

追问：洗面奶呢？

第四次回答：没用过。

追问：还有其他的吗？

第五次回答：我还用过洗手液。

追问：还有吗？

第六次回答：没有了。

(3) 记录方法。记录方法如下所示：

[例 5-8] 请问在过去三个月内，您本人都用过哪些个人清洁用品来洗手、洗脸、洗澡呢？您用过________。(复选)

Ⓐ. 香皂　　Ⓑ. 沐浴液　　C. 肥皂　　D. 洗面奶

Ⓔ. 其他 (请注明__洗手液__)

(三) 矩阵题

[例 5-9] 现在我想请您评价一下这个沐浴液，这里有一些描述这个产品的句子，请您告诉我它在以下几个方面的表现是怎样的：1. 不好，2. 一般，3. 好，4. 很好，5. 非常好。您觉得在________ (逐一读出功能句) 方面，它是________。(单选)

	不好	一般	好	很好	非常好
( ) 使皮肤感觉	1	2	3	4	5
( ) 容易从皮肤上冲洗掉	1	2	3	4	5
( ) 使皮肤感觉柔软和光滑	1	2	3	4	5
( ) 味道	1	2	3	4	5
( ) 滋润皮肤	1	2	3	4	5

(1) 主要特点：矩阵题中的每一个功能句都相当于一个单选题，每一个功能句都是一些关于产品特点和消费者态度的句子。

(2) 提问要求：每个功能句都要问一遍，先自上而下读出功能句，再读出答案，请被访者选择。

(3) 提问过程：在操作最初的几个矩阵题时，应按照标准的单选题提问方法进行，速度应慢一点，以确保被访者理解题目的意义。待确定被访者已完全理解题意后，可以不用读出答案，而请被访者直接从卡片上选择一个答案。卡片上的内容是对于每一个功能句的评价，即被访者要从中选出的答案。

(4) 记录要求：每个功能句所对应的答案只能有一个。

(四) 散点题

散点题要求在每个空格内记录一位数字，高位用“0”补齐。

[例 5-10] 问：请问您的年龄是？

答：35 岁。

记录：[3][5]

问：请问您个人每月的总收入大概是？请包括所有奖金、工资、津贴在内。

答：2 000 元。

记录：[0][2][0][0][0]

(五) 开放题

(1) 提问方式：三次提问，第一次用原话读出题目，第二、第三次按问卷提示追问。

（2）提问原则：

①通常情况下，应首先将所有的问题（如对某产品喜欢或不喜欢的方面）全部问完，即每一个方面都完成三次提问，然后对不清楚的答案进行追问。

②每一个方面（无论是喜欢或不喜欢）都只提问三次，即使被访者愿意继续回答同一问题，也要终止提问。

[例 5-11] 我想请教您对于__××__这个品牌的沐浴液，有什么喜欢或不喜欢的地方。请详细地告诉我您的意见，即使是微小的方面，对我们都是非常重要的。希望您尽量详细地解释为什么这个产品好或是不好，以及您是如何注意到这些情况的。追问过程如下（见图 5-4）：

请问您觉得__××__沐浴液有哪些方面是您不喜欢的呢？

如果被访者给出答案，则用方法甲追问。	如果被访者未给出答案，则用方法乙追问。
第一次追问	第一次追问
（方法甲） 您觉得还有哪些方面是您不喜欢的呢？即使是很小的方面，也请您告诉我们，您的意见越详细，对我们的帮助就越大。	（方法乙） 您觉得这个__××__（品牌名）沐浴液有没有哪些方面是您不喜欢的呢？即使是很小的方面，也请您告诉我们，您的意见越详细，对我们的帮助就越大。
第二次追问	第二次追问
（方法甲） 您觉得还有哪些方面是您喜欢的呢？即使是很小的方面，也请您告诉我们，您的意见越详细，对我们的帮助就越大。	（方法乙） 您觉得这个__××__（品牌名）沐浴液有没有哪些方面是您喜欢的呢？即使是很小的方面，也请您告诉我们，您的意见越详细，对我们的帮助就越大。

图 5-4 追问过程

（3）提问中的特殊情况：

①在进行问题的正式提问前被访者已经主动给出答案。在这种情况下，只要重复被访者的答案，然后按标准方法提问两次即可。

[例 5-12] **问：**现在请您告诉我您对__××__（品牌名）香皂所有喜欢和不喜欢的方面。

答： 我不喜欢这个味道。

追问： 您刚才提到了不喜欢它的味道，还有其他不喜欢的方面吗？

②被访者在进行有关产品的喜欢与不喜欢追问前主动给出答案。在这种情况下，这些答案在接下来的提问中应重复给被访者，并通过一次提问完成即可。

［例 5－13］　问： 现在请您告诉我您对＿＿××＿＿（品牌名）香皂所有喜欢和不喜欢的方面，前面您提到过该香皂使您的皮肤变干，还有其他不喜欢的方面吗？

③在提问不喜欢的方面时，被访者给出了喜欢的答案。在这种情况下，调研人员应记住或将喜欢的答案记录在问卷中相应题目下，问完不喜欢的方面后，提问喜欢的方面时要重复被访者给出的答案，然后按标准方法提问两次。

［例 5－14］　问： 您刚才提到您喜欢它的香味，还有其他喜欢的方面吗？还有吗？

④同样的，如果被访者关于不喜欢的答案在喜欢的部分给出，应将答案直接移到不喜欢的部分，不需要重复提问被访者。

（4）三次提问后的记录要求：

①基本要求：原话记录。

②每一次提问所得答案都要分别记录，且开头都要用“——”来表示；即使被访者从最初就没有给出答案，或者给出答案后不再有新的答案，也应记录为“——无”。总之，每一道开放题下面应有三次记录的标志。

③经提问后没有答案的也不能空着，如果是空的就视为没有提问。

（5）开放题的追问：

①需要追问的答案。被访者给出的答案通常会有两类，一类是完整的答案，另一类是不完整的或模糊的答案。完整的答案是指提问后被访者给出清晰的、特定的、不会引起歧义的答案；不完整的或模糊的答案是指提问后被访者给出的答案太笼统或会引起歧义。完整的答案不需要追问，而不完整的或模糊的答案需要调研人员进一步追问。

②模糊答案及追问方式清单。使用模糊答案及追问方式清单可以指导并判定被访者给出的答案是否完整。以对沐浴液的评价为例，模糊答案及追问方式清单如表 5－1 和表 5－2 所示。

表 5－1　不喜欢沐浴液原因的模糊答案及追问方式清单

编号	不喜欢的原因	追问方式
1	感觉不好	您说“感觉不好”是指哪方面感觉不好呢？
2	滑了点	您说“滑了点”是指哪方面滑呢？
3	好肥腻/有点腻/腻过头	您能不能具体说一下腻的感觉？
4	洗完后不是很舒服	您说“不舒服”是指哪方面呢？
5	手感不好	您说“手感不好”是指哪方面呢？
6	与以前用的沐浴液差不多	您能具体说明一下吗？
7	第一次用完皮肤发紧	您第一次用完之后的感觉是怎么样的呢？

续表

编号	不喜欢的原因	追问方式
8	不太干燥	您说“不太干燥”是指哪方面呢？
9	太柔顺	您说“太柔顺”是指哪方面呢？
10	碱性有点重	您说“碱性有点重”，您用后的感觉怎么样呢？
11	太油	您说“太油”是指哪方面呢？
12	香味不够	您能具体说明一下吗？
13	不喜欢味道	您能详细描述一下吗？
14	不好闻	您说“不好闻”是指哪方面呢？
15	很普通/不特别	您能仔细说明一下吗？
16	味道不太好	您说“味道不太好”是指哪方面呢？
17	香味没有别的品牌/产品好	您能说一下您对这个产品的感觉吗？
18	香味	您能具体说明一下吗？
19	香味好像香皂味	您能仔细说一下这种香味吗？
20	太凉	您说“太凉”是指哪方面呢？
21	有些凉爽	您说“有些凉爽”是指哪方面呢？
22	不够爽	您说“不够爽”是指哪方面呢？
23	不清爽	您说“不清爽”是指哪方面呢？
24	洗不干净	您说“洗不干净”是指哪方面呢？
25	皮肤感觉不干净	您能具体说明一下吗？
26	很滑/不喜欢太滑/滑溜溜	您说“滑”是指哪方面呢？
27	好黏	您能具体说明一下吗？
28	不易洗净，但不算太难洗	您能仔细说明一下吗？
29	泡沫不好	您能详细说明一下吗？
30	不喜欢包装	您能具体说明一下吗？
31	颜色不好	您能详细说明一下吗？
32	不方便	您说“不方便”是指哪方面呢？
……	……	……

表 5-2 喜欢沐浴液原因的模糊答案及追问方式清单

编号	喜欢的原因	追问方式
1	皮肤感觉不错	您能具体说明一下吗？
2	洗完后很舒服	您说“很舒服”是指哪方面呢？
3	柔和	您说“柔和”是指哪方面呢？
4	香味	您能详细说明一下吗？
5	有味道	您说“有味道”是指哪方面呢？
6	喜欢味道	您能详细说明一下吗？
7	好闻	您说“好闻”是指哪方面呢？
8	挺好的	您能仔细说明一下吗？
9	香味和别的品牌差不多	您能说说您对这种香味的感觉吗？
10	起泡	您说“起泡”是指哪方面呢？
11	泡沫好	您能仔细描述一下吗？
12	容易冲洗	您能具体说明一下吗？

续表

编号	喜欢的原因	追问方式
13	洗得干净	您说“洗得干净”是指哪方面呢？
14	皮肤感觉干净	您能详细说明一下吗？
15	产品不错	您能解释一下吗？
16	好腻	您说“腻”是指哪方面呢？
17	颜色不错	您能仔细说明一下吗？
18	喜欢包装	您能详细说明一下吗？
19	去油	您说“去油”是指哪方面呢？
20	方便	您能仔细说明一下吗？
21	喜欢产品	您能详细说明一下您的感觉吗？
22	有效/好用	您说“有效”/“好用”是指哪方面呢？
23	好/不错	您说“好”/“不错”是指哪方面呢？
24	滑	您说“滑”是指哪方面呢？
25	易洗净	您说“易洗净”是指清洁还是冲洗呢？
……	……	……

③追问模糊答案。追问式问题要求被访者提供进一步信息，如“您还能想到什么吗？”这里的目的就是鼓励被访者能提供比开始或一般回答更多的细节。

A. 模糊答案的追问应在每一道开放题三次提问完成之后进行。如在产品态度的问题中，先问完喜欢与不喜欢的方面，再回过头来进行模糊答案的追问。例如：您刚才提到＿××＿（品牌名）洗衣粉效果好，那么＿××＿（品牌名）洗衣粉在哪些方面效果好呢？

B. 如果第一次追问没有得到完整的答案，则要再次追问，但对每一个不完整答案的追问不得超过三次。

C. 常用的追问如下：

- 通过什么方式？
- 您说××是什么意思？
- 您为什么喜欢/不喜欢××？
- 您是怎么注意到的？
- 你是在哪儿注意到的？

D. 有些答案不能确认是喜欢或不喜欢，即中性答案，这些答案也需要进行追问。例如：您提到汰渍洗衣粉的泡沫多，那么您是喜欢还是不喜欢呢？

④追问注意事项：

A. 追问应从第一个回答开始，以防止漏问。

B. 如果一句中有两个模糊答案，则分开单独追问。

C. 一个模糊答案在某一开放题中已经被追问过，如这个模糊答案再次出现在其他开放题中，则无须再次追问，只要将答案抄过来即可。

D. 特殊答案的处理。由非被访者本人，如其他家庭成员或被访者的亲朋好友、邻居给出的答案，无须记录，被访者重复其他人的答案也不记录。

⑤追问后答案记录要求：

A. 不完整的原始答案和追问得到的答案均要记录，追问得到的答案要记录在括号内。

［例 5－15］ 问：您刚才提到它太刺激，那么它是怎么刺激的呢？

答：它使胃不舒服。

记录：——刺激（使胃不舒服）。

B. 如果需要对某一模糊答案进行两次追问，第二次追问得到的答案记录在原来括号的括号内。

［例 5－16］ 问：您提到它的效果好，那么它在哪些方面效果好呢？

第一次回答：它使我感觉好。

追问：它使您怎么感觉好呢？

第二次回答：它让我的头不痛了。

记录：——效果好〔使我感觉好（头不痛了）〕。

C. 无论是完整的答案或是不完整的、模糊的答案，括号中的不同原因都要用逗号隔开。

［例 5－17］ 原来的模糊答案：头发好弄。

追问结果：头发不乱，易于梳理。

“易于梳理”的追问结果：当头发湿的时候。

记录：——头发好弄〔不乱，易于梳理（湿的时候）〕。

D. 当调研人员追问模糊答案后仍没有得到完整答案，则在括号内写“已”，“已”表示调研人员已经对模糊答案进行了追问，但没有从被访者处得到想要的完整答案。

［例 5－18］ 问：您提到××洗衣粉是一种好产品，那么它在哪些方面好呢？

第一次回答：它效果好。

追问：那么它在哪些方面效果好呢？

第二次回答：我不知道。

追问：您指的效果好是什么意思呢？

第三次回答：我不知道，它就是效果好。

记录：——好的产品〔效果好（已）〕。

三、正式调研

正式调研工作主要包括现场执行、复核、总结与评估，但实际的工作步骤视不同的数据收集方法而有所不同。例如：入户调研在现场执行过程中可能没有督导，这时一定要有复核人员；而拦截访问调研，可能无法进行问卷的复核工作，这时现场执行过程中的督导的责任就非常重大，需要不同类型的督导各司其职，共同努力来控制调研的质量——一般设现场督导来巡视拦截区域及访问区域的情况，对不正确的操作或出现的问题进行及时纠正，设甄别督导对被访者进行甄别，设审卷督导对问卷进行审核，设质量控制督导陪访和检查质量；对于传统的电话调研，既需要现场督导监督调研人员的访问，又需要在访问后期进行电话复核。

(一) 现场执行

现场执行阶段要重点做好三方面的工作：现场督导、问卷管理和进度控制。

1. 现场督导

安排现场督导的目的是确保调研人员严格按照项目的要求保质保量地完成工作。聘用有责任心、经验丰富的督导并有效地调动其积极性，是现场督导工作能否有效开展的关键。现场督导工作一般可以从抽样控制、实地监控和作弊行为控制三方面入手。

(1) 抽样控制。抽样控制的目的是确保调研人员严格按照抽样计划进行调研，而不是随便选取样本。调研人员通常倾向于避免那些难以接触到的住所或抽样单位，如果抽到的被访者本人不在家，调研人员可能随意找一个替代样本，而不是进行回访。为了控制这些问题，督导应该定期检查抽样名单、抽中样本的访问情况和完成情况。对于进度过快或过慢的调研人员，督导要给予格外的关注，及时发现问题并给予必要的帮助和指导。

(2) 实地监控。督导需要定期检查现场调研过程是否按规范的要求进行，及时发现问题并加以解决。为了及时掌握现场工作情况和了解调研人员可能面临的困难，督导应该通过对入户项目的陪访及定点街头访问项目的巡视、店铺观察等多种方式参与到现场的访问过程之中，从而积累项目管理控制的经验，寻找更加合理的控制项目的方法。

(3) 作弊行为控制。作弊行为控制是指通过明确的奖惩措施、现场督导和问卷复核，及时发现并纠正作弊行为。最常见的作弊行为是篡改或伪造答案，使不完整或不合格的问卷成为合格问卷，或者未按项目的要求抽样或选择补充样本，或者用不合格的被访者冒充合格的被访者，甚至虚构整个问卷。

2. 问卷管理

有效的问卷管理对于控制现场执行的进度、及时发现和解决执行中的问题、保证数据质量具有重要作用。问卷管理工作主要包括：

(1) 问卷的发放与回收。为保证问卷的质量，在发放和回收问卷时，需要做好时间控制和数量控制，即掌握好问卷的完成时间和问卷发放的数量，既要保证正常的进度，又要防止因要求过高、工作量过大而影响问卷的质量。

(2) 问卷的审核。问卷的审核主要是检查收回的问卷是否符合项目的要求。审核的内容主要包括字迹是否清楚、被访者是否符合要求、有无漏问和逻辑错误、答案是否合理、追问是否完全等。

审核的方法包括调研人员的自审和督导员审核，督导审核包括交卷现场一审、问卷回收后二审和督导交叉互审。

(3) 审核结果的处理。对出现问题的问卷可以采用如下的方法进行处理：问题属于可以补救的，如漏问、答案不全等，退给调研人员重新补问；问题属于无法补救的，如答案明显不符合事实，或者前后不一致、配额不符合要求等，整份问卷作废。

3. 进度控制

现场执行的进度要做到有计划、平稳地进行，一方面要遵循调研人员熟悉访问需要一个渐进的过程的规律，另一方面要保证收集的数据可以反映每个时段的市场信息，具体体现在要进行总体时段及具体时点的控制上。

（二）复核

为了保证数据质量，需要抽取一部分完成的问卷进行复核，复核比例视项目的要求和预算而定，通常在10%～30%，但每位参与项目的调研人员完成的问卷都要进行一定比例的复核。为了保证复核的客观性，负责问卷复核的督导和复核员要有丰富的现场调研经验，熟悉各种弄虚作假的方法，且大规模调研的复核督导和复核员应由未参加现场访问工作的人员担任。

1. 访问完成情况复核

复核被访者是否确实接受过访问、访问时间和长度、被访者对调研人员的反应以及基本的人口统计信息。复核访问完成情况的目的是核实调研人员是否按要求完成了访问，以及调研人员的工作是否合格。

2. 重点问题复核

按问卷的措辞抽取重点问题重新询问，检查答案是否一致，判断完成问卷的可信度。可以采取电话复核和实地复核相结合的方法，具体比例视项目的实际情况而定。需要注意的是，进行复核时，要让被访者感到是复核员为了确保资料的准确才进行再次询问，而不是考核调研人员的工作，要注意询问技巧，旁敲侧击、有针对性，要保留复核的原始记录。

（三）总结与评估

现场工作完成之后，要及时进行总结与评估，为执行过程保留完整的记录，也为今后工作的改进打下良好的基础，要注意养成及时进行书面总结的良好习惯。评估内容包括工作流程、调研人员表现和执行质量三方面。

1. 工作流程评估

工作流程评估主要包括工作流程是否合理、人员配备是否恰当、分工和要求是否明确、现场督导是否到位、复核是否充分有效。要注意分析问题并提出改进建议。

2. 调研人员表现评估

调研人员表现评估通常包括对调研人员工作态度、工作方式的评估。

3. 执行质量评估

执行质量评估主要包括对调研人员的工作效率和调研质量的评估。

（1）对调研人员的工作效率评估包括对访问成功率和每天完成的问卷数量的评估。

（2）对调研人员的调研质量评估除了直接观察调研过程和考查调研人员是否按规范要求进行访问，主要评估问卷复核的结果。

案例学习

保险公司调研培训手册

1. 保险公司介绍保险业务情况及注意事项（略）

2. 调研过程及要求

（1）提前一天打电话，预约访问时间及地点，每天暂定 5 个调研对象，实际发放 6 份问卷，具体要求如下：

1）每个样本联系三次以上，如不在，可放弃。

2）语言诚恳热情，表述清楚，减少被拒访次数（开场白见问卷）。

3）说明自己的身份、姓名，说明来意，说明调研结束将赠送小礼品，约定时间，问清地址及联系方式（做好记录）。

4）如不能按时访问，应及时电话告知，另约时间。

5）带好证件和物品，包括问卷、文件夹、调研卡片、地图、调研机构简介、调研证、学生证、圆珠笔、礼品。

（2）调研要认真，严格按问卷进行，一问一答，不要问东问西；衣着整齐；记住调研机构电话，可以留一份给调研对象。调研结束后赠送礼品，如遇障碍或不符合礼品赠送要求的，则不赠送。调研结束后，还应检查一遍问卷，看是否有漏答的题。具体要求如下：

1）每天 8:00 出发，20:00—21:00 回收当日问卷并座谈，领取隔日问卷、礼品。

2）礼品务必送到，如被访者确实不收，则将礼品交回并说明原因。

3）问卷填写方式：调研人员提问、填写，不允许调研对象填写，部分问题向调研对象出示调研卡片；选择题画“○”；字体清楚端正。

4）访问注意：衣着整洁，彬彬有礼，自信微笑，谈吐大方，不卑不亢。

5）注意交通安全和人身安全。

6）调研过程中如有问题，及时打电话联系，调研对象如有问题可以让其打电话询问。

资料来源：黄慧化，陈学忠．市场调查实务：项目教程［M］．2 版．北京：电子工业出版社，2017.

点评

调研人员往往是调研机构的兼职人员，调研人员的培训质量直接关系到调研整体的质量。在实际工作中，要对调研人员进行行为规范培训和访问技巧培训。特别是对新人而言，行为规范培训尤为重要。本手册就是保险公司用来进行调研人员行为规范培训的，对调研人员的调研过程和要求做了具体说明，很有参考价值。

知识拓展

态度、行为与营销效果

态度是一种心理学架构，是指一种将无形的东西概念化的方法。态度难以直接观察或测量，是从人们的行为结果中推断出来的。态度与我们周围环境的某些方面相关，包括动机、情感、感觉和认知过程的持久结构，是对某一客体所持有的一种比较稳定的赞同或不赞同的内在心理状态。态度一般比较持久，是反映我们对好坏、对错判定标准的价值体系。例如，基于对美食、热情、周到服务、卫生、排队等候时的特色服务以及其他许多事物的看法，你可能对海底捞火锅持有一种特定的态度，并给予海底捞餐馆高度评价，认为它是卫生、放心、美味、热情、提供极致服务的餐馆。

一、态度和行为的关系

态度和行为之间的关系是复杂的。对一群消费者未来行为的预测一般要比对单个消费者未来行为的预测更难。除此之外，研究人员还发现以下一些情况：

（1）消费者的态度越积极，使用产品的可能性越大；消费者的态度越消极，使用产品的可能性越小。

（2）人们对一种产品的态度越是不赞成，他们停止使用它的可能性就越大。

（3）那些从未尝试使用某产品的人们的态度在均值左右呈正态分布。

（4）当态度是以某产品的实际试用或使用经历为基础时，通过态度就能很好地预测行为。相反，当态度是以广告为基础时，态度和行为的一致性明显减弱。

二、评价态度对行为的影响

一些研究人员对态度调研预测行为的能力持悲观看法。目前，大多数研究人员的观点是，必须学会识别那些影响态度、预测行为的准确程度高的因素。

在评价态度对行为的预测情况时，应考虑以下六个因素：

（1）消费者的参与。只有在高度参与的情况下，态度才可以用来预测消费者购买行为。

（2）态度测量。态度测量必须是可靠而有效的，而且应该与行为测量具有同等的抽象度。例如：如果行为是长期向一家特定的慈善机构捐款，那么就不应该笼统地询问相关被访者对一般慈善机构的态度问题。同时，涉及时间变量的态度测量也应慎重，如果行为与在以后的6个月内购买一辆新的保时捷汽车有关，那么测量就应包括一个时间测量参数。态度测量与行为发生之间的时间间隔越长，它们之间的关系就越小。

（3）其他人的影响。其他人的购买欲望和消费者与这些人保持一致的动机也会影响态度预测行为的程度。

（4）情景因素。假期、时间紧迫性、疾病等也可能干扰态度的测量，使之不能很好地预测行为。

（5）其他品牌的影响。即使消费者很喜欢某一品牌，但如果消费者对另一品牌更加喜欢，那么另一品牌就更有可能被购买。“对某一客体的态度”模型在预测行为时存在问题的原因之一是，它不能测量人们对其他客体的态度。

（6）态度强度。一种可能影响行为的态度必须足够坚决，且能够在记忆中发挥作用。态度与客体之间的结合程度在一个连续谱中变化：在连续谱一端是无态度，即消费者对一特定品牌基本上既无积极感觉，也无消极感觉；在连续谱的另一端是极端态度，即消费者对品牌感觉极为强烈。

三、态度测量的作用

态度是所有营销人员想要设法影响的“人类变化动因”的重要方面。营销人员已经认识到，态度和行为之间并不存在完全的相关性。然而，在设计或调整市场营销组合时，为了创造一种有效组合，态度测量通常被认为是“最好的可用工具”。当克莱斯勒汽车公司试图了解在三种新的可行齿轮设计中，哪一种可能促进吉普车的销售时，它所依赖的是态度调研。这里暗含的假设是，当其他情况都相同时，在态度调研中最被看好的齿轮将使吉普车的销量达到最多。因此，营销人员试图预测那些能将适销对路的新产品推向市场的行为时，他们要进行态度测量。新产品的上市将得到依据调研得出的“恰当的营销组合策略”的支持。在确定新的营销组合时，说明性的图示数据和过去的购买模式也是重要的数据来源。

态度测量

团队实战训练

1. 访问员培训

（1）访问员基础培训实施。

（2）访问员技巧培训实施。

（3）访问员项目培训实施。

2. 访问调研实施

（1）复习访问技巧培训内容。

（2）复习项目培训内容。

（3）熟悉《娃哈哈集团大学城饮料产品市场调研问卷》内容，开展项目培训。

（4）采用拦截访问方式，在大学城开展访问调研，要求每位同学完成10份问卷。

项目六 调研资料的整理与分析

学习目标

知识目标：

1. 掌握调研资料整理的要求、方法。
2. 掌握调研资料审核的内容。
3. 掌握调研资料的编码要求。
4. 掌握调研资料的分析方法。

能力目标：

1. 能够对调研资料进行整理。
2. 能够对调研资料进行编码。
3. 能够对调研资料进行分析。

素养目标：

1. 培养实事求是的工作态度。
2. 培养运用数据分析判断的能力。

任务一 整理市场调研资料

大家来讨论

如何确保问卷的有效性

在完成数据收集、收回调研问卷后，调研人员需要对问卷的有效性进行审核。审核的目的是保证所有的调研都是按指定的程序进行的，并且所有的问卷都被准确、完整地填写，要尽可能确保每份调研问卷都是有效问卷。这里的有效性是指确定调研人员没有作假，且遵循了关键指示。确认调研问卷是否有效是市场调研资料分析过程中必不可少的步骤。

所有调研结束后，调研机构要对每位调研人员所做的调研做适当比例的复查，通常复查的比例为10%～20%。复查通常通过电话进行，确认的内容包括：

(1) 此人是否真正接受过调研。

(2) 调研对象是否符合条件。

(3) 调研是否按要求的方式进行。例如：若一项调研指定在购物中心进行，就应确认调研对象是否在那里接受调研。

(4) 调研是否完整。有时调研对象很忙，没有时间完成所有测试；或者某项调研的被访者很难找到，这时可能存在这样的情况，调研人员只在一开始问了一些问题，在调研结束后自行填写了剩余的问卷。因此，在确认过程中就应询问调研对象，甄别这种情况。

(5) 复查过程中还应检查的其他方面的问题。如调研人员是否彬彬有礼，是否明确介绍了委托人的身份或调研的目标，调研对象对调研人员或调研过程有何意见等。

请思考：

(1) 在数据收集完成后，为什么要进行问卷的审核?

(2) 问卷审核的目的是什么?

(3) 问卷审核主要包括哪些方面?

基本知识

调研资料的整理和分析是市场调研的一个重要环节，也是撰写市场调研报告的依据。是否能够快速、高效地将前期调研回收的资料进行科学的分类、保存、汇总，并形成最终的调研结论，将直接决定整个市场调研的成败。

调研取得的原始资料是分散的、杂乱的、不系统的，只能表明各个调研对象的具体情况，不能说明调研对象的总体情况。只有对这些资料进行整理，才能使其成为有指导意义的资料。现在通常都是运用计算机来分析、汇总调研的数据资料，这就要求将文字资料进行科学编码并录入计算机，具体包括资料的审核、整理、编码和录入。其中，审核是为了保证调研资料的完整性、及时性和准确性；整理是对调研资料进行初步加工和分组汇总的工作过程；编码是指将各类资料用代码来表示的过程。

调研资料整理的基本流程如图6-1所示。

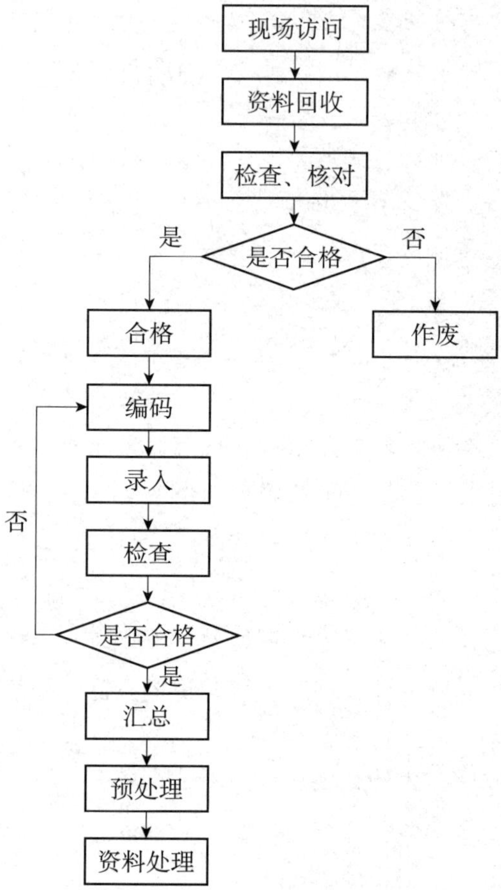

图 6-1　调研资料整理的基本流程

一、资料审核

资料审核是指对问卷资料进行筛选，检查收集来的问卷资料是否完整、是否准确，决定是否采用的过程。

（一）资料审核的内容

1. 审核资料的完整性

审核资料的完整性包括检查问卷数量是否完备、问卷作答是否完整，如计划样本是100 份问卷，实际只收集了 80 份问卷，就存在数量不完备的问题；检查问卷上各问题是否完整作答，有没有遗漏。

2. 审核资料的准确性

审核资料的准确性包括检查调研对象是否在样本范围内和调查资料是否有明显错误。

如果目标调研对象是高收入人群，而实际收集到的是低收入人群的问卷，就不符合样本的要求。还要审核调研资料是否存在前后矛盾或者答非所问的情况。比如前面回答职业是医生，而后面显示年龄只有 16 岁，显然不符合实际情况，肯定有一处回答是错误的。

3. 审核调研对象的作答态度问题

如果调研对象对调研缺乏兴趣，作答不认真，会直接影响作答的准确性。比如所有题目选项都是一样的，或者不按答案要求在调研表上随笔一勾，一笔带过了若干个问题。有时为了提高调研的质量，设计者会有意设计一些甄别题，从而把特别不认真作答的问卷筛选出来。如单选题：我是外星人，三个选项：是、不是、都是；如果作答结果为“是”或“都是”，说明调研对象作答时心不在焉，这样的问卷就不应该保留。

4. 调研资料口径、计算方法、计量单位等一致性审核

如统计不同国家 GDP 水平，不同国家按各国的本币统计，就没法进行比较，一般换算为美元为单位计量。

（二）资料审核的方法

调研资料的审核

1. 逻辑审核

逻辑审核是指根据项目指标之间的内在联系和实际情况对资料进行逻辑判断，找出不合情理或前后矛盾的情况。如果问卷里有两个问题是从两个角度了解对同一问题的态度，而获得的答案则是正好相反，说明存在逻辑矛盾。再如调研对象是外星人，显然不可能。

2. 经验审核

经验审核是指根据已有经验或常识，判断资料是否真实、准确。如调研对象为职场人士，年龄只有 15 岁，显然年龄有误。再如某社区奶茶店面积为 400 平方米，根据经验，这样的营业面积跟事实不太相符。

（三）处理有问题的问卷

在审核问卷之后，针对有问题的问卷要进行一定的修正、校订，常见的有以下几种处理方法。

1. 视为无效问卷

当有以下几种情况时，可以选择将不合格问卷剔除：样本容量相当大，不合格问卷占比小，缺少对关键问题的回答，不合格回答在一份问卷中的比例较大等。比如大面积的无回答问卷应视为无效问卷。

2. 作为无效数据

如果只是部分问题回答不合格，则可以只把这部分回答按“不详值”处理，保留其他内容。比如调研对象只是在部分问题上表现出没有兴趣，作答不合格，则可以作这样的处理。

3. 重新调研

当样本容量小、调研对象易于辨别和联系时，可以将这些问卷返还并重新调研。这种情况比较少见。

二、资料编码

运用电脑处理数据资料，是当代社会经济信息处理的发展趋势，电脑处理方法不仅速度快、准确率高，而且还能进行大规模复杂的数据处理工作。电脑数据处理包括对原始数据的加工、存储、排列、合并、分类、逻辑检查运算、制表、绘图以及打印有关结果等。目前的电脑一般都有上述数据的处理功能，必要时还可以运用 SAS、SPSS 等高级计算机统计软件进行大规模复杂的数据处理。在计算机处理问卷调查数据资料时，必须将问卷的问题和答案转换成代码，即进行编码。

（一）编码的含义

（1）编码是指将各种类别的市场信息资料用代码来表示的过程。代码是用来代表事务的标记，就是用数字、字母或特殊的符号或者它们之间的组合来表示。编码是一项重要的工作，特别是在运用计算机管理的情况下，编码既是对调查所得资料进行计算机录入的前提，又是使用计算机对资料进行整理的手段。编码一词，既可以理解为名词，也可以理解为动词。作为名词的编码，表面上指的是一套数码符号，实质上应理解为对资料进行确认、记录和分组的一套规则。作为动词的编码，则是指设计这样一套规则，并且按照规则把以文字形式记录的资料转化成数码符号形式的资料的全部过程。

（2）资料编码有如下功能：可以为各项资料提供一个概要而清楚的认定，便于储存和检索；可以显示信息资料单元的重要意义，并能协助资料的检索和操作；编码有利于提高信息资料处理的效率和精度，节省处理费用。

（二）编码的类型

编码可以分为事先编码、事后编码和复编码三种。在可能的情况下，一般尽量采用事先编码，也就是在设计问卷时决定代码，在问卷上同时给出代码数字，这就大大减少了以后的数据准备工作，也有利于减少编码的错误。调研问卷中的大多数封闭式问题一般采用的就是事先编码。如果遇到主观性较强的变量或者分类数太多，无法进行事先编码，那么编码工作就只能在汇编问卷之后，根据所收集到的数据进行事后编码。事先编码和事后编码都是在资料录入计算机前完成的。

复编码则是在编码和资料录入形成资料文件后，为整理方便，或者为进行深入地开发利用资料文件所载的信息，往往需要对文件的某些字段进行再加工，这些工作统称为复编码。复编码所做的主要工作有：

(1) 答案资料的导正。态度量表要通过一组问题来测量，这些问题中有的是正面陈述，有的是反面陈述，为使各个问题的打分能够加总，必须将反面陈述的打分调整过来，这就是所谓答案资料的“导正”问题。导正的具体做法是对原录入的变量值进行换算，再以换算后的数值覆盖原值。假设第 8 个变量是一个 7 点的反面陈述，这一个变量记作 V8。在作导正时，只需要让资料整理软件执行 V8＝7－V8 即可。

(2) 化简答案。有的问题在调查表中提供的是数值型变量，但是在进行某些分析工作时，需要将该问题的答案视为品质型变量。此时即可以通过执行复编码命令来实现。同样，也可以把档次较多的定序变量转变成档次较少的定序变量。

(3) 导出新变量。为了深入、全面地进行资料分析，需要将若干个变量结合在一起产生一个新变量，这也属于复编码的工作范畴。

(三) 编码的基本原则

无论是事先编码还是事后编码，编码工作都必须遵循以下原则：

1. 相关性原则

相关性原则即相关的类别应有相关的编码。编码必须与分类相适应，对于任一给定变量，编码的分类必须互相排斥，如果不同的类别使用相同的编码，就会造成不同类别的编码出现前后重复的情况。

2. 标准化原则

标准化原则即编码的编制要标准化。数据组的每一条记录都只能有一个用于识别的编码，其目的就是识别数据组中的这一特定记录，而且，同类项目的编码要等长，要尽量避免混淆和误解。

3. 系统化原则

系统化原则即代码要以整体目标为标准，要系统化。用于编码的代码要适应整个调研系统的全部功能，同时编码还应具有兼容性和通用性，以便于与其他系统相衔接。

4. 周密性原则

周密性原则即编码时尽可能考虑周全并预留一定的位置以备接收意外数据。如某一项目对某一被访者无法询问，就须有“无法询问”的编码；某一项目访问者拒绝回答，就应有“拒绝回答”的编码，否则就会导致数据缺失。

5. 一致性原则

一致性原则即编码的内容要保持一致性。通常的操作技巧是用固定的数字顺序表示回答的答案次序。例如：对所有测量等级的项目，答案都是以从小到大的原则分配编码，“1”表示最差，“2”表示较差，以此类推。编码的意义越一致，就越可以减少在编码过程中产生误差的可能。

例如：为了研究学生学习“市场调查”的成绩是否与其性别和某些先行课有关，我们取得了 120 名学生的有关资料，如表 6－1 所示。因为仅用于分析总体规律，学生姓名没必要出现，故略去，只以学号标记。

表 6－1　120 名学生的市场调查成绩及其相关资料

学号	性别	统计学成绩	营销学成绩	形式逻辑	市场调查成绩
001	男	85	78	修过	81
002	男	89	87	修过	84
003	女	80	91	未修过	81
004	男	65	78	未修过	81
……					
120	男	69	82	未修过	76

如果想用计算机处理这套资料，就必须把表 6－1 所载资料转换成数码符号形式的资料。为此可以规定这样一套规则：

学号——按原数码形式；

性别——男以“1”表示，女以“2”表示；

统计学、营销学和市场调查成绩按原成绩分数表示；

是否学过形式逻辑——“学过”以“1”表示，“没学过”以“0”表示。

再按这套规则将表 6－1 所载资料转换成数码符号，列入表 6－2。

表 6－2　以数码形式列出的 120 名学生市场调查成绩及其相关资料

学号	性别	统计学成绩	营销学成绩	形式逻辑	市场调查成绩
001	1	85	78	1	81
002	1	89	87	1	84
003	2	80	91	0	81
004	1	65	78	0	81
……					
120	1	69	82	0	76

操作指导

资料的审核、编码和录入

一、资料审核和编码

（一）资料审核

审核是保证调研资料有效性的关键。审核员在收到调研人员交来的调研资料后，应逐份审核，并将审核后的调研资料分类存放。

1. 检验所有问卷的完整性

这是指检验资料所包括的信息量能否满足调研的需要。

2. 审核资料的准确性

这是指检验资料的准确度能否满足调研要求，具体包括：

（1）剔除不必要的资料。

（2）排除不可靠的资料，以消除其中的错误部分和含糊不清的地方。

（3）检验有效问卷的份数是否符合调研方案要求达到的比例。

对于存在问题的调研资料，应分不同情况进行处理。对于不完整的调研资料，如果存在大面积空白，应视为无效资料；如果只是对少数问题未回答，则应设法补救；如果是对无关紧要的问题未回答，则可视为完整资料。对于存在明显错误的调研资料，如果是完全虚假的，则应作废；如果只是个别问题不实的，应设法补救；无法补救的，则将该问题作不详处理。

（二）特殊资料的进一步整理

1. 经常出现的特殊资料

（1）资料存在显然的错误。

（2）答案不完整或矛盾。

（3）答案为“不知道”。

2. 对常见的特殊资料的处理

（1）剔除法。对于错误的数据可采用此方法。

（2）平均数替代法。对于答案不完整或为“不知道”的数据可采用此方法。

（3）比例推算法。对于答案不完整或“不知道”的数据可采用此方法。

具体采用哪种方法来处理特殊资料，要视数据的具体情况和重要程度来决定。

（三）资料编码的具体工作

在进行调研资料整理时，编码工作有三个层次：一是对问卷的编码，要求对经过审核的有效问卷进行编码，宜采用事后编码；二是对问卷的问题进行编码，通常采用的是事先编码，在问卷设计时一般已经进行了相应的编码；三是对封闭式问题的选项的编码，一般采用的是事先编码和事后编码相结合的方法。在设计问卷时，所有问题的选项一般都有一个编码，但是因为资料录入的需要，有些题型如多项选择题、表格题等不能直接采用原来的编码，需要对选项的编码进行调整。

二、资料的录入

这里以娃哈哈集团大学城饮料产品市场调研数据资料为例，介绍调研资料的录入过程，主要介绍封闭题的录入技巧。调研资料的录入包括两个步骤：一是调研问卷的格式设置，二是调研数据的录入。

（一）调研问卷的格式设置

调研数据资料整理和分析的第一个阶段就是将调研取得的数据资料进行合理的数据格式设置，它包括合理的变量命名和规范化的格式设置。下面以娃哈哈市场调研数据资料为例，具体说明格式设置操作。

(1) 问卷格式设置的步骤。

第一步：将5个变量在Excel中进行如下命名。命名时将第一行作为变量名的保留行；不管调研数据资料简繁与否，都应该养成将Excel表格中的第一列作为问卷编号变量的保留行的习惯，这样做的目的是方便今后校对数据；另外需要注意的是，最佳的变量位置设置是以Excel中的每列作为一个变量，而不要将每行作为一个变量。

第二步：在变量列对应的数据录入区进行数据有效性设置。以变量“购买地点”为例，考虑其取值只有下列四种可能性，为方便数据的录入，通常就用数字进行编码，即“1——生活区便利店”“2——大卖场”“3——饮料售卖机”“4——路边小店”，除此之外的取值均为非法（不考虑调查数据缺失的情形）。通过在Excel中设置数据有效性，可以解决下面两方面的问题：一是录入速度，用有效性设置提供的下拉菜单可以快速地实现数据录入；二是录入准确性，通过有效性设置的取值范围将限制非法取值的录入，提高录入的准确率。以“购买地点”为例，其问卷格式设置如图6-2所示，其数据有效性设置如图6-3所示。

图6-2 问卷格式设置

数据有效性的设置步骤：

①选中“购买地点”变量下面的数据录入区；

②选择“数据”主菜单下的“数据有效性”子菜单项；

③在弹出的“数据有效性”窗口中，选择“设置”有效性条件，在下拉列表中选择序列；

④若设置允许条件是“整数”时，在“最小值”和“最大值”处分别输入“1”和“4”(购买饮料项目共有四个选项，分别编码为1、2、3、4)(见图6-3)，这样录入这四个数字之外的字符时系统都会提示出错(见图6-4)。

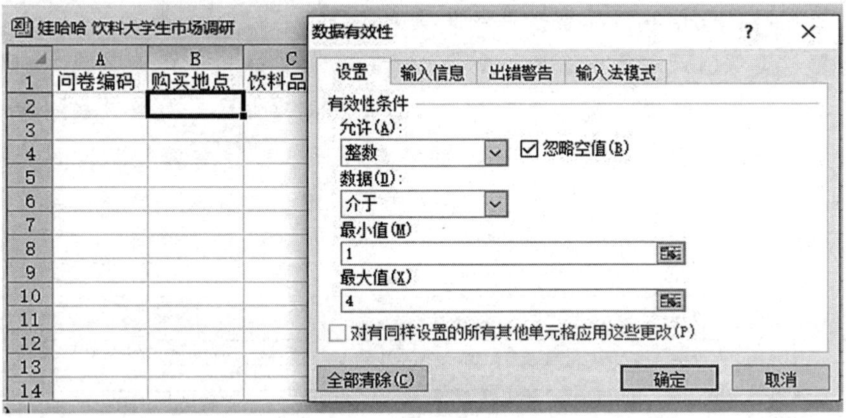

图6-3　数据有效性设置

用数据有效性方法来进行格式设置，可以避免错误信息的录入。我们不妨尝试下，除此四个选项之外的其余取值均不能录入。如果录入“5”或“大卖场”将弹出非法录入提示。实际上，我们还可以在图6-3中进行“输入信息”“出错警告”提示设置以及“输入法模式”自动切换设置，这些设置将使得数据录入界面更为友好，同时大大提高数据录入的效率。本任务中的变量“性别”也可以参照上述方法进行设置，一般性别变量赋值为“1和2”，“1”代表男性，“2”代表女性。

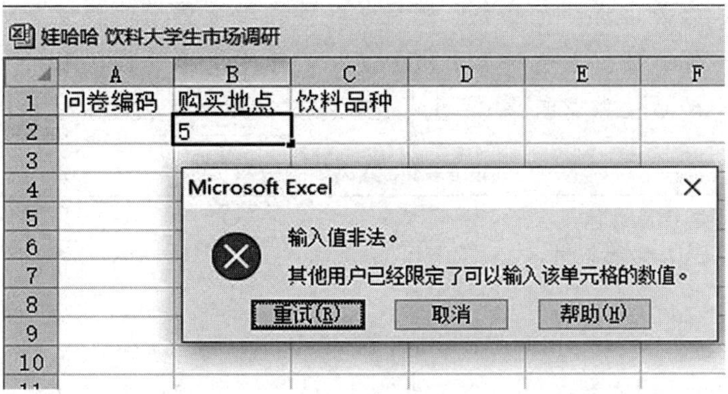

图6-4　数据有效性设置效果

当然，如果调查数据资料并不是像“购买地点”这样有选项的品质型变量，而是数值型变量，如本任务中的变量“月生活费”，那么我们可以通过“数据”菜单下“有效性—设置—有效性条件”选项卡中选择“整数”选项来进行数据录入范围设置，同样可以提高数据录入的效率。这样就可以有效避免取值范围之外的其他错误值的录入。

(2) 不同题型格式设置和编码技巧。问卷格式设置和数据编码密切相关。不同题型结构不同，在格式设置和编码时有其特定的要求。下面就详细讲解本任务中几个题目的设置方法。

①单选题。类似附录中的第 1 题，多个选项中只能任选 1 个。这类题型通常是将不同选项进行顺序编码，按作答情况直接录入选项的代码即可。

②复选题。类似附录中的第 2 题，有多个选项，作答者可以任意多选。为了保证能够区分每位作答者的作答情况，这类题目的设置格式和编码方式都与单选题有很大不同。通常在格式设置时将所有选项都予以罗列，每个选项下“数据有效性”设置为“序列—0，1”，通常以“1”表示选择项，以“0”表示未选项。附录中的第 2 题“饮料品种”格式设置如图 6－5 所示。

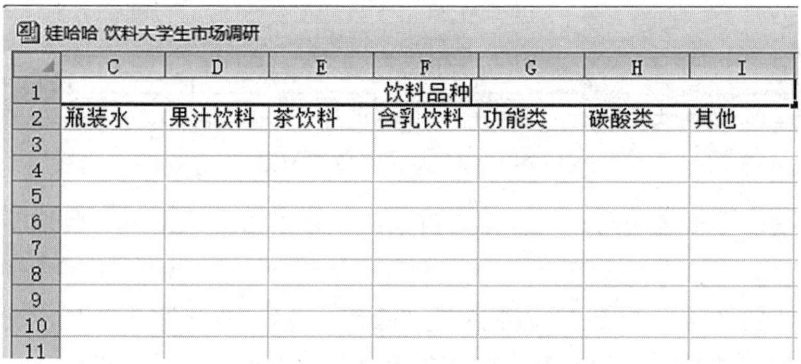

图 6－5 复选题格式设置

③表格题。类似附录中的第 7 题，这类表格题其实是单选题的组合形式，使用表格题的好处是可以收集大量信息，也避免了题目结构雷同导致的烦琐和枯燥感。

但是表格题在保存数据资料时要求比较高。对于附录中的第 7 题，我们采用的方法是将其分解为一个个的单选题（见表 6－3）。

表 6－3 第 7 题的分解

i 可口可乐品牌下哪类产品最优?			
A. 瓶装水	B. 含乳饮料	C. 茶饮料	D. 果汁饮料
ii 统一品牌下哪类产品最优?			
A. 瓶装水	B. 含乳饮料	C. 茶饮料	D. 果汁饮料
iii 椰树品牌下哪类产品最优?			
A. 瓶装水	B. 含乳饮料	C. 茶饮料	D. 果汁饮料
iv 娃哈哈品牌下哪类产品最优?			
A. 瓶装水	B. 含乳饮料	C. 茶饮料	D. 果汁饮料

续表

v 农夫山泉品牌下哪类产品最优？ A. 瓶装水　　B. 含乳饮料　　C. 茶饮料　　D. 果汁饮料 vi 汇源品牌下哪类产品最优？ A. 瓶装水　　B. 含乳饮料　　C. 茶饮料　　D. 果汁饮料 vii 还有以上没有提到的品牌其某类产品很出色？请写出该品牌名，并勾选其最优产品。 A. 瓶装水　　B. 含乳饮料　　C. 茶饮料　　D. 果汁饮料

将这7个小题分别按单选题格式进行设置，每小题下的4个选项分别按“1，2，3，4”进行编码，即每小题就是一个子变量，其下数据有效性设置为“序列—1，2，3，4”组合成第7题的格式（见图6-6）。

7. 各品牌哪一类产品更优

可口可乐	统一	椰树	娃哈哈	农夫山泉	汇源	其他

图6-6　表格题格式设置

④矩阵式题。这类题目用类似矩阵的形式表示人们态度的差异，比如附录中的第9题，用矩阵表示的是各种影响因素的作用。将各影响因素设置为子变量，按其影响程度为其编码，即其下数据有效性设置为“1、2、3、4、5”。格式设置如图6-7所示。

娃哈哈饮料大学生市场调研.xlsx [兼容模式]

	AH	AI	AJ	AK	AL	AM
1	8. 各因素对选择饮料的影响程度					
2						
3	口味	品种	品牌	价格	包装	营养成分
4						
5						
6						
7						
8						
9						
10						
11						

图6-7　矩阵式题的设置格式

⑤复杂表格题。类似附录中的第10题，这是一个比较复杂的表格题。其实再复杂的表格题也是由一个个简单题目组合而成的，只要按照其组合的规律将其分解开来，就可以运用基本题型规律进行设置（见图6-8、图6-9）。

这样，每部分的子题目就是子变量，其下3个选项可以分别用“1、2、3”表示，即数据有效性设置为“整数—最小值1，最大值3”。该题可以设置为如图6-10所示。

首先分解为 4 个部分：

	瓶装水		
	好	一般	差
口味			
价格			
包装			
广告			

	含乳饮料		
	好	一般	差
口味			
价格			
包装			
广告			

	茶饮料		
	好	一般	差
口味			
价格			
包装			
广告			

	果汁饮料		
	好	一般	差
口味			
价格			
包装			
广告			

图 6－8　复杂表格题的分解示范第一步

每一部分又可以分别分解成 4 个子题目，而其中每个子题目都可以看作一个单选题。比如可以将瓶装水部分分解为以下 4 个子题目：

a. 你认为瓶装水的口味是：________

A. 好　　B. 一般　　C. 差

b. 你认为瓶装水的价格是：________

A. 好　　B. 一般　　C. 差

c. 你认为瓶装水的包装是：________

A. 好　　B. 一般　　C. 差

d. 你认为瓶装水的广告是：________

A. 好　　B. 一般　　C. 差

图 6－9　复杂表格题的分解示范第二步

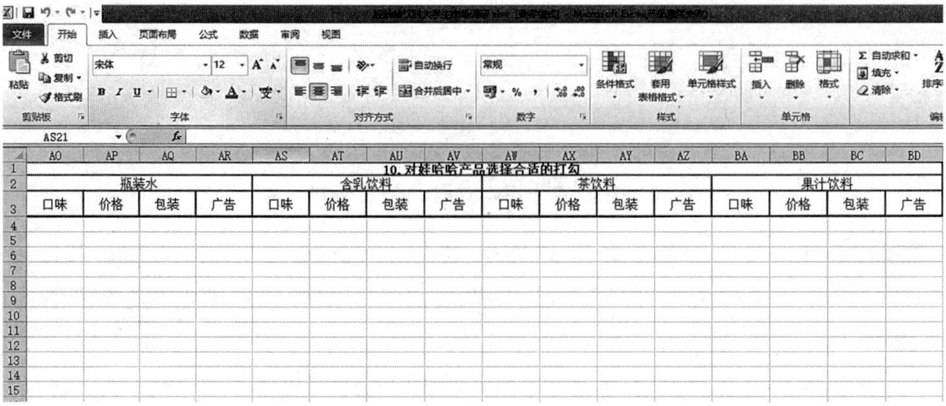

图 6－10　复杂表格题的格式设置

（二）调研数据的录入

在完成变量命名和数据有效性格式设置之后，这一阶段的主要任务是将调研数据快速高效地录入软件中。当然，前提是已经完成调研数据资料的审核和编码的整理工作。数据录入是保证调研结果科学性的一个重要环节，变量“问卷编号”设置的目的之一就是核查录入数据的准确性。数据录入是一项考验个人耐心和团队合作效率的工作，同学们在录入时一般可以两个人一组，一人负责报答案，一人负责录入，负责报答案的同学同时需要关注录入答案的准确性；同时需要培养一个好的数据录入习惯，每录入一部分数据后都及时保存，以免因电脑死机或断电等造成录入数据损失。娃哈哈饮料大学生市场调研部分数据如图 6－11 所示。

娃哈哈饮料大学生市场调研

问卷编号	1.购买地	2.喝的较多的饮料								7.各品牌哪一类产品更优							10.对娃哈哈产品选择合适的打勾																个人资料		
																	瓶装水				含乳饮料				茶饮料				果汁饮料						
		瓶装	果汁	茶饮	含乳	功能	碳酸	植物	其他	可口	统一	椰树	娃哈	农夫	汇源	其他	口味	价格	包装	广告	口味	价格	包装	广告	口味	价格	包装	广告	口味	价格	包装	广告	年级	性别	月生活费
101	1	0	1	0	0	0	1	0	0	2	1	2	1	1	4	0	2	2	3	2	2	2	1	2	2	1	2	1	1	1	2	2	1	2	1500
102	1	0	1	1	0	0	0	0	0	2	1	3	4	2	3	0	1	2	2	3	2	2	1	2	1	2	1	2	1	2	3	2	2	1	2000
103	3	0	1	0	0	0	1	0	0	2	4	1	3	1	3	0	1	2	2	2	2	1	2	1	2	1	2	1	2	2	2	3	2	1	1700
104	2	0	1	0	0	1	0	0	0	1	2	4	1	3	2	0	2	1	2	1	1	2	2	2	1	1	2	3	1	2	3	3	1	1	1400
105	1	1	1	0	1	0	1	0	0	5	5	4	1	1	5	0	1	1	3	1	1	1	2	1	2	2	1	1	2	1	1	2	1	1	1000
106	1	1	1	0	1	0	0	0	0	4	4	5	2	1	4	0	1	2	2	2	1	1	2	2	1	1	1	2	1	2	2	2	1	1	1500
107	3	0	0	1	0	0	0	0	0	1	4	5	1	1	4	0	1	2	2	2	3	1	2	2	2	3	1	2	1	3	2	2	1	1	1300
108	1	0	1	1	0	1	0	0	0	1	2	1	2	1	4	0	2	1	3	2	2	1	3	1	2	1	2	3	2	2	2	1	1	1	1500
109	1	1	1	0	0	0	1	0	0	1	3	2	1	1	4	0	2	2	2	1	1	1	2	1	2	2	2	2	2	2	2	3	1	1	1700
110	2	0	0	1	1	0	0	0	0	1	3	2	1	1	4	0	1	1	1	1	2	1	1	2	2	2	1	1	2	2	2	1	1	2	1500
111	3	0	0	1	1	0	0	0	0	1	2	2	5	1	3	0	2	1	2	2	2	2	2	2	1	2	1	1	2	2	2	3	1	1	1500
112	1	1	0	1	0	0	0	0	0	3	4	5	2	1	4	3	2	2	2	2	2	2	2	2	2	2	2	2	2	2	2	2	1	1	1500
201	3	1	0	0	0	1	0	0	0	2	3	1	4	5	3	0	2	2	2	2	2	2	2	2	2	2	2	2	2	2	2	2	1	1	1500
202	1	0	1	0	0	0	0	0	0	1	4	5	1	1	4	0	1	2	2	3	2	1	2	2	1	3	2	1	2	2	3	1	1	1	1300
203	3	0	0	1	1	0	0	0	0	1	2	5	3	4	2	0	1	2	1	3	1	3	3	2	3	1	2	3	2	1	2	2	1	1	1500
204	2	1	1	1	0	0	0	0	0	4	4	5	2	1	4	0	1	1	2	2	2	2	2	1	1	1	1	2	2	2	1	2	1	1	1000

图 6－11　娃哈哈饮料大学生市场调研部分数据

在完成上述数据录入工作后，需要对录入的数据的真实性和准确性进行核查，尤其是第一步中没有进行有效性设置。核查工作借助于问卷编号，通过编号找到对应的调查原始问卷和数据库中的记录，然后逐一核对，一旦发现错误立即加以更正。完成上述工作后，将数据资料保存，同时注意一定要做好数据备份工作。

另外，由于一次调查中往往调查的项目众多，数据量庞大，在数据整理过程中还需要掌握一些技巧用于提高录入的效率。例如：Excel 的菜单栏的视图功能下有“拆分”窗口功能和“冻结窗格”功能，这是整理和分析数据过程中较为常用的方式。

案例学习

编码明细单

编码明细单是指说明调研问卷中各个问题（即变量）及其答案与资料文件中的字段、数码位数、数码值之间一一对应关系的文件。我们可以根据下面给出的调研问卷和编码明细单来展示这种对应关系（见表 6－4 和表 6－5）。

表 6－4　调研问卷

旅游调研电话访问问卷

您好！我是××调研公司的×××，现在北京给您打电话，向您调研几个旅游方面的问题。对于您的热情合作，我首先表示衷心的感谢！

一、您本人或您家中其他成员有在以下公司工作吗？

（　　）旅行社　　（　　）广告公司　　（　　）新闻机构

（若回答有在以上任何一家单位工作的人，即终止调研，并在调研问卷上标明。）

二、在前一个月，您是否被调研过旅游事项？

（　　）是（终止调研，在调研问卷上写明）

（　　）否

三、在前三个月内，您本人是否到过 100 千米以外的什么地方？

（　　）是（跳转到第四题）

（　　）否（终止调研，在调研问卷上写明）

四、您旅游的目的是什么？

	最近一次	最近一次的前一次	以前几次
出差	（　　）	（　　）	（　　）
度假	（　　）	（　　）	（　　）
其他因私旅行	（　　）	（　　）	（　　）

对于这样一张调研问卷，相应地可以编制一份编码明细单。

表 6－5　编码明细单

问题	字段所占数码列	问题摘要	编码值含义
	1～4	调研问卷编号	调研问卷顺序
	5	调研城市	1＝北京
			2＝上海
			3＝广州
			4＝成都
			5＝西安
			6＝沈阳
一	不录入	工作单位	1＝旅行社
			2＝广告公司
			3＝新闻机构
二	不录入	上个月被调研	1＝是
			2＝否
三	6	前三个月内	1＝是
			2＝否
四	7	最近一次	1＝出差
	8	最近一次的前一次	2＝度假
	9	以前几次	3＝其他因私旅行

在编制编码明细表时，需要注意以下几个问题：

（1）所有的资料都必须转换成数值，不允许使用字母或其他字符。

（2）每一个数字码占据一列，要为每个变量留出足够的列数。

（3）对无信息的答案赋予标准代码，例如：可以用 8 表示“不知道”，9 表示“无回答”，0 表示“不适合”。

（4）每一条记录所占据的第一列都要安排调研对象的序号码。

知识拓展

开放题的答案整理及其编码

在描述性调研和因果性调研中使用开放题，除了为深入追问调研对象对特定问题的一些深层次看法，也有不得已的原因，那就是调研问卷设计者事先对潜在的多种多样的答案缺少明确的预见，因此无法在调研问卷中给出数目不太多，且又能彼此互斥的一组供选择的答案。我们在调研问卷设计时就已指出，开放题对于规范化的资料整理和分析不甚方便，现在不得不面对这一难题，即如何从这些从各种角度、依据不同标准给出的诸多叙述性和评论性文字答案中整理出按同一尺度计量的单一系列答案。如果能完成这项工作，就可以对调研问卷所载资料进行编码。这种编码只能是在对答案进行整理归纳之后的编码，即事后编码。

对开放题的答案进行整理和编码不是机械作业，而是一种艺术。它所依据的不应仅仅是答案的文字，更重要的是这些文字所能反映出来的调研对象的思想认识。只有在厘清对一个开放式问题的全部答案所给出的各种思想认识后，才有可能将之归纳成一个简明、有序的分类表。这项工作可以遵循以下步骤完成：

（1）挑选答案。挑选少量具有代表性的答案用以初步观察答案的分布状况。这些答案份数通常占全部调研问卷数的 20%。

（2）罗列频数。统计所列出的答案的频数分布情况。

（3）确定可以接受的分组数。从调研目标出发，考虑分组的标准是否能紧密结合调研目标。另外也要考虑计算机程序方面的要求，一位数码最多能满足 10 组，如果超过 10 组就要占到两位数码。

（4）挑选、归并答案。根据拟订的分组数对整理出来的答案分布表中的答案进行挑选、归并。在符合调研目标的前提下，保留频数多的答案，然后把频数较少的答案尽可能归并成含义相近的几组，对那些或含义相距甚远，或虽然含义相近但合起来频数仍然不够多的答案，最后一并以“其他”概括为一组。这一步可以由 3 个以上的编码员分别来做，然后集中到一起进行核对、讨论，最终形成一致的分组意见。

（5）确定描述词汇。为所确定的分组选择正式的描述词汇。

（6）制定编码规则。根据分组结果制定编码规则。

（7）完成编码。对回收的全部调研问卷进行编码。

团队实战训练

1. 项目任务

整理、审核本团队完成的《娃哈哈集团大学城饮料产品市场调研问卷》，并进行调研资料的录入。

2. 步骤及要求

（1）整理小组问卷。

（2）完成本小组问卷的录入。

①完成问卷的编码和问题、答案的编码；

②将问卷录入计算机；

③将小组调研实施的问卷结果录入计算机；

④核对录入的结果。

任务二 分析市场调研资料

大家来讨论

中国搜索满意度调研的数据质量控制

本次调研采取的是网络问卷与实地问卷相结合的方式，共发放问卷 600 份，其中网络问卷 270 份，实地问卷 330 份。经统计，共收回 583 份问卷，其中有效问卷 542 份，无效问卷 41 份，回收率为 90.3%。

一、规范分析与实证分析相结合

在对调研数据进行规范分析的同时，运用实证分析方法，对热门中文搜索引擎的用户检索习惯进行实证研究。在分析的基础上，通过比较、归纳和概括，总结出中国搜索的新的发展方向。

二、问卷设计质量的信度检验

本调研问卷为一次性问卷，在调研时采用不记名调研，所以不存在重复调研。因此，在设计调研问卷时为了检验调研对象的数据是否可靠，设置问卷中第3题与第6题，第2题与第5题均为相似题，在收回的调研问卷中把这4道题作为检验样本，检验每组题目答案的一致率，就可以检验出调研对象的数据资料是否可信。若每个问题的一致率大于65%，则数据可信。经使用SPSS中的信度检验得知，本次调研的两组题目的α系数均大于0.65，所以本次调研的信度较好，整体上不需要进行修改，每个项目都可以保留。

资料来源：冯利英，额尔敦等．市场调查：理论、分析方法与实践案例［M］．北京：经济管理出版社，2017.

请思考：

（1）本研究采取了什么措施进行数据质量控制？

（2）除了数据质量控制，本研究还进行了哪些方面的质量控制？

（3）进行质量控制的意义是什么？

基本知识

一、分析市场调研资料的意义和原则

市场调研资料分析是指将收集到的各类信息资料，按照一定的程序和方法进行分类、计算和分析，使之成为适用的信息资料的过程。

对市场调研资料的分析，既是具体的工作过程，又是市场调研人员的思维活动过程。在这一过程中，不仅要分析各种原始的信息资料，还要采用科学的方法、耗费大量的智力劳动，使原始信息成为加工信息。

（一）分析市场调研资料的意义

1．市场调研资料的分析是市场调研过程中十分必要的环节

通常，通过各种途径收集的各类信息资料，尤其是各种一手资料，大都处于杂乱的状态，即使是二手资料，也很难直接运用，必须经过必要的加工。必要的加工可以使收集的信息资料统一化、系统化和适用化。可以说，任何收集的信息资料都必须经过一定的处理与分析。

2．市场调研资料的分析可以提高市场调研资料的价值

市场调研资料的分析过程是一个去粗取精、去伪存真、由此及彼、由表及里的综合提高资料质量的工程，它能大大提高信息的浓缩度、清晰度和准确性，从而大大提高调研资料的价值。

3. 市场调研资料的分析可以产生新的信息

在信息加工过程中，通过调研使已有的信息发生交合作用，有可能产生一些新的信息。

4. 市场调研资料的分析可以帮助人们发现市场调研过程中的不足之处

市场调研工作的各个阶段、各个具体环节，都会出现计划不周或工作偏差等问题。例如：对市场调研问题的定义可能并不全面，对市场调研的设计可能忽视了某些工作，信息资料的收集可能存在遗漏或者收集方法欠缺等。这些问题有可能在实施过程中，通过检查、监督、总结等活动被发现，并加以纠正。但是，很难避免有些问题未能被人们发现。所以说，在信息加工过程中往往能发现一些问题，通过及时反馈，就能够采取措施，对存在的问题加以纠正，对已经产生的不良后果加以补救。

例如：美国零售巨头西尔斯公司自成立之初，就一直是经营服装、家居、汽车用品的行业领先企业。西尔斯成功的一个关键因素是建立了高质量的现有和潜在消费者数据库。到2008年，西尔斯内部庞大的数据库涵盖了美国75%以上的家庭用户信息，这些信息来自大量的一手资料和二手资料。在将二手资料录入数据库之前，调研人员会对这些数据的质量做仔细的检查工作。对于原始数据，调研人员会仔细审查从调研现场返回的问卷，重新编辑、填写不完整或数据不一致的问卷，并采用多种处理方法来确定不合格问卷对分析结果的影响。这个高级数据库帮助西尔斯准确地了解市场需求，制定了有效的营销战略以定位目标市场。

（二）分析市场调研资料的原则

大量的实践证明，为保证最终形成的信息资料的高质量，必须在资料分析的过程中遵循以下基本原则：

1. 及时性原则

及时性原则是指在资料分析过程中要强调时间性，尽量提高资料分析的速度。

遵循及时性原则很有必要，首先，信息资料都有一定的时效性。在一定的时间区段内使用信息资料的效果最好，超过这一时间区段，使用信息资料的效果就会变差，甚至无效。其次，在现代社会经济条件下，市场形势和营销环境的变化十分迅速，它在客观上要求信息资料的处理与分析同步。再次，企业的经营决策和市场营销活动要求市场调研工作者能及时提供所需的资料作依据。最后，资料分析本身是一个过程，需耗费一定的时间，如果不提高其效率，很容易使资料出现滞后现象，影响其效用。

从整个市场信息工作来看，遵循及时性原则应包括及时收集信息、及时加工处理信息、及时反馈信息和及时传输信息等。

2. 准确性原则

准确性原则包括两层含义：一要真实，二要精确。真实是定性的要求，即处理、分析的资料必须是真的而不是假情报、假信息。精确是定量的要求，即处理分析的资料应尽量减少误差和模糊度。

资料分析必须遵循准确性原则。准确是信息资料工作的生命，这是因为市场调研的资料分析为企业市场营销人员认识市场、做出决策、实施行动提供依据。只有提供的资料是准确的，才会有正确的认识、正确的决策和正确的行动。不准确的信息资料不但无益，而且十分有害。

做好数据分析要懂业务

3. 系统性原则

系统性原则是指在资料分析过程中必须强调全面、客观地反映市场的变化和特征，形成系统化的信息资料。

系统性原则是在准确性原则基础上的进一步要求，市场调研资料分析不仅是对收集来的资料进行整理与运算，而且要进行大量的分析、判断、演绎、推理，使处理后的信息更全面、更科学。系统化的资料具有更高的价值，更有利于使用，更能有效地指导企业的市场营销活动。

4. 适用性原则

适用性原则包含两层含义：一是指采用的资料分析方法要适当，二是指处理和分析后形成的信息要符合实际需要。

资料分析方法很多，它们各自具有优缺点和适用性，就像工厂中对产品的生产加工只有选择先进的、科学的、合理的工艺和方法，才能生产出合格的产品一样，资料分析也必须选择合适的方法。

适用的信息对市场营销人员具有重要意义。现代社会是信息爆炸的社会，市场营销人员面临大量的信息资料。不适用的信息资料将会严重干扰营销人员的营销活动，浪费其精力。不同层次、不同岗位的营销人员需要解决不同的问题，对市场信息的需求，无论是类型还是内容都不尽相同。只有针对不同的需求，提供与之相适应的信息资料，才能实现市场调研预测的真正目标。

5. 经济性原则

经济性原则是指市场调研资料分析必须符合经济核算的要求，即以较少的处理分析费用，形成尽可能多的、有用的市场信息资料。

任何经济工作都要考虑经济效益、实行经济核算，资料分析也必须遵循经济性原则。对市场信息的处理与分析，需要花费和投入一定的人力、物力和财力。遵循经济性原则，就是在保证一定信息数量和质量的前提下，尽可能节省费用开支，或者在一定的耗费下，形成尽可能多的有用信息，这有利于提高企业的经济效益。

遵循经济性原则还应考虑投入与产出之间的对比关系。一般而言，对产出的市场信息的质量（如精确度）越高，花费的人力、物力和财力也越多。但是，从市场信息的实际使用效果来看，高的投入并不总是相应地有高的产出。为此，进行投入与产出的比较，寻找一个最佳点是必要的。

二、市场调研资料的计量尺度

对于不同的市场调研资料，我们予以计量的尺度或测度的程度是不同的，有些事物、现象只能或只需对其属性进行分类（称为定性分析），有些则可以或必须用比较精确的数字加以计量（称为定量分析）。从我们对客观事物、现象测度的程度或精确程度来看，可将所采用的计量尺度由低级到高级、由粗略到精确分为四个层次，即定类尺度、定序尺度、定距尺度和定比尺度。采用不同的计量尺度可以对不同类型的市场调研资料进行测度。

（一）定类尺度

定类尺度也叫列名尺度或名义尺度，是测量尺度中层次最低的计量尺度。它按照某种属性把事物进行分类，是判断“属于/不属于”的基准。它用于测量定类变量，如将性别分为男、女两类，用编号 1 表示男，用编号 2 表示女。但这里的数据不能区分大小或进行加减乘除运算，只能计算各类别的频率或频数。在市场调研中，定类尺度常被用来度量品牌、属性等对象。

（二）定序尺度

定序尺度也叫顺序尺度，比定类尺度高一级，它不仅能将不同的事物分为不同的类别，还可以确定这些类别的优劣或顺序，是判断“A 比 B……”的基准。它用于测量定序变量，如将文化程度分为大专及以上、高中、初中和小学及以下四类，所给编号分别为 4、3、2、1。这里的数据除可以计算各类别的频数与频率外，还可以比较大小，但不能进行加减乘除运算。在市场调研中，定序尺度常被用来度量相对态度、意见、感觉和偏好等。

（三）定距尺度

定距尺度也叫间隔尺度，度量层次高于定序尺度，它不仅能把事物分为不同类别并进行排序，而且可以准确地计量他们之间的差距。它用于测量定距变量，如考试成绩，90 分比 80 分高 10 分。这里的数据除可以分类和比较大小以外，还可以进行加减运算。由于没有绝对零点，因此乘除运算是没有意义的。在市场调研中，等级量表中的态度数据经常被作为定距变量处理。

（四）定比尺度

定比尺度也称为比率尺度，是最高层次的度量尺度，除具有以上几种尺度的所有特性外，它还有绝对零点。因此，定比变量除了可以分类、比较大小以及进行加减运算，还可以计量测度值之间的比值。不仅可以计算 1 000 元比 800 元多 200 元，500 元比 300 元多

200 元，还可以计算 1 000 元是 500 元的 2 倍。而对于定距变量，如数学考试成绩为 0，并不能说其没有数学知识，也不能说分数为 100 分的人的数学水平是分数为 50 分的人的 2 倍。在市场调研中，销售额、成本、市场份额、消费者人数等变量都是定比变量。

以上四种尺度对事物的度量层次是由低级到高级、由粗略到精确递进的。高层次计量尺度的数据可以转化成低层次计量尺度的数据，但反过来，低层次计量尺度的数据不能转化成高层次计量尺度的数据。四种计量尺度的比较如表 6-6 所示。

表 6-6　市场调研资料四种计量尺度的比较

尺度	基本性质	一般案例	市场案例	适用的统计方法	
				描述统计方法	推论统计方法
定类	表示对象或其类别的数字	单位性质	品牌、属性	比例、众数	卡方检验
定序	表示对象的相对位置，但不能表示差异大小的数字	质量等级	偏好排序、在市场中的位次、社会层次	比例、中位数	Z检验、t检验
定距	可以比较对象间的差异，但不存在绝对零点	温度	态度、意见	极差、均值、标准差	积矩相关系数、方差分析、因子分析
定比	存在绝对零点，可以计算对象间的比率	重量	年龄、收入、成本、销售量、市场份额	几何平均数、调和平均数	变异系数

按照数据中含有的数的概念的多少，四种计量尺度可以分为品质型变量和数值型变量，还可以称为分类变量和定量变量。上述所说的定类变量和定序变量归为品质型变量，而定距变量和定比变量则归为数值型变量。

三、市场调研资料的分析方法

根据不同的分类标准，市场调研资料的分析方法可进行不同的分类。任何事物都是质和量的统一，相应的，市场调研资料的分析方法也可以分为定性分析和定量分析。

（一）定性分析

定性分析是指对事物性质进行分析研究的方法，即主要根据科学的观点、逻辑判断和推理，从非量化的资料中得出对事物的本质、发展变化的规律性的认识。定性分析可以确定事物的界限，是区分事物和认识事物的基础，但不能从数量关系上精确地把握事物的总体。任何事物都是质和量的统一体，一定的质决定着一定的量，同时任何事物的质都受其量的限制。因此，在市场调研中，只有坚持定性分析和定量分析相结合的原则，才能全面地认识事物。

定性分析需要调研人员运用知识、经验、主观分析、判断能力及推理，对不能量化的事物进行分析、判断。常用的定性分析方法主要有归纳分析法、类比分析法、推理分析法及对应分析法。

1. 归纳分析法

归纳分析法即根据市场调研所获取的资料，从某类事物的全部对象或部分对象的共性特点来概括该类事物的共同属性的一种分析方法。

例如：某食品公司进行市场调研，在对消费者进行面包、糕点等主食及对香肠等副食品的消费意向的调研中发现，绝大多数的消费者对食品成分的要求是低脂肪，由此判断出随着生活水平的提高和健康意识的加强，人们对低脂肪食品的需求量将会增加。

2. 类比分析法

类比分析法是指将两个相同或相近的事物进行对比，从一个事物的发展变化规律来推断另一个事物的发展变化规律的方法。

例如：根据双缸洗衣机的销售特点及规律来推断全自动洗衣机的销售特点及规律。

3. 推理分析法

推理分析法是指根据一个或几个已知的判断，推出一个新的判断的分析方法。推理分析法是一种常用的资料分析方法，使用时要注意，推理的前提要正确，推理的过程要合理且要善于运用创造性思维。

例如：丰田汽车公司在20世纪60年代曾对各国生产的汽车型号及能源消耗进行市场调研，发现各国生产的汽车普遍耗油较高，如果发生能源危机，耗油低的小型汽车一定会畅销。于是丰田汽车公司开发了多种耗油低的小型汽车。没过多长时间，第一次石油危机爆发，丰田汽车公司生产的耗油低的小型汽车顿时走俏，一举占领了市场。

4. 对应分析法

对应分析法是指在分析研究某事物或现象时从不同角度确定多个标准，再对每个标准制定不同的属性值，然后将所收集的资料按主要分类标准的属性进行对应的归类，从而获取相关信息的分析方法。

例如：为了研究手机市场消费者的需求特征，某调研机构在某市对手机的潜在消费者做了一个抽样调研。在调研时采用了年龄、文化程度及购买手机时的主要需求三个标准，每一标准又细分出不同的属性特征，即年龄特征为“18～25岁”“26～35岁”“36～45岁”“46～55岁”；文化程度特征为“初中及以下”“高中”“大学及以上”；购买手机时的主要需求为“待机时间长”“大屏显示”“操作简单”“外观时尚”“功能强”“价格合理”“信号接收好”。经过对应分析，并按年龄特征进行归类后发现，年龄在“18～25岁”的调研对象要求手机“外观时尚”和“功能强”；年龄在“26～45岁”、学历为“大学及以上”的调研对象要求手机“待机时间长”和“信号接收好”；年龄在“46～55岁”、学历为“初中及以下”的调研对象要求手机“操作简单”；年龄在“46～55岁”、学历为“高中”的调研对象要求手机“大屏显示”。这些调研结论为企业开发该地区市场奠定了基础。

（二）定量分析

定量分析是指从事物的数量特征方面入手，运用一定的统计学或数学分析方法进行数量分析，从而挖掘出事物的数量中所包含的事物本身的特性及规律性的分析方法。定量分析中最常用的方法是统计分析。根据不同的划分标准，统计分析可分为以下几种：

1. 根据研究目的划分

根据研究目的的不同，统计分析可以分成描述性统计分析和推论性统计分析。

（1）描述性统计分析。描述性统计分析着重于对数量水平或其他特征的描述，可能是通过某具体指标反映某一方面的特征，也可能通过若干变量描述它们的相互关系。因此，描述性统计分析比较关心测量的准确性，对数据的准确性、可靠性和测度的选择有一定要求。其结果重于数量描述，但不具有推断性质。

（2）推论性统计分析。推论性统计分析主要用于推断总体、解释事物、检验理论等。因此，推论性统计分析对变量的选择、测度的决定、资料的时间和空间范围有严格限制，必须符合严格的假设条件，其结果不仅可用于描述数量关系，还具有推断性质。

2. 根据涉及变量的多少划分

根据涉及变量的多少，统计分析可以分为单变量统计分析和双变量统计分析。

（1）单变量统计分析，即通过某一变量数据的计算，对其数量水平或其他特征进行概括，或对总体进行推断。

（2）双变量统计分析，即分析两个变量之间的联系。测量程度不同，使用的分析方法也不同。

四、描述性统计分析

描述性统计分析是将数据加以整理、归类、简化或绘制成图表，以此描述和归纳数据的特征及变量之间的关系的一种最基本的统计方法。这种分析不涉及复杂的推断或预测，而是提供对该组数据的直观理解。品质型变量和数值型变量两类变量所含的数的内涵不同，所用的指标各不相同。

（一）品质型变量

品质型变量本身没有数的内涵，只是表明一种类型或情况，通常用样本、有效样本、频数、百分比、累计百分比、众数等指标反映其特征。

（1）样本：作答问卷的人。

（2）有效样本：筛选掉无效样本（不合格样本）后剩下的样本。

（3）频数：选择某选项的人数。

（4）百分比：频数除以样本总数乘以100%。

（5）累计百分比：多项百分比累计相加。

（6）众数：出现次数最多的数据（或选项）。

例如：在《杭州休闲旅游市场调研》项目中，已知该调研共回收了500份问卷，其中499份为有效问卷。

则：样本数为500，有效样本数为499。

该问卷中有这么一题：

您知道杭州“建休闲之都，创品质之城”的城市建设目标吗？		
A. 知道	B. 听说过	C. 不知道

其中有300份问卷本题选择了选项A“知道”，有100份问卷选择了选项B，有100份问卷选择了选项C，那么

选项A：频数＝300；百分比＝300/500×100%＝60%

选项B：频数＝100，百分比＝100/500×100%＝20%

选项A和选项B的累计百分比：60%＋20%＝80%

选项A的有效百分比：300/499×100%＝60%

该题的众数：选项A

（二）数值型变量

数值型变量是指其取值为数字的变量，主要包括集中趋势指标和离散趋势指标。

1. 集中趋势指标

集中趋势指标反映数据聚集的程度，通常用平均值、中位数和众数表示。

（1）平均值：所有该变量的观测值加总计算平均，通常用于表征样本的整体情况。计算公式如下：

$$\bar{x}=\frac{1}{n}\sum_{i=1}^{n}x_i$$

式中：$\bar{x}$是平均值，x_i是变量的观测值，n是样本数。

（2）中位数：所有选择的答案按升序排列后处于中间位置的那个值。平均值容易受异常值的影响，用中位数表征整体水平更为合理。计算的方法为：

将变量的观测值从小到大排序得：$x_{(1)}\leqslant\cdots\leqslant x_{(n)}$。

$$\operatorname{med}(x)=\begin{cases}x_{(\frac{n+1}{2})}, & n\text{为奇数}\\ \frac{1}{2}\left(x_{(\frac{n}{2})}+x_{(\frac{n}{2}+1)}\right), & n\text{为偶数}\end{cases}$$

（3）众数：出现次数最多的那个值。

2. 离散趋势指标

离散趋势指标反映的是数据离散的程度，通常用标准差、极差、四分位数和四分位距

等指标表示。

（1）标准差：

$$s=\sqrt{\frac{1}{n-1}\sum_{i=1}^{n}(x_i-\bar{x})^2}$$

式中：$\bar{x}$ 是平均值；x_i 是变量的测量值；n 是样本数。

（2）极差：用来刻画一组数据的离散程度，极差越大，离散程度越大；反之，离散程度越小。

将变量的观测值从小到大排序得：$x_{(1)}\leqslant\cdots\leqslant x_{(n)}$。

则极差（range）为：$R=x_{(n)}-x_{(1)}$。

（3）四分位数和四分位距。

将变量的观测值从小到大排序得：$x_{(1)}\leqslant\cdots\leqslant x_{(n)}$。

第一四分位数 Q_1：数据从小到大排列位于四分之一位置的数。

第二四分位数 Q_2：中位数。

第三四分位数 Q_3：数据从小到大排列位于四分之三位置的数。

四分位距（Inter-quartile Range，IQR）：Q_3-Q_1。

（三）使用 SPSS 进行描述统计分析

1. 频数分析操作

第一步：打开“分析（A）”➡“描述统计（E）”➡“频率（F）”。

第二步：选择要进行频数分析的品质型变量，并拖入“变量（V）”框中，在下方“显示频率表（D）”前方打钩。

第三步：点击“确定”，在“SPSS Statistics 查看器”中查看频数分析结果。

2. 交叉分析操作

第一步：打开“分析（A）”➡“描述统计（E）”➡“交叉表（C）”。

第二步：选择要进行交叉分析的变量，将分析变量设为行变量，拖入“行（S）”；将要统计的变量高设为列变量，拖入“列（C）”。

第三步：如果需要统计行百分比，单击“单元格（E）”，在对话框“交叉表：单元格显示”的“百分比（C）”的“行（R）”前打钩。

第四步：单击“确定”，在“SPSS Statistics 查看器”中查看交叉分析结果。

3. 数值型变量的集中趋势指标统计

第一步：打开“分析（A）”➡“描述统计（E）”➡“频率（F）”。

第二步：选择要进行平均值统计的数值型变量，并拖入“变量（V）”框中，单击“统计（S）”打开对话框，勾选要统计的集中趋势指标。

第三步：点击“确定”，在“SPSS Statistics 查看器”中查看平均值统计结果。

4. 数值型变量的离散趋势统计

与上面的集中趋势指标统计方法一样，只是在打开“统计（S）”对话框时，可以选择勾选需要的离散趋势指标，其中“范围”指的就是极差。

5. 差异分析

对单一变量的统计分析，可以反映样本总体的行为特征，如被调查大学生购买饮料地点选择的偏好，平均月生活费用的多少等。但是大多数情况下，调研人员还希望了解不同群体行为上的差异情况，如男女生行为的差异情况，这就需要进行差异分析。进行群体差异分析时要注意的是，首先要确认群体之间的差异是显著的，即群体差异必须大于个体差异，这时的群体差异才是有价值的，所以在分析差异情况之前要先进行差异检验，确认差异是否显著。差异检验用方差检验完成。

（1）方差检验操作。

第一步：打开“分析（A）”➡“比较平均值（M）”➡“单因素 ANOVA 检验”。

第二步：单击“单因素 ANOVA 检验”，打开“单因素 ANOVA 检验”对话框，将分类变量拖入“因子”框内，将要分析的变量拖入“因变量”框内。

第三步：点击“确定”，在“SPSS Statistics 查看器”中查看方差检验的结果，如表 6-7 所示。

表 6-7 方差检验结果表

	平方和	自由度	均方	F	显著性
组间	11.422	1	11.422	10.616	0.001
组内	364.731	339	1.076		
总计	376.152	340			

通过表格最后一列的显著性指标值的大小进行差异显著与否的判断：

①显著性值<0.05，说明不同群体在这个题项上差异显著，且是在 0.05 水平上显著。

②显著性值<0.01，说明不同群体在这个题项上差异显著，且是在 0.01 水平上显著。

确定了差异群体显著，这时就可以进一步进行差异情况的具体分析，对品质型变量要进行交叉分析，对数值型变量则进行均值比较。否则，显著性不能小于 0.05（即≥0.05），则说明不同群体在这个题项上差异不显著，就不需要进行下一步分析。

（2）差异情况分析方法。

交叉分析操作前面已经介绍过，这里介绍均值比较的操作。

第一步：打开“分析（A）”➡“比较平均值（M）”➡“平均值（M）”。

第二步：单击“平均值（M）”，打开“平均值”对话框，将分类变量拖入“自变量列表”，将要分析的变量拖入“因变量列表（D）”框内。再单击“选项（O）”，打开“平均值：选项”对话框，将“平均值”保留在“单元格统计（C）”框内，点击“继续”。

第三步：点击“确定”，在“SPSS Statistics 查看器”中查看差异检验的结果。

操作指导

调研资料的描述分析方法

在数据录入及核查的基础上，接下来要做的就是对数据进行科学的分析。由于绝大多数的市场调查回收的只是全部总体中的部分样本数据，因此数据分析大致上可以分为两大阶段：第一阶段是直接对回收的样本数据进行直观的呈现或描述，称为样本数据的描述性分析；第二阶段是在样本描述的基础上，将结论推断到最终关注的调研总体，称为总体数据的推断性分析。推断性分析要求数据分析人员具备扎实的数理统计知识基础，这里不作详细介绍。

这一阶段我们主要介绍样本数据的描述性分析，包括品质型变量的频数分析和数值型变量的集中趋势指标分析，以及数据的分类比较分析，即品质型变量的交叉分析或数值型变量的均值比较。下面以娃哈哈饮料大学生市场调研项目为例进行介绍。

一、频数分析

频数分析是对单个品质型变量进行的统计，其结果是频数分析表。以“购买地点”为例，其表格构成如表 6－8 所示。频数分析表中汇总的指标主要有四个，它们分别是频数、百分比（也称频率）、累计频数和累计百分比（也称累计频率）。另外，需要注意的是，标准的统计表格要求两边不能封闭，同时表格名称要放在表格的上方。

表 6－8　“购买地点”的频数分析表

购买地点	频数	百分比（%）	累计频数	累计百分比（%）
1 生活区便利店	71	71.0	71	71.0
2 大卖场	17	17.0	88	88.0
3 饮料售卖机	6	6.0	94	94.0
4 路边小店	6	6.0	100	100.0
Total	100	100.0	——	——

使用 SPSS 软件进行频数分析的操作步骤前面已经介绍过，这里具体演示一遍。

（1）第一步：打开“分析（A）”➡“描述统计（E）”➡“频率（F）”，如图 6－12 所示。

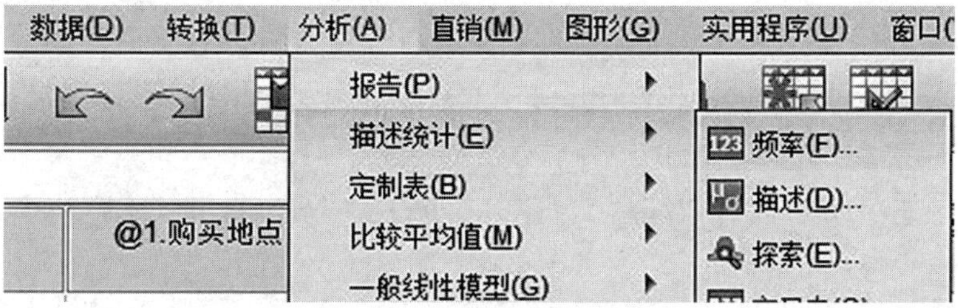

图 6－12　频数分析第一步操作

（2）第二步：选择要进行频数分析的“1. 购买地点”变量，并拖入“变量（V）”框中，在下方“显示频率表（D)”前方打勾，如图 6－13 所示。

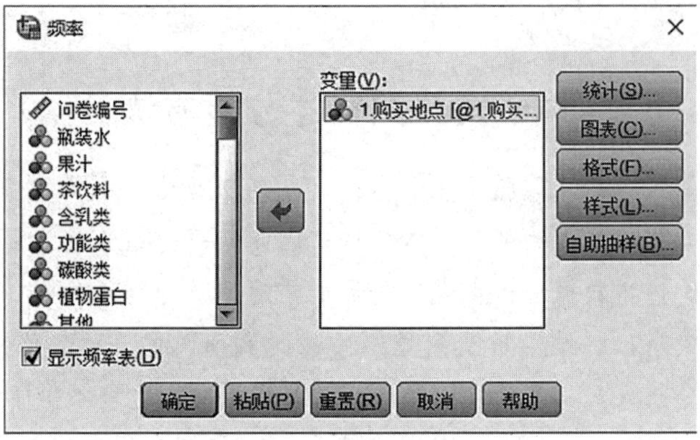

图 6－13　打开“频率”对话框

（3）第三步：点击“确定”，在“SPSS Statistics 查看器”中查看频数分析结果，如图 6－14 所示。

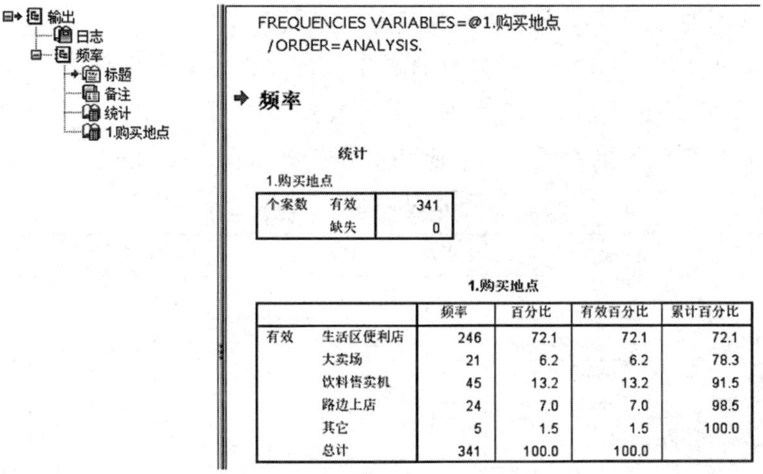

个案数	有效	341
	缺失	0

1.购买地点

		频率	百分比	有效百分比	累计百分比
有效	生活区便利店	246	72.1	72.1	72.1
	大卖场	21	6.2	6.2	78.3
	饮料售卖机	45	13.2	13.2	91.5
	路边上店	24	7.0	7.0	98.5
	其它	5	1.5	1.5	100.0
	总计	341	100.0	100.0	

图 6－14　频数分析输出结果

二、数值型变量的集中趋势指标和离散趋势指标统计

数值型变量的描述统计分析有两种方法：一种可以用频数分析的功能键，当系统识别到是品质型变量时，就会进行分析，识别到是数值型变量时，就会进行集中趋势和离散趋势指标统计；第二种用描述统计下的描述（D）功能键，这个方法只能用于数值型变量。下面介绍第一种方法：

第一步：打开“分析（A)”➡“描述统计（E)”➡“频率（F)”，这一步和上面一样，如图 6－12、图 6－13 所示。

第二步：将“月生活费”拖入“变量（V)”框中，单击“统计（S)”打开对话框，勾选要统计的集中趋势指标和离散趋势指标，如图 6－15 所示。

第三步：点击“确定”，在“SPSS Statistics 查看器”中查看平均值统计结果，如图 6－16所示。

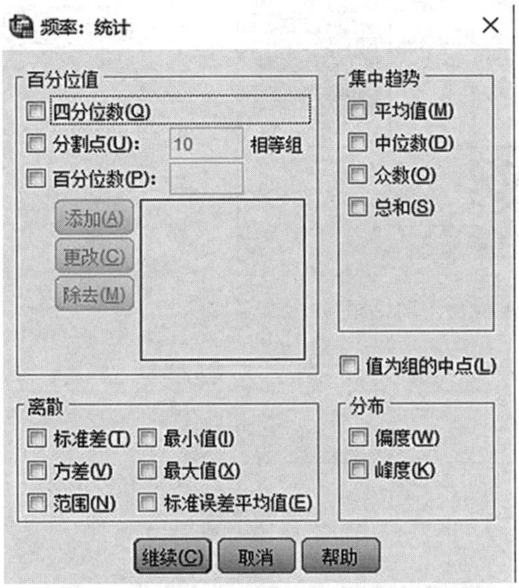

图 6－15 打开“统计（S）”对话框

统计

月生活费

个案数 有效		341
缺失		0
平均值		1686.070
中位数		1500.000
众数		1500.0
标准差		477.0200
范围		4200.0
最小值		800.0
最大值		5000.0
百分位数	25	1500.000
	50	1500.000
	75	2000.000

图 6－16 月生活费描述统计分析结果

三、群体差异分析-双变量统计分析

以男女生饮料购买地点是否存在差异为例进行操作演示。

（一）*方差检验方法*

以了解男女生饮料购买地点是否存在差异为例进行差异检验操作。具体方法是：

第一步：打开“分析（A）”➡“比较平均值（M）”➡“单因素 ANOVA 检验”，如图 6－17 所示。

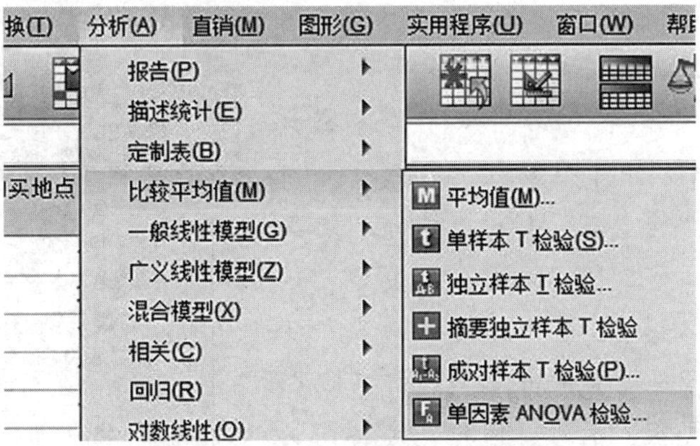

图 6－17 方差分析第一步操作

第二步：单击“单因素 ANOVA 检验”，打开“单因素 ANOVA 检验”对话框，如图 6－18 所示。将分类变量“性别”拉入“因子”，将变量“1. 购买地点”变量拖入“因变量”框内。

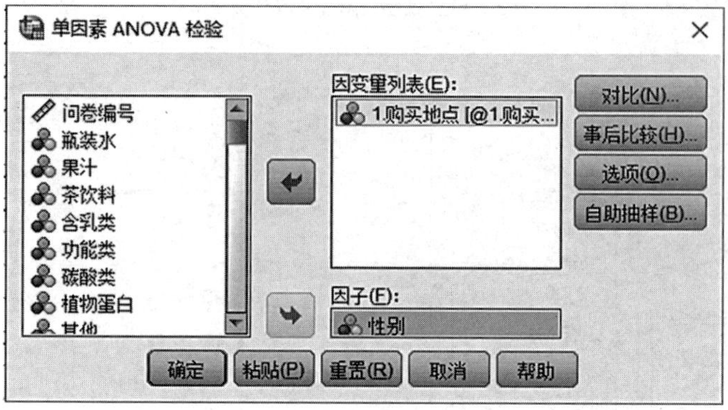

图 6-18　“单因素 ANOVA 检验”对话框

第三步：点击“确定”，在“SPSS Statistics 查看器”中查看方差检验结果，如图 6-19 所示。

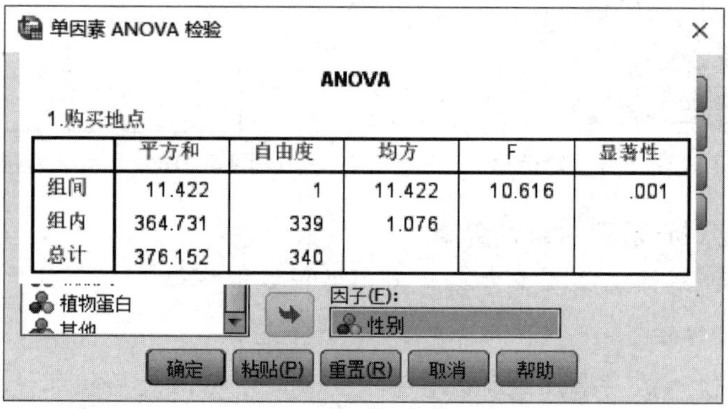
单因素 ANOVA 检验

ANOVA

1.购买地点

	平方和	自由度	均方	F	显著性
组间	11.422	1	11.422	10.616	.001
组内	364.731	339	1.076		
总计	376.152	340			

图 6-19　男女生饮料购买地点方差检验结果

经过差异检验确认差异显著（判断的标准就是显著性指标<0.05），这时就可以进行差异报告。对品质型变量要进行交叉分析，对数值型变量则进行均值比较。

（二）交叉分析法

第一步：打开“分析（A）”➡“描述统计（E）”➡“交叉表（C）”，如图 6-20 所示。

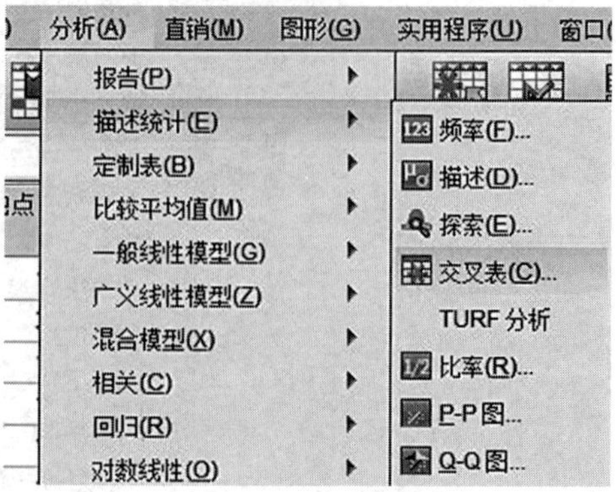

图 6-20　交叉分析第一步操作

第二步：单击“交叉表（C）”，打开“交叉表”对话框，如图 6-21 所示。将分类变量“性别”拖入“行（O）”，将变量“1. 购买地点”变量拖入“列（C）”框内。再单击“单元格（E）”，打开“交叉表：单元格显示”对话框，去掉“计数-实测”的勾，勾选“百分比-行（R）”，如图 6-22所示，点击“继续（C）”。

第三步：点击“确定”，在“SPSS Statistics 查看器”中查看交叉分析结果，如

图 6－23所示。

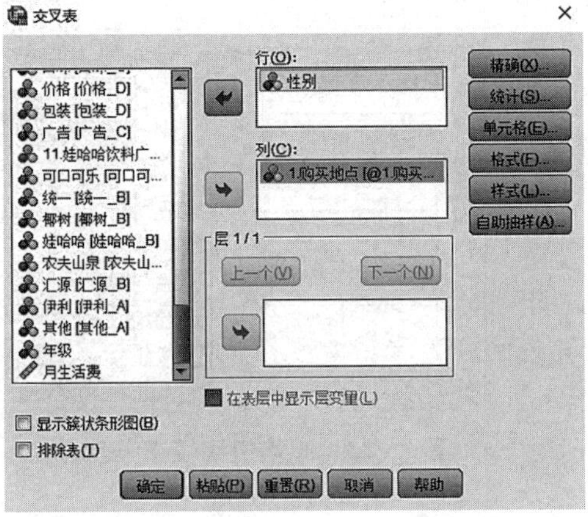

图 6－21　“交叉表”对话框

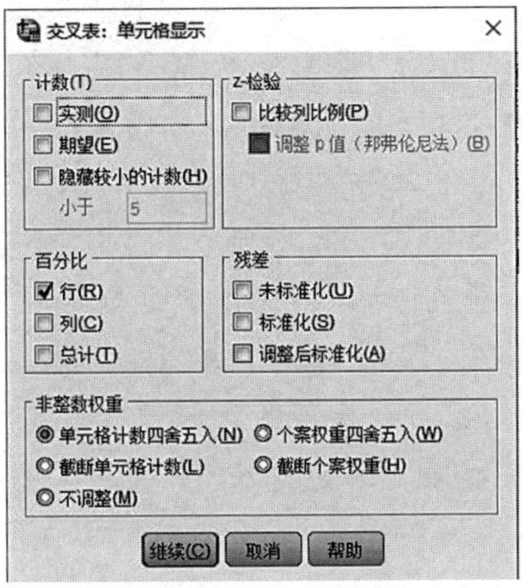

图 6－22　“交叉表：单元格显示”对话框

个案处理摘要

	个案					
	有效		缺失		总计	
	N	百分比	N	百分比	N	百分比
性别＊1. 购买地点	341	100.0%	0	0.0%	341	100.0%

性别＊1. 购买地点交叉表

占性别的百分比

		1. 购买地点					总计
		生活区便利店	大卖场	饮料售卖机	路边小店	其他	
性别	男生	64.0%	7.5%	16.8%	9.3%	2.5%	100.0%
	女生	79.4%	5.0%	10.0%	5.0%	0.6%	100.0%
平均		72.1%	6.2%	13.2%	7.0%	1.5%	100.0%

图 6－23　性别＊购买地点交叉表结果显示

（三）均值比较法

经过方差检验，发现男女生的月生活费差异显著，如图 6－24 所示。

ANOVA

月生活费

	平方和	自由度	均方	F	显著性
组间	1734939.297	1	1734939.297	7.776	.006
组内	75631395.01	339	223101.460		
总计	77366334.31	340			

图 6－24　男女生月生活费方差检验结果

因为显著性指标值为0.006，小于0.05，所以男女生月生活费差异显著。因为月生活费是数值型变量，进行差异分析用的是均值比较法，具体方法如下：

第一步：打开“分析（A）”➡“比较平均值（M）”➡“平均值（M）”，如图6－25所示。

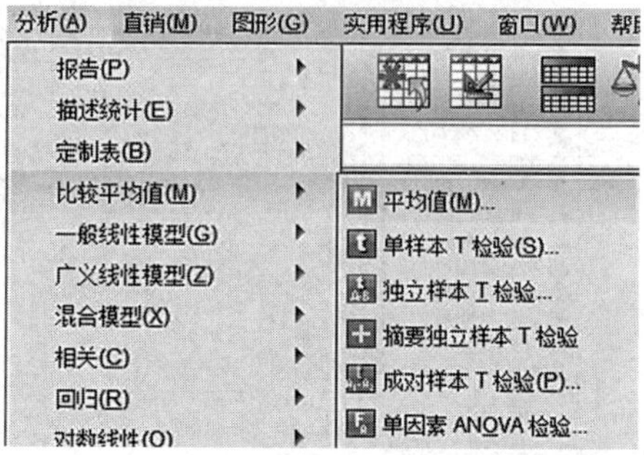

图6－25 平均值比较第一步操作

第二步：单击“平均值（M）”，打开“平均值”对话框，如图6－26所示。将分类变量“性别”拖入“自变量列表”，将变量“月生活费”拖入“因变量列表（D）”框内。再单击“选项（O）”，打开“平均值：选项”对话框，如图6－27所示，将“平均值”保留在“单元格统计（C）”框内，点击“继续”。

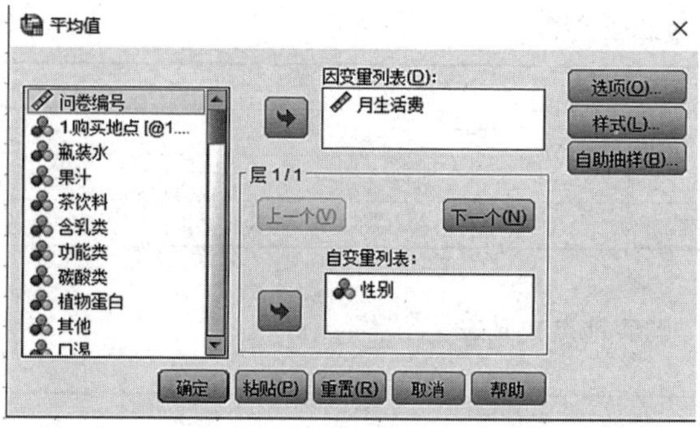

图6－26 “平均值”对话框

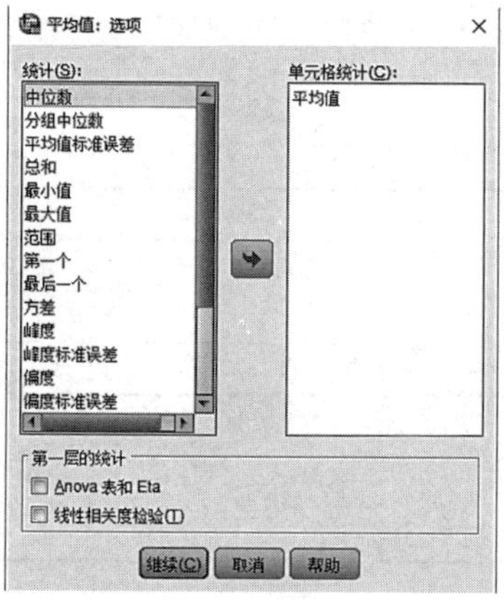

图6－27 “平均值：选项”对话框

第三步：点击“确定”，在“SPSS Statistics 查看器”中查看均值比较结果，如图6－28所示。

个案处理摘要

	个案					
	包括		排除		总计	
	个案数	百分比	个案数	百分比	个案数	百分比
月生活费 * 性别	341	100.0%	0	0.0%	341	100.0%

报告

平均值

性别	月生活费
男生	1 761.491
女生	1 618.611
总计	1 686.070

图6－28 男女生平均月生活费比较

案例学习

2019 年商场场景下顾客行为调研报告

本次调研采用问卷的形式，数据来自猎豹移动调研平台，调研有效样本共 16 757 份。报告中的商场场景包括大型购物中心、中小型商场、奥特莱斯工厂店等。

一、调研结果分析

（一）商场概况

1. 线下商场客流增幅放缓

线下商场客流指数如图 6－29 所示。

（1）2018 年线下客流指数相比 2017 年保持增长，但增幅由 2017 年的 6.2%下降到 2018 年的 0.9%，降幅明显。

（2）顾客流量天花板近在眼前，新增客源、精细化运营现有客流、提高人均消费，成为摆在各商场运营方面前的主要难题。

数据资料的图形表达

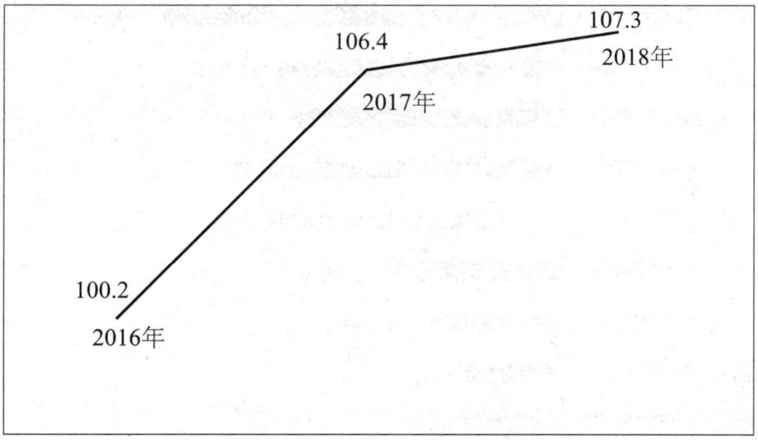

图 6－29　线下商场客流指数

2. 大型商场新开业面积保持增长

2018 年，以万象城、龙湖天街、万达广场等为代表的 20 万平方米以下的大型综合商场新开业面积持续增长，如图 6－30 所示；随着盒马鲜生、7FRESH 等新零售概念超市出现，顾客切身感受到消费体验升级，但规模和体量更大的中大型商场的新零售化还在探索中。

3. 距离成为顾客选择到商场购物的主因

调研发现，38.40%的顾客选择距离近或交通方便的商场购物，29.90%的顾客有固定的目标商场。商场中商品种类与价格也会影响顾客选择。由此可见，商场的选址愈发重要，能辐射到的周边人群成为一个商场的购物主力。顾客选择到商场购物的原因如图 6－31 所示。

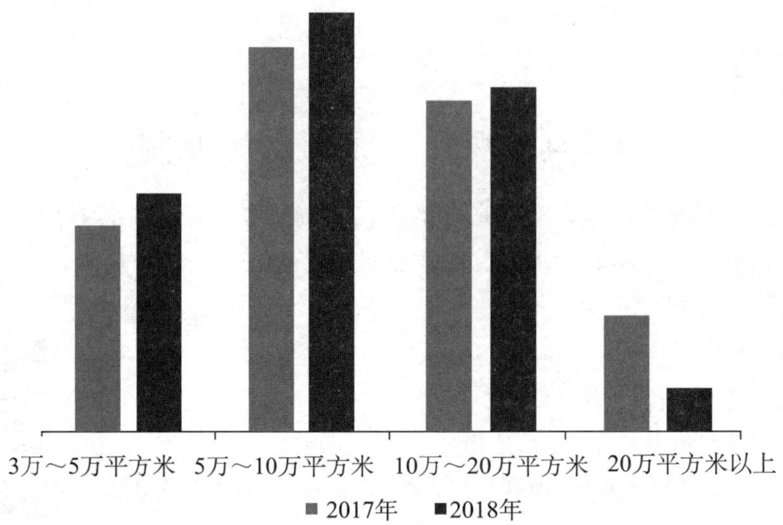

图 6-30　大型综合商场新开业面积

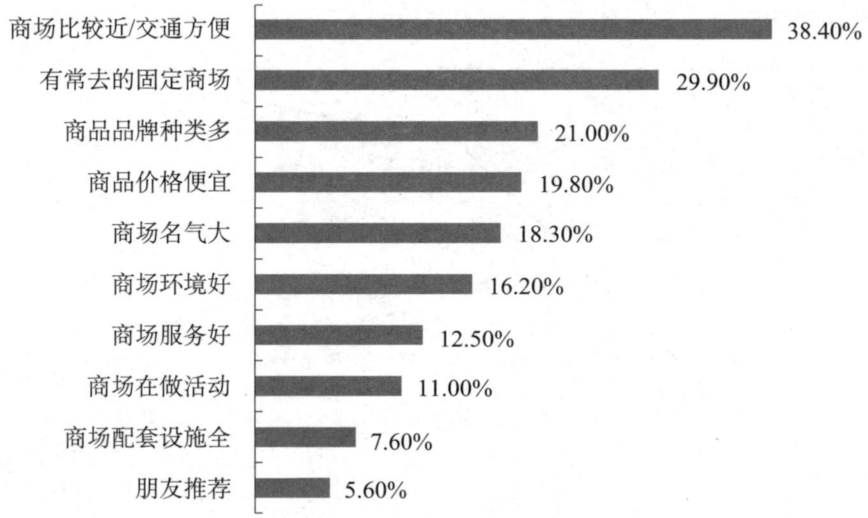

图 6-31　选择到商场购物的原因

4. 顾客逛商场时间在 2 小时以内

调研发现，89.90％的顾客逛商场时间不超过 2 小时；停留 1 小时以内的顾客占 68.90％，如图 6-32 所示。经济越发达地区的顾客逛商场时间越长，在有限的停留时间内，门店需要创造足够多的机会将顾客转化为消费者。

（二）逛商场的目的与消费概况

调研发现，顾客在商场产生消费的比例高，其中，超市成为最主要的消费场所。调研还发现，只进行单一消费的占比高，且顾客在商场停留越久，消费越多。

1. 进商场目的多元化

去超市购买食品/生活必需品成为大家进商场的主要原因，而吃小吃/饮品、购买服

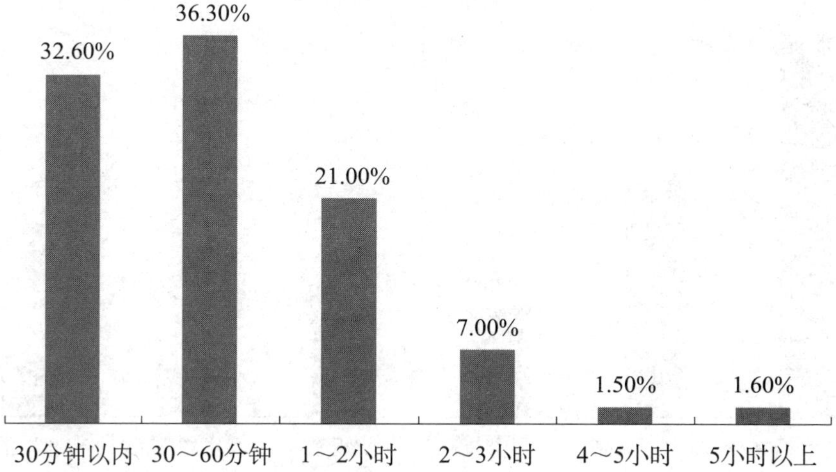

图 6－32　顾客逛商场时间

装/配饰或鞋帽箱包等享受型消费则是进商场的另一大原因。另外，有 16.60%的顾客无明确目的，只是去闲逛，如图 6－33 所示。把顾客的目的通过动线设计、商场内营销等形式分解，可以让更多门店分享宝贵的客流。

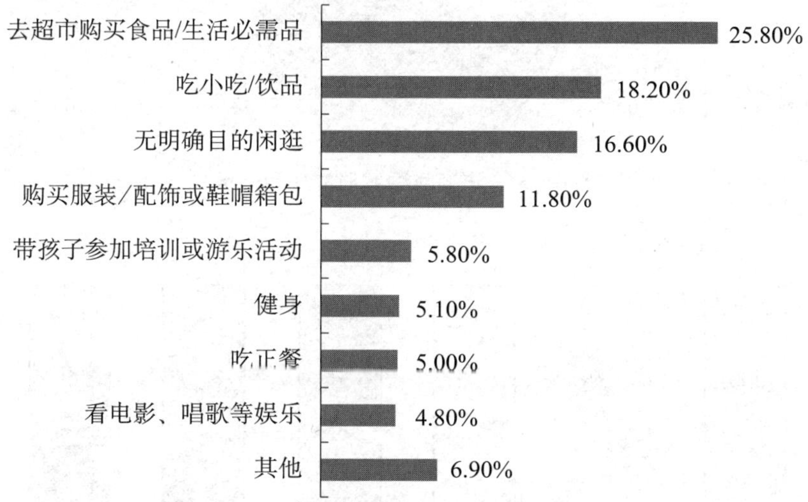

图 6－33　顾客去商场目的

2. 商场顾客消费比例高

进入商场的顾客，仅 3.40%未产生消费；去超市购物、吃小吃/饮品、买服装、吃正餐、看电影/唱歌是顾客在商场中的主要消费项目，如图 6－34 所示。仅有 35%的顾客在商场内会产生多元消费（如既买服装，又吃小吃），如图 6－35 所示。通过对单一消费者的营销和引导，促使其转化为多元消费者，能够有效提高商场营收。

3. 年轻人群是享受型消费主力

越年轻的顾客，在吃、喝、玩的消费上占比越大；年龄越大的顾客，在生活必需品的

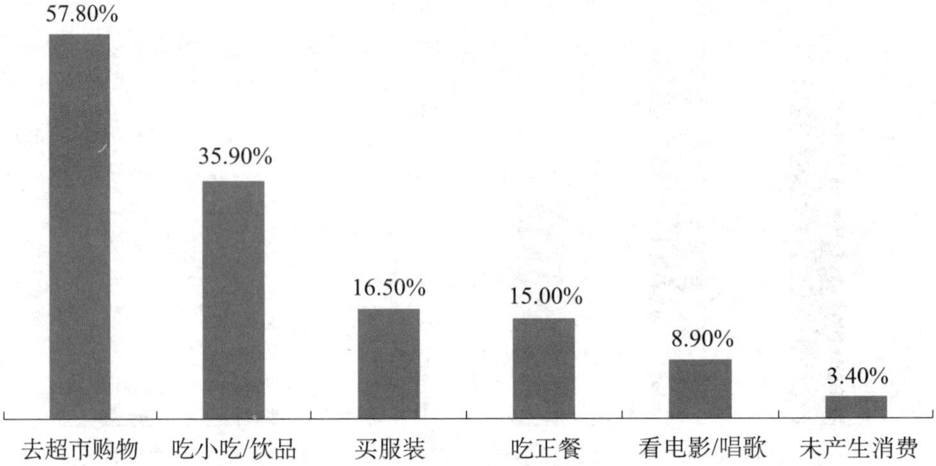

图 6-34　进商场顾客主要消费项目

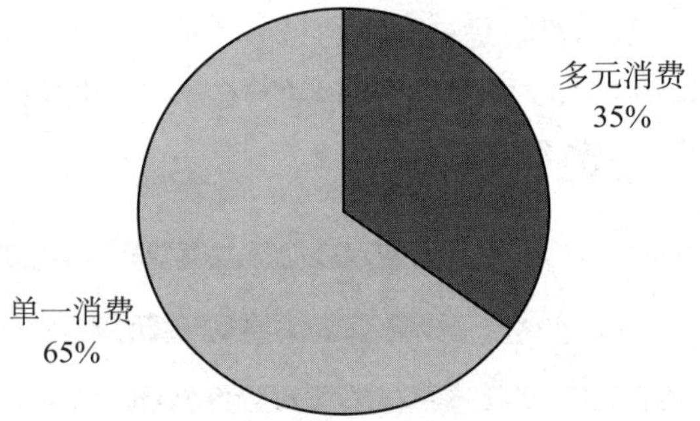

图 6-35　进商场顾客消费多元情况

消费上占比越大，如图 6-36 所示。

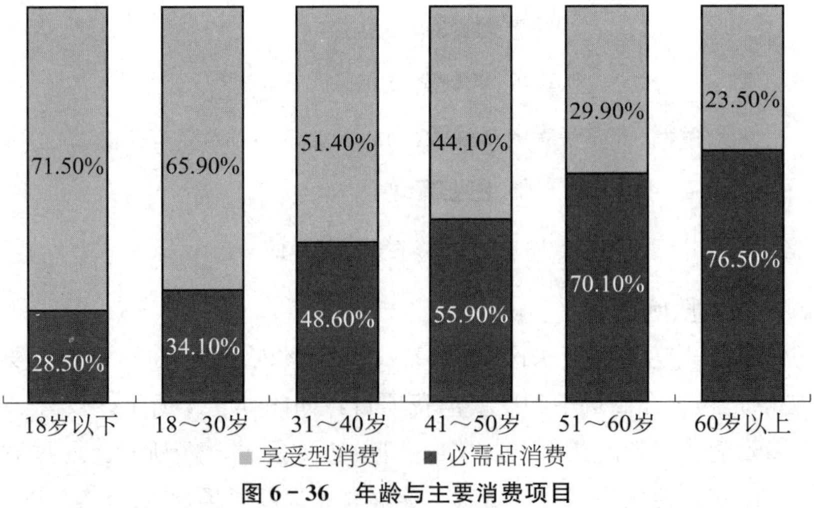

图 6-36　年龄与主要消费项目

4. 停留时间越长，消费越多

随着停留时间的增加，顾客消费额逐步增加；商场内的动线设计、促销活动、门店数量和品牌等都可以增加顾客停留的时间，如图 6－37 所示。

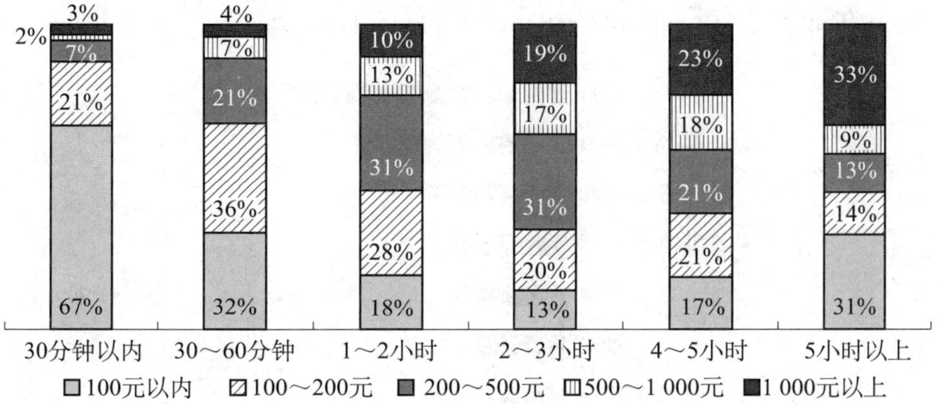

图 6－37　停留时间与消费额

（三）消费决策与营销

部分顾客的消费决策比较随意，有优惠的商品更容易刺激消费。顾客渴望获得优惠，但部分顾客不清楚获取优惠的路径，实际消费时也没有使用优惠。

1. 顾客选择门店多随意

31.40%的顾客选择门店没有明确原因，临时或突发的因素影响了顾客的选择；23.00%的顾客有固定的品牌或门店目标，这些人的行为模式相对固定，容易被算法识别；选择新店尝鲜的占比为 13.50%，朋友推荐店铺的因素占比为 11.30%。可以发现，接近 1/3 的顾客选择门店较随意，这部分顾客成为商家争夺客源的主要目标，有效的营销方式有助于提高进店客流，如图 6－38 所示。

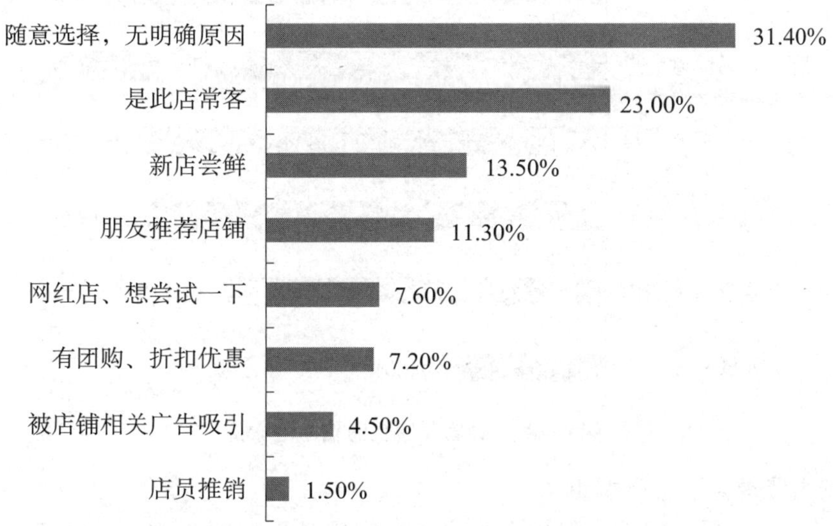

图 6－38　选择门店的原因

2. 有优惠的商品更易刺激消费

61.90%的顾客在消费时使用了某种形式的优惠；打折是顾客使用比例最高的优惠形式，其次是特价商品；另有38.10%的顾客在消费时没有优惠，如图6-39所示。

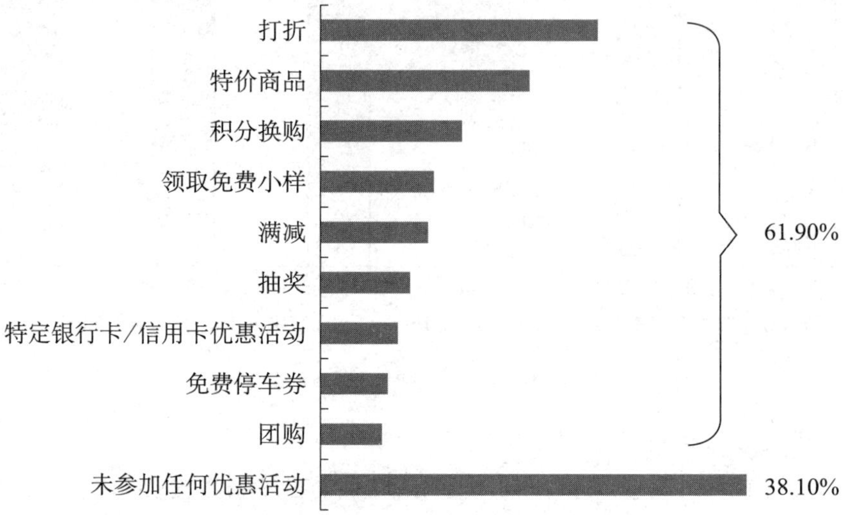

图6-39 顾客消费时使用的优惠形式

3. 优惠信息获取不及时

顾客获取优惠信息的通道并不顺畅。27.50%的顾客是在到达商场后才通过海报等了解优惠；27.20%的顾客不清楚商场有何种优惠；25.30%的顾客会通过商场公众号知晓优惠情况，如图6-40所示。精准、高效的优惠信息获取对于顾客仍有难度，看商场内海报、公众号推送、朋友告知等方式均容易忽略有效信息，精准营销的优化空间依然很大。

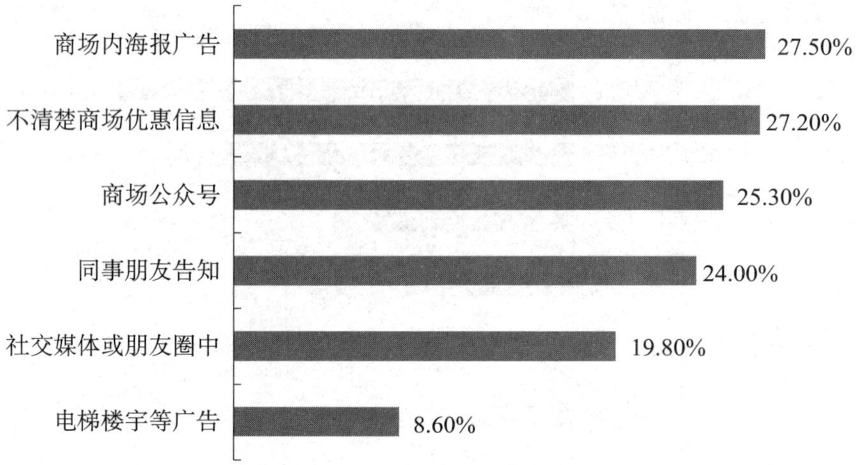

图6-40 顾客了解优惠信息的渠道

4. 商场内营销要迎合顾客诉求

超市、餐饮、服装/配饰或鞋帽箱包的优惠信息最受顾客关注，如图6-41所示。迎合顾客诉求，可吸引更多顾客进入门店，增加转化为消费者的可能。

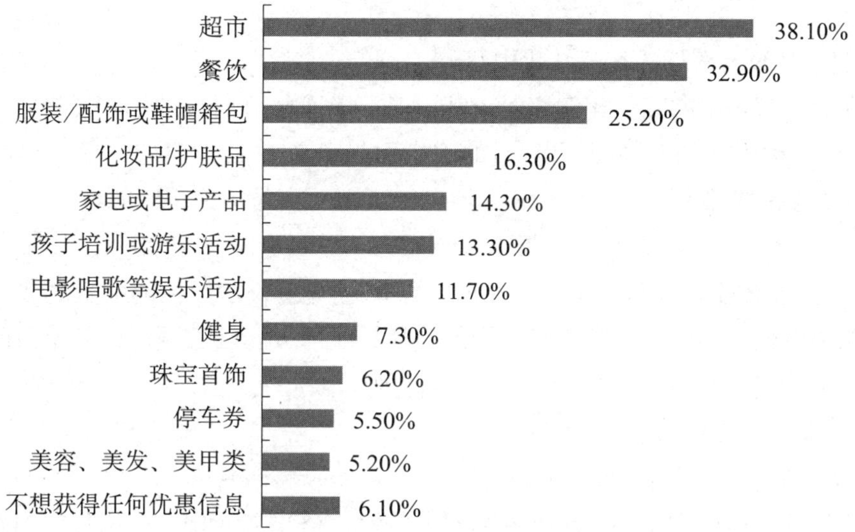

图 6－41　顾客希望获取的商品或服务优惠

5. 导览体验仍可提升

随着商场面积和可容纳的门店数量的增加，顾客在商场内定位目标门店或区域的复杂度提升。37%的顾客对于商场布局了解较欠缺，如图 6－42 所示。不熟悉商场布局可能增加顾客停留时间，但同时在挑战顾客的心理忍耐力。优秀的动线设计、清晰的商场内导览指引、更高效的室内导航方案都可以提升顾客在商场内的浏览体验。

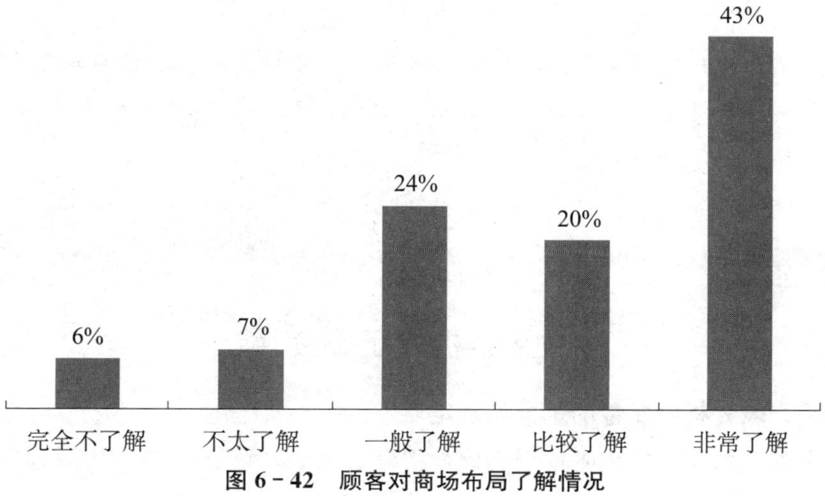

图 6－42　顾客对商场布局了解情况

二、调研建议

（一）商场营销改进方面

1. 立体化宣传推广，打破地域限制

对于中大型商场来说，顾客流量增速放缓，天花板可见。顾客对商场的选择较多依赖空间距离，利用公众号、小程序、社交媒体等线上宣传，可有效突破距离限制，吸引更多顾客群体。

2. 将超市升级为商场的客流转化中枢

超市在大型商场中的面积比例相对较小，但承接了高于50%的消费场景，因此，可以设计合理的商场动线，在顾客进出超市的途中引导其关注其他门店，提高门店曝光与转化，促进顾客多元消费。

3. 延长停留时间，增加人均消费

68.90%的顾客停留时间不超过1小时。停留时间越长，产生的消费越多。因此，吸引人的商场内海报、提供更丰富信息的智能路径导航都可能延长顾客的停留时间，增加消费转化。

（二）消费者研究方面

1. 掌握大众消费心理，升级消费体验

商场应以顾客体验为中心，根据商品服务特性，搭建多元化、沉浸化的消费场景，满足顾客需求，打造消费流程中的体验峰值。

2. 构建完整消费者画像

顾客的需求是多元的、模糊的，消费决定的产生不是一个独立事件，而是时间和空间等一系列因素共同作用的结果。新零售的核心就是将顾客在场内、场外各环节触点与商场交互行为数据化，构建更完整的人群画像，开发预测模型，实现精准营销。

资料来源：猎豹用户研究中心。

点评

市场调研是为营销提供决策依据的，收集数据、分析数据、解读数据是市场调研的重要工作。本案例对数据进行了描述统计分析，鲜明地刻画了顾客的行为特点和消费偏好，为商场做好营销提供了依据。

知识拓展

交叉分析的正确使用

一、交叉列表分析中变量的选择和确定

国外某保险公司关于交通事故调查的最初记录显示，该公司有62%的保户从未在驾驶中出过事故，如表6-9所示。

表6-9 交通事故调查表

项目	百分比（%）
从未在驾驶中出过事故	62
在驾驶中至少出过一次事故	38
列总计	100
被调查总数（人）	14 030

上述资料进而被分为男性和女性的事故比率，以确定性别同交通事故有某种联系。表6－10显示了具体的情况。

表6－10 交通事故与性别关系调查表

项目	男性（%）	女性（%）
从未在驾驶中出过事故	56	62
在驾驶中至少出过一次事故	44	38
列总计	100	100
被调查总数（人）	7 080	6 950

表6－10显示，男性的事故率要高于女性，有人开始怀疑调查的准确性，有人觉得应该把其他因素加入进去一并考虑。一个可能的解释是：男性开车多，所以事故也多，从而把驾驶里程作为第三个变量加进去进行研究，如表6－11所示。

表6－11 事故发生率与驾驶里程数关系表

项目	男性驾驶公里数		女性驾驶公里数	
	大于15 000	小于15 000	大于15 000	小于15 000
至少出过一次事故	52%	25%	52%	25%
被调查总数（人）	5 010	2 070	1 915	5 035

表6－11显示，事故发生率与驾驶的里程相关，而与性别不相关。表6－11显示的男性驾驶员的事故概率高于女性，是因为男性的驾驶里程数多于女性。

选择和确定交叉列表分析中的变量，包括其内容和数量，应根据调研项目的特征而定。

在简单的事实收集型调研项目中，需考虑的变量因素通常在调研要求中已明确列出，调研人员只要按照要求把各项资料列入已设计好的表格中即可。比如，某项市场调研是关于某城市居住的家庭收入水平与摄像机的拥有率之间的关系，则最终资料整理分析时交叉列表的两个变量无疑应该是摄像机拥有率和家庭收入水平。

在应用型的调研项目中，调研人员具有较多选择和确定交叉列表分析变量的自由度。假设有一家大公司想确定是否有一些关键的因素影响和制约其推销人员的工作。应考虑的变量因素可能包括推销人员的年龄、推销人员的工作年限、公司对其能力测试的记录等。调研人员也可以决定把推销人员的学历、专业、性格等作为考虑的因素。总之，在这一类情况中，交叉列表的变量取决于客户的要求和调研人员的分析判断。

在基础性调研项目中，调研人员应该把所有与问题相关的因素都选作交叉列表分析的变量。比如，在一项消费者研究项目中，调研人员应把可能影响消费者购买行为的因素，比如年龄、性别、家庭生命周期、收入、教育等都加以考虑。

不管调研人员本身在选择和确定交叉列表分析变量因素上有多大的自由度，变量因素的确定仍应在资料收集之前进行，这是因为只有掌握足够的资料，交叉列表分析才能实际操作。

二、双变量交叉列表分析法

双变量交叉列表分析法是最基本的交叉列表分析法。表 6－12、表 6－13 所进行的居民居住时间和对地区百货公司的熟悉程度的分析就是一个实例。是否居住时间越长对百货公司越熟悉？表 6－12 显示，居住时间小于 13 年和 13～30 年的居民，对该地区百货公司熟悉的人多于居住时间超过 30 年的居民。

通常把双变量交叉列表中各项绝对数转换成百分数，能更清楚地显示相关关系。计算百分数可以按列进行，也可以按行进行。值得注意的是，并非两种形式的计算结果都有现实意义，其基本原则是以自变量为基准来计算百分数。比如，在表 6－12 中居住时间可以看作自变量，对百货公司的熟悉情况则可看作因变量。以自变量为标准，即按列进行百分比计算，见表 6－13。

表 6－12　按居住时间计算对百货公司的熟悉度

熟悉度	居住时间		
	小于 13 年	13～30 年	30 年
不熟悉	46.4%	39.1%	67.1%
熟悉	53.6%	60.9%	32.9%
列总计	100%	100%	100%

从表 6－13 中可以清楚地看出，居住期在 13 年以下的居民中的 53.6%和居住期在 13～30 年的居民中的 60.9%对地区的百货公司熟悉，而居住期在 30 年以上的居民中则只有 32.9%的比例熟悉该地区的百货公司。这似乎能得出这样的结论：在同一地区中，那些居住期最长的居民对购物环境反而不太熟悉，这在表面上看起来同人们的假设相矛盾，但很可能有其内在理由。比如，由于在某地区居住期很长而变得不大活跃，从而较少关心百货公司的情况，或者是在居住期与熟悉百货公司这两者之间还有第三个变量因素在起作用，这个变量因素可能是年龄。因为居住期长的居民年龄通常大些，而年龄大的居民可能不如年龄小的居民那样熟悉百货公司。所以，进一步的调研就显得必要了。

对表 6－12 如果按行计算百分数，如表 6－13 所示。

表 6－13　对百货公司熟悉度计算的居住时间

熟悉度	居住时间			行总计
	小于 13 年	13～30 年	30 年	—
不熟悉	46.4%	39.1%	67.1%	100%
熟悉	53.6%	60.9%	32.9%	100%

表 6－13 显示，按行计算实际上是以因变量为基准计算，其结果没有实际意义，因为它说明居民由于对百货公司不熟悉，影响了居民在该地区居住了很长时间，这是违背逻辑的。

三、三变量交叉列表分析法

在许多情况下，在双变量交叉列表分析的基础上需加入第三个变量做进一步分析。通过加入第三个变量，原有双变量交叉列表分析的结果可能出现四种情况。

一是更精确地反映原有双变量之间的联系。

二是可以说明原有双变量之间不相关，尽管用双变量交叉列表分析结果显示两者之间相关，换言之，三变量交叉列表分析说明原双变量交叉列表分析结果显示两者之间的联系是假的。

三是可能使原双变量之间通过双变量交叉列表分析得出的两者不相关的结论通过加入第三个变量，显示原双变量之间存在某些相关联系。

四是可能显示原有的联系没有改变。

以上情况可用图 6－43 表示。

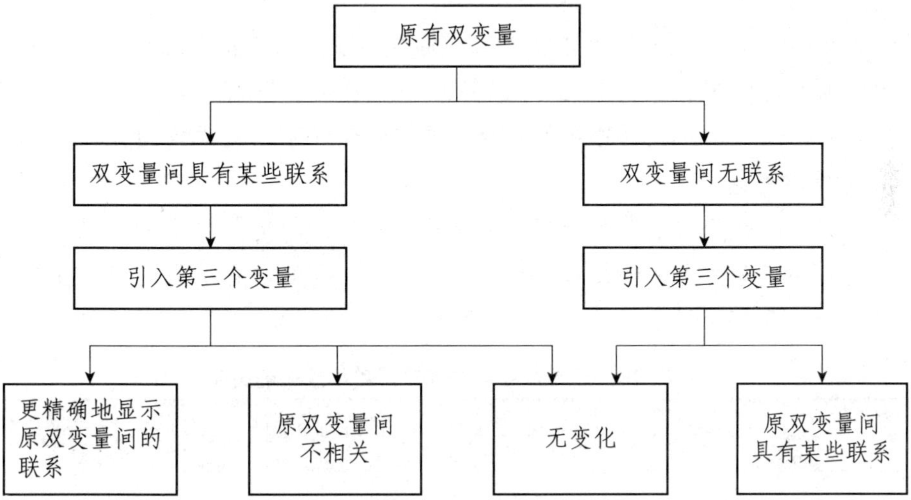

图 6－43　三变量交叉列表

1. 更精确地显示原有联系

以某项研究时装购买和婚姻状况之间关系的市场调研项目为例，变量时装购买状况分为高档和低档两种，变量婚姻状况也分为已婚和未婚两种。对 1 000 个消费者样本调查资料，以双变量交叉列表分析得到表 6－14。

表 6－14　婚姻状况与时装购买状况的关系

时装购买状况	婚姻状况	
	已婚	未婚
高档	31%	52%
低档	69%	48%
列总计	100%	100%
被调查者数（人）	700	300

表 6－14 显示，被调查者中 52%的未婚者属于高档时装购买者，而在已婚者中只有 31%属于高档时装购买者。结论是未婚者比已婚者购买更多的高档时装。

当购买者的性别作为第三个变量引入后，得到三变量交叉列表分析结果，如表 6－15 所示。

表 6－15　婚姻状况、性别与时装购买状况的关系

时装购买状况	男性		女性	
	婚姻状况		婚姻状况	
	已婚	未婚	已婚	未婚
高档	35%	40%	25%	60%
低档	65%	60%	75%	40%
列总计	100%	100%	100%	100%
被调查者数（人）	400	120	300	180

表 6－15 显示，女性中 60%的未婚者属于高档时装购买者，而已婚女性中的比例只有 25%；就男性而言，则 40%的未婚者和 35%的已婚者属于高档时装购买者，两者的比例比较接近。显然，通过引入性别这一变量后，原有结论得到了更准确的反映。

2. 显示原有联系是虚假的

以某项研究价格昂贵的小汽车的拥有量情况的市场调研为例。最初以被调查者受教育程度和拥有昂贵小汽车两个变量进行分析，对 1 000 个人的调查结果用双变量交叉列表分析得到的结果如表 6－16 所示。

表 6－16　受教育程度与拥有昂贵小汽车的关系

拥有昂贵小汽车	受教育程度	
	大学程度	低于大学程度
是	32%	21%
否	68%	79%
列总计	100%	100%
被调查者数（人）	250	750

表 6－16 显示，大学程度的被调查者中 32%拥有昂贵小汽车，低于大学程度的被调查者中只有 21%拥有这种车。当准备做出受教育程度是影响昂贵小汽车拥有的因素的结论时，调研人员意识到收入水平也可能是一个重要的影响因素，于是把收入水平作为第三个变量引入，得到的研究结果如表 6－17 所示。

表 6－17　受教育程度、收入水平与昂贵小汽车拥有之间的关系

拥有昂贵小汽车	收入水平			
	低收入		高收入	
	受教育程度		受教育程度	
	大学程度	低于大学程度	大学程度	低于大学程度
是	20%	20%	40%	40%
否	80%	80%	60%	60%
列总计	100%	100%	100%	100%
被调查者数（人）	100	700	150	50

表 6－17 显示，收入水平是影响昂贵小汽车拥有的因素，而受教育程度并非其影响因素。这说明，原先通过双变量交叉列表分析得到的结论是虚假的。

3. 显现被隐含的联系

以某项研究年龄与出国旅游愿望之间关系的调研项目为例。以变量年龄和出国旅游愿望研究分析结果如表 6－18 所示。

表 6－18 平均年龄与出国旅游愿望之间的关系

出国旅游愿望	年龄	
	小于 45 岁	45 岁及以上
有	50%	50%
否	50%	50%
列总计	100%	100%
被调查者数（人）	500	500

表 6－18 显示，年龄不是影响人们是否愿意出国旅游的因素。但当把性别作为第三个变量加入以后，却得到新的研究成果，如表 6－19 所示。

表 6－19 年龄、性别与出国旅游愿望之间的关系

出国旅游愿望	男性		女性	
	年龄		年龄	
	小于 45 岁	45 岁及以上	小于 45 岁	45 岁及以上
有	60%	40%	35%	65%
否	40%	60%	65%	35%
列总计	100%	100%	100%	100%
被调查者数（人）	300	300	200	200

表 6－19 告诉我们，在加入第三个变量以后，原先隐含的年龄与出国旅游愿望之间的关系得到了明确的反映。

4. 不改变原先反映出的联系

在一些情况下，第三个变量的加入并不改变原来双变量交叉分析的结果。这种情况说明新的变量不对原来双变量之间的联系产生影响。以某项研究家庭规模和经常外出吃快餐之间关系的调查为例，双变量交叉列表分析的结果如表 6－20 所示。被调查家庭分为小和大两种规模，各调查 500 户，总共 1 000 户。结果显示家庭规模与是否经常外出吃快餐之间没有直接联系。

表 6－20 家庭规模与经常外出吃快餐之间的关系

经常外出吃快餐	家庭规模	
	小	大
是	60%	60%
否	40%	40%
列总计	100%	100%
被调查者数（人）	500	500

当把收入水平作为新的变量加入分析后，其结果如表 6-21 所示。

表 6-21　家庭规模、收入与经常外出吃快餐之间的关系

经常外出吃快餐	收入水平			
	低收入		高收入	
	家庭规模		家庭规模	
	小	大	小	大
有	60%	60%	60%	60%
否	40%	40%	40%	40%
列总计	100%	100%	100%	100%
被调查者数（人）	300	300	200	200

显然，新变量收入水平的引入并未改变原先得出的结论。

团队实战训练

1. 项目任务

对已经整理并审核好的《娃哈哈集团大学城饮料产品市场调研问卷》数据进行统计分析。

2. 步骤及要求

（1）对品质型变量进行频数分析。

（2）对数值型变量进行区间频数分析。

（3）分别用饼图、柱形图、直方图表示分析结果。

项目七 预测统计分析

学习目标

知识目标：

1. 概述不同类型动态数列的概念。
2. 理解发展水平、发展速度的概念。
3. 理解趋势预测的方法（最小平方法）。

能力目标：

1. 能计算不同类型动态数列的平均数。
2. 能运用最小平方法进行趋势预测。
3. 能计算发展水平、发展速度。

素质目标：

1. 培育实事求是、勇于创新的科学精神。
2. 培育独立思考和解决问题的意识。

任务一 时间序列分析法

大家来讨论

我国人口老龄化的现状及发展趋势

2015 年中国 0～14 岁人口为 22 681 万人，2015 年中国 15～64 岁人口为 100 347 万人，2005—2010 年中国 0～14 岁人口逐年下降，2010 年 0～14 岁人口达到近十年最低值，为 22 259 万人。2016 年中国 65 岁及以上人口为 15 003 万人，近十年 65 岁及以上人口逐年增加，人口红利逐渐消失，人口红利的消失，意味着人口老龄化的高峰即将到来和创造价值的劳动力减少，因此，养老问题的严重性和必要性浮出水面。

20 世纪 90 年代以来，中国的老龄化进程加快。65 岁及以上老年人口从 1990 年的 6 299 万人增加到 2000 年的 8 811 万人，占总人口的比例由 5.57%上升为 6.96%，目前中国人口已经进入老年型。性别间的死亡差异使女性老年人成为老年人口中的绝大多数。预计到 2040 年，65 岁及以上老年人口占总人口的比例将超过 20%。同时，老年人口高龄化趋势日益明显：80 岁及以上高龄老人正以每年 5%的速度增加，到 2040 年将增加到7 400多万人。

迅速发展的人口老龄化趋势，与人口生育率和出生率下降，以及与死亡率下降、预期寿命提高密切相关。目前中国的生育率已经降到更替水平以下，人口预期寿命和死亡率也接近发达国家水平。随着 20 世纪中期出生高峰的人口陆续进入老年，可以预见，21 世纪前期将是中国人口老龄化发展最快的时期。

中国政府高度重视和解决人口老龄化问题，积极发展老龄事业，初步形成了政府主导、社会参与、全民关怀的发展老龄事业的工作格局。国家成立了全国老龄工作委员会，确定了老龄工作的目标、任务和基本政策；颁布了《中华人民共和国老年人权益保障法》，制定了《中国老龄事业发展“十五”计划纲要》，把老龄事业明确纳入了经济社会发展的总体规划和可持续发展战略。

从衡量老龄化社会负担指标——老年抚养比来看，从 2000 年至今，老年抚养比加快增长，2020 年全国老年人口抚养比为 19.7%，比 2010 年提高了 7.8 个百分点。而加入少年儿童抚养比的总抚养比指标到 2030 年将超过 50%。数字说明劳动力比例的迅速下降将严重加重未来社会负担，而为了“孝敬”工作了一辈子的“老人”，高效、有效、专业的养老系统/产业是解决老龄化社会带来沉重养老负担的唯一途径。

老年人的基本生活得到了保障。城市初步建立了养老保险制度和包括老年人在内的医疗保险制度，以及居民最低生活保障制度；农村实行以土地保障为基础的“家庭养老为主与社会扶持相结合”的养老保障制度。许多地方还对救助贫困老年人和高龄老年人采取了特殊的措施。老年服务事业发展迅速。中国政府修订了《老年人照料设施建筑设计标准》《城市道路和建筑物无障碍设计规范》等相关条例，方便老年人的居住与出行。社区卫生站、托老所、老年活动中心、老年学校、老年休闲广场等老年服务设施逐渐增加，服务老年人的志愿者队伍不断壮大。

从 2023 年开始，我国人口开始呈下降趋势，2023 年底中国人口总数量为 140 967 万人，比上一年减少了 208 万人，预计 2035 年中国人口数量为 132 400 万人，2050 年则为 126 000 万人。此预测没有考虑男女比例导致的出生率的变化，从而引起的老龄化的增加对人口增长起制约作用等。2023 年底我国 60 岁以上老人达 29 697 万人，占总人口的 21.1%；预计 2035 年我国 60 岁以上老人将突破 4 亿人，在总人口中的占比将超过 30%，届时中国将进入重度老龄化阶段；而 2050 年前后中国老年人口数预计将达到峰值 4.87 亿左右，占总人口的 34.9%，老年人口数量和占比双双达到峰值，意味着我国人口老龄化形势将非常严峻。

请思考：

中国人口老龄化现状分析及未来发展趋势如何？

基本知识

一、动态数列

（一）动态数列的概念

动态分析法就是指应用统计方法研究经济现象数量方面的变化发展过程，它是统计分析的一种重要方法。要进行动态分析，我们就需要积累和掌握某种现象在各个时期的统计资料。如果将某种现象在时间上变化发展的一系列同类的统计指标，按时间先后顺序排列，就形成一个动态数列，或称时间数列。动态数列由两个基本要素构成：一个是资料所属的时间，另一个是各时间上的统计指标数值，习惯上称为动态数列中的发展水平。

研究动态数列具有重要的作用。通过动态数列的编制和分析，我们可以描述社会经济现象的发展状况和结果；可以研究社会经济现象的发展速度、发展趋势，探索现象发展变化的规律，并据以进行统计预测；还可以利用不同的、但有相互联系的数列进行对比分析或相关分析。

（二）动态数列的种类

动态数列按统计指标的性质不同，可以分为绝对数动态数列、相对数动态数列和平均数动态数列三种。其中，绝对数动态数列是基本数列，相对数动态数列和平均数动态数列则是由绝对数动态数列派生而形成的数列。

如表 7－1 所示，2019 年中国的国内生产总值为 986 515.2 亿元，人均国内生产总值达到了 70 078 元，第三产业增加值为 535 371.0 亿元，第三产业产值占国内生产总值比重为 54.27％；2023 年中国的国内生产总值为 1 260 582.1 亿元，人均国内生产总值达到了 89 358元，第三产业增加值为 688 238.4 亿元，第三产业产值占国内生产总值比重为 54.60％。

表 7－1　我国 2019—2023 年国民经济主要指标

指标	2023 年	2022 年	2021 年	2020 年	2019 年
国内生产总值（亿元）	1 260 582.1	1 204 724.0	1 149 237.0	1 013 567.0	986 515.2
第三产业增加值（亿元）	688 238.4	642 727.1	614 476.4	551 973.7	535 371.0
人均国内生产总值（元）	89 358	85 310	81 370	71 828	70 078
第三产业产值占国内生产总值比重（％）	54.60	53.35	53.47	54.46	54.27

资料来源：国家统计局。

在表 7－1 中，国内生产总值、第三产业增加值都是绝对数动态数列，第三产业产值占国内生产总值比重是相对数动态数列，人均国内生产总值是平均数动态数列，数列反映了各指标不同时期的水平以及逐年发展的趋势。

1. 绝对数动态数列

把一系列同类的总量指标按时间先后顺序排列起来所形成的动态数列称为绝对数动态数列。它反映社会经济现象在各时期达到的绝对水平及其变化发展的状况。如果按照指标所反映的社会经济现象所属的时间不同，绝对数动态数列又可分为时期数列和时点数列两种。

（1）时期数列。在绝对数动态数列中，如果各项指标都是反映某种现象在一段时期内发展过程的总量，这种绝对数动态数列就称为时期数列。如表 7－1 中所列的我国 2019—2023 年国民经济主要指标中的国内生产总值就是一个时期数列。

时期数列的特点是：

①数列中各个指标的数值是可以相加的，即相加具有一定的经济意义。由于时期数列中每个指标的数值是表示在一段时期内发展过程的总量，因此相加后的数值就表示某种现象在更长一段时期内发展过程的总量。如表 7－1 中将 2019、2020、2021、2022、2023 年五年的国内生产总值相加，为 5 614 625.3 亿元。

②数列中每个指标数值的大小与所属的时期长短有直接的联系。在时期数列中，每个指标所包括的时期长度称为“时期”。时期的长短主要根据研究目的而定，可以是一日、一旬、一月、一季、一年或更长时期。一般来说，时期越长，指标数值就越大，反之就越小。

③数列中每个指标的数值通常都是通过连续不断地登记而取得的。

（2）时点数列。在绝对数动态数列中，如果各项指标都是反映某现象在某一时点上（瞬间）所处的数量水平，这种绝对数动态数列就称为时点数列。

时点数列有如下特点：

①数列中各个指标的数值是不能相加的，相加不具有实际经济意义。这是由于时点数列中每个指标都是表明某一时点瞬间现象的数量，相加以后无法说明属于哪一时点的数量。

②时点数列中两个相邻指标在时间上的距离叫作“间隔”。由于时点数列每个指标数值只表明某现象在某一时点上的状态，如年末的数值可能大于、也可能小于月末的数值，因此这些指标数值的大小与时间间隔长短并无直接联系。

③数列中每个指标的数值通常都是通过一定时期登记一次而取得的。

2. 相对数动态数列

把一系列同类的相对指标按时间先后顺序排列起来而形成的动态数列称为相对数动态数列。它反映现象对比关系的发展变化情况，说明社会经济现象的比例关系、结构、速度的发展变化过程。表 7－1 中所列第三产业产值占国内生产总值比重就是一个相对数动态数列。在相对数动态数列中，各个指标数值是不能相加的。

3. 平均数动态数列

把一系列同类的平均指标按时间先后顺序排列起来而形成的动态数列称为平均数动态数列。它反映社会现象一般水平的发展趋势。表7-1中所列人均国内生产总值就是一个平均数动态数列。在平均数动态数列中，各个指标数值一般来说也是不能相加的，相加没有经济意义。但有时为了计算序时平均数，各个指标数值在计算过程中也需要相加。

为了对社会经济现象发展过程进行全面分析，我们在实际工作中可把上述各种动态数列结合起来运用。

（三）动态数列的编制原则

编制动态数列的目的是通过同一指标不同时间的数值对比来反映社会现象的发展过程及其规律性。因此，保证数列中各个指标之间的可比性，就成为编制动态数列应遵守的基本原则。具体来说，应注意下列几点：

1. 时期长短应该统一

在时期数列中，由于各个指标数值的大小与时期长短有直接的关系，因此，各个指标所属的时期长短应当前后统一。时期越短，指标数值就越大，反之就越小。如果时期长短不一，往往就很难直接比较。但这个原则也不能绝对化，有时为了特殊的研究目的，也可将时间间隔不等的指标编成时期数列。

对于时点数列来说，由于各个指标只反映某现象在某一时点的状态，因此不存在时期长短应该统一的问题，两时点间隔长短，对时点指标数值的大小没有直接影响。但为了更有利于对比，时点间隔最好能保持一致。

2. 总体范围应该一致

例如：研究某省人口发展情况，必须注意该省的行政区划有无变动，这种变动会使人口数变动，这样资料的前后期就不可比，要进行适当调整，使得前后总体范围一致才能对比。

3. 指标的内容应该相同

指标的内容和含义不同，不能混合编制成一个动态数列。例如：国有经济单位和城镇集体经济单位的经济内容不是完全相同的，我们不能把国有企业数目和城镇集体企业数目混同起来，编制一个动态数列进行比较分析。

4. 计算口径应该统一

计算口径主要是指计算方法、计量单位等。例如：我们在研究某企业劳动生产率的增长情况时，如果各期指标的计算方法不一致，有的按产品的实物量计算，有的按价值量计算，或有的按生产工人计算，有的按全部职工计算，有的按实际工作日计算等。这样，各指标之间显然没有可比性，从而也就不能运用动态分析方法来说明该企业劳动生产率的变动情况。

二、动态数列水平分析指标

动态数列水平，也就是现象发展水平。反映现象发展水平的指标有发展水平、平均发展水平、增长量和平均增长量。

（一）发展水平

在动态数列中，各项具体的指标数值叫作发展水平或动态数列水平。它反映社会经济现象在不同时期所达到的水平，是计算其他动态分析指标的基础。

发展水平既可以用总量指标来表示，如工农业总产值、年末人口数等，也可以用相对指标来表示，如工业总产值占工农业总产值的比重等，还可以用平均指标来表示，如人均GDP、平均工资等。

在动态数列中，由于发展水平所处的位置不同，因此有最初水平、最末水平、中间各项水平、基期水平和报告期水平之分。在动态数列中，第一个指标数值叫最初水平，最后一个指标数值叫最末水平，其余各指标数值叫中间各项水平。在对两个时期的发展水平作动态对比时，作为对比基础时期的水平称为基期水平，作为研究时期的指标水平称为报告期水平或计算期水平。如果用符号 $a_0, a_1, a_2, a_3, \cdots, a_{n-1}, a_n$ 代表数列中各个发展水平，a_0 是最初水平，a_n 是最末水平，其余是中间各项水平（见表 7－2）。

表 7－2　2019—2023 年国民总收入

指标	2019 年	2020 年	2021 年	2022 年	2023 年
国民总收入（亿元）	988 458	1 009 151	1 133 518	1 197 215	1 251 297

资料来源：国家统计局。

表 7－2 中，2019 年国民总收入 988 458 亿元是最初水平，2023 年国民总收入 1 251 297 亿元是最末水平，其余各项数值为中间各项水平。若用符号表示，即 2019—2023 年分别用 a_0, a_1, a_2, a_3, a_4 表示。如果将 2019 年国民总收入与 2023 年国民总收入进行对比，那么 2019 年国民总收入不仅是最初水平，也是基期水平，而 2023 年国民总收入不仅是最末水平，也是报告期水平。如果将 2022 年国民总收入与 2020 年国民总收入进行对比，则 2020 年国民总收入为基期水平，2022 年国民总收入为报告期水平，这是随着研究时间和目的的改变而改变的。

（二）平均发展水平

1. 平均发展水平的含义

将不同时期的发展水平加以平均而得到的平均数叫作平均发展水平，在统计上又称为序时平均数或动态平均数。它与前面讲的一般平均数既有相同的一面，又有明显的区别。

相同的是，二者都是将现象的个别数量差异抽象化，概括地反映现象的一般水平。区别是：

（1）平均发展水平是同一现象在不同时期上发展水平的平均，从动态说明其在某一段时间内发展的一般水平，它是根据动态数列来计算的；而一般平均数是同质总体内各单位标志值的平均，从静态上说明其在具体历史条件下的一般水平，它是根据变量数列来计算的。

（2）平均发展水平是对同一现象不同时间上的数值差异的抽象化，而一般平均数是对同一时间总体某一数量标志值差异的抽象化。此外，平均发展水平还可以解决动态数列中某些可比性问题。例如：各月的日历天数不同，会影响企业总产值的大小，如果计算出各月的每日平均总产值指标来进行对比，就具有可比性，更能反映总产值的发展变化情况。

2. 序时平均数的计算

序时平均数既可根据绝对数动态数列计算，也可根据相对数动态数列或平均数动态数列计算。绝对数动态数列序时平均数的计算方法是最基本的方法。现分别介绍如下：

（1）由绝对数动态数列计算序时平均数。

由于绝对数动态数列分时期数列和时点数列，它们各具有不同性质，因此计算序时平均数的方法也不一样。

①由时期数列计算序时平均数。由于数列中各项指标数值相加等于全部时期的总量，因此，可直接用数列中各时期指标数值之和除以时期项数即得序时平均数。其计算公式如下：

$$\overline{a}=\frac{a_1+a_2+a_3\cdots+a_n}{n}=\frac{\sum a}{n}$$

式中：$\overline{a}$ 是序时平均数，$a_1,a_2,a_3,\cdots,a_n$ 为各期发展水平，n 为项数。

例题 1：某企业 1—6 月产量如表 7－3 所示，请计算该企业上半年的平均产量。

表 7－3　某企业 1—6 月产量

月份	1 月	2 月	3 月	4 月	5 月	6 月
产量（万件）	24	20	28	28	30	29

$$\overline{a}=\frac{\sum a}{n}=\frac{24+20+28+28+30+29}{6}=26.5\text{（万件）}$$

②由时点数列计算序时平均数。由于不可能掌握现象发展过程中每一时点上的数字，只能间隔一段时间后统计其余额，因此时点数列的序时平均数是在假定某一时间间隔内现象的增减变动比较均匀或波动不大的前提下推算出来的近似值。现分为两种不同情况加以叙述：

第一种：根据连续时点数列计算序时平均数。

在连续时点数列中有连续变动和非连续变动两种情况：

a. 对连续变动的连续时点数列求序时平均数。如果连续时点数列每日的指标数值都有变动，称为连续变动的连续时点数列。可用简单算术平均法求序时平均数，计算公式为：

$$\bar{a}=\frac{\sum a}{n}$$

例如：已知某企业一个月内每天的工人人数，要计算该月内每天平均工人数，可将每天的工人人数相加，除以该月的日历日数即可得。

例题 2： 某单位某星期每天出勤的职工人数分别是 300 人、320 人、340 人、330 人、320 人，计算该单位某星期平均每天的职工人数。

$$\bar{a}=\frac{\sum a}{n}=\frac{300+320+340+330+320}{5}=322\text{（人）}$$

b. 对非连续变动的连续时点数列求序时平均数。如果研究现象不是逐日变动，而是间隔几天变动一次，这样的数列称为非连续变动的连续时点数列。可用加权算术平均法计算序时平均数。其计算公式为：

$$\bar{a}=\frac{\sum af}{\sum f}$$

例题 3： 某企业 6 月 1 日有职工 300 人，6 月 11 日新进厂 9 人，6 月 16 日离厂 4 人，则该企业 6 月份平均职工人数为：

$$\bar{a}=\frac{\sum af}{\sum f}=\frac{300\times10+309\times5+305\times15}{30}=304\text{（人）}$$

第二种：根据间断时点数列计算序时平均数。

在间断时点数列中有间隔相等和间隔不相等两种情况：

a. 对间隔相等的间断时点数列求序时平均数。在实际统计工作中，对时点性质的指标，为了简化登记手续，往往每隔一段时间登记一次，如商业企业中商品储存额、流动资金占用额等只统计月末数字，这就组成了间隔相等的间断时点数列。可采用简单算术平均法计算序时平均数。

例题 4： 某企业 2022 年第二季度商品库存额如表 7-4 所示，计算 2022 年第二季度平均库存额。

表 7-4　某企业 2022 年第二季度商品库存额

月份	3 月	4 月	5 月	6 月
月末库存额（万元）	100	86	104	114

$$4\text{ 月平均库存额}=\frac{100+86}{2}=93\text{（万元）}$$

$$5\text{ 月平均库存额}=\frac{86+104}{2}=95\text{（万元）}$$

$$6\text{ 月平均库存额}=\frac{104+114}{2}=109\text{（万元）}$$

$$第二季度平均库存额=\frac{93+95+109}{3}=99\ (万元)$$

简化计算：

$$第二季度平均库存额=\frac{\frac{100+86}{2}+\frac{86+104}{2}+\frac{104+114}{2}}{3}=99\ (万元)$$

上述计算步骤概括为：

$$\bar{a}=\frac{\frac{a_1+a_2}{2}+\frac{a_2+a_3}{2}+\cdots+\frac{a_{n-1}+a_n}{2}}{n-1}=\frac{\frac{a_1}{2}+a_2+a_3+\cdots+\frac{a_n}{2}}{n-1}$$

其中：$\bar{a}$ 为序时平均数，a 为各项时点数列，n 为时点数列项数。

例题 5：某商业银行 2022 年 6 月至 9 月末现金库存额如表 7－5 所示，根据表中资料，计算该银行第三季度月平均现金库存额。

表 7－5　某商业银行现金库存额

时间	6 月末	7 月末	8 月末	9 月末
现金库存额（万元）	700	900	1 000	900

$$\bar{a}=\frac{\frac{a_1}{2}+a_2+a_3+\cdots+\frac{a_n}{2}}{n-1}=\frac{\frac{700}{2}+900+1\,000+\frac{900}{2}}{4-1}=900\ (万元)$$

b. 对间隔不等的间断时点数列求序时平均数。在时点数列中，如果相邻时点间隔不等，就需要首末折中后用相应的时点间隔数加权计算。其计算公式为：

$$\bar{a}=\frac{\frac{a_1+a_2}{2}f_1+\frac{a_2+a_3}{2}f_2+\cdots+\frac{a_{n-1}+a_n}{2}f_{n-1}}{f_1+f_2+\cdots+f_{n-1}}$$

式中：$\bar{a}$ 为序时平均数，a_i 为各时点值，n 为时点数列项数。

例题 6：某工厂 2022 年钢产量 1 月 1 日为 13 吨，4 月 15 日为 15 吨，8 月 15 日为 18 吨，12 月 31 日为 20 吨，则该厂 2022 年的月平均钢材库存量为

$$\bar{a}=\frac{\frac{a_1+a_2}{2}f_1+\cdots+\frac{a_{n-1}+a_n}{2}f_n}{n-1}$$

$$=\frac{\frac{13+15}{2}\times 3.5+\frac{15+18}{2}\times 4+\frac{18+20}{2}\times 4.5}{3.5+4+4.5}\approx 16.7\ (吨)$$

（2）由相对数或平均数动态数列计算序时平均数。

相对数和平均数动态数列是派生数列，其中各项指标都是由两个总量指标对比计算出来的。按照数列的性质，要求利用其中两个相应的绝对数动态数列，分别计算分子数列的序时平均数和分母数列的序时平均数，而后加以对比，即可求得。相对数或平均数动态数列的序时平均数计算公式为：

$$\bar{c}=\frac{\bar{a}}{\bar{b}}$$

式中：$\bar{c}$ 为相对数或平均数的序时数列的平均数，$\bar{a}$ 为分子数列的序时平均数，$\bar{b}$ 为分母数列的序时平均数。

具体计算时又分以下几种情况：

①由两个时期数列对比而成的相对数或平均数动态数列求序时平均数。

$$\bar{c}=\frac{\bar{a}}{\bar{b}}=\frac{\sum a/n}{\sum b/n}=\frac{\sum a}{\sum b}$$

例题 7：某厂某年第一季度各月商品销售额计划完成情况如表 7-6 所示，试求第一季度的平均完成率。

表 7-6 某厂某年第一季度各月商品销售额计划完成情况统计表

月份	1 月	2 月	3 月
计划数（万元）	200	240	250
实际数（万元）	210	260	280
计划完成率（%）	105	105	112

$$\bar{c}=\frac{\sum a/n}{\sum b/n}=\frac{\sum a}{\sum b}=\frac{210+260+280}{200+240+250}=109\%$$

②由两个时点数列对比而成的相对数或平均数动态数列求序时平均数。

a. 若时间间隔相等，可采用如下公式：

$$\bar{c}=\frac{\bar{a}}{\bar{b}}=\frac{\left(\frac{a_1}{2}+a_2+a_3+\cdots+\frac{a_n}{2}\right)/n-1}{\left(\frac{b_1}{2}+b_2+b_3+\cdots+\frac{b_n}{2}\right)/n-1}=\frac{\frac{a_1}{2}+a_2+a_3+\cdots+\frac{a_n}{2}}{\frac{b_1}{2}+b_2+b_3+\cdots+\frac{b_n}{2}}$$

当所掌握的资料不全时，可将 $a=bc$ 及 $b=a/c$ 代入上式，即可得出两个变形公式为：

$$\bar{c}=\frac{\bar{a}}{\bar{b}}=\frac{\frac{b_1c_1}{2}+b_2c_2+b_3c_3+\cdots+\frac{b_nc_n}{2}}{\frac{b_1}{2}+b_2+b_3+\cdots+\frac{b_n}{2}}$$

$$\bar{c}=\frac{\bar{a}}{\bar{b}}=\frac{\frac{a_1}{2}+a_2+a_3+\cdots+\frac{a_n}{2}}{\frac{a_1}{2c_1}+\frac{a_2}{c_2}+\cdots+\frac{a_n}{2c_n}}$$

b. 若时间间隔不等，则要用各个间隔的长度作权数，用加权平均法计算分子和分母的序时平均数，然后再对比。其计算公式为：

$$\bar{c}=\frac{\bar{a}}{\bar{b}}=\frac{\left(\frac{a_1+a_2}{2}f_1+\frac{a_2+a_3}{2}f_2+\cdots+\frac{a_{n-1}+a_n}{2}f_{n-1}\right)/\sum f}{\left(\frac{b_1+b_2}{2}f_1+\frac{b_2+b_3}{2}f_2+\cdots+\frac{b_{n-1}+b_n}{2}f_{n-1}\right)/\sum f}$$

③由一个时期数列和一个时点数列对比而成的相对数或平均数动态数列求序时平均数。

$$\bar{c}=\frac{\bar{a}}{\bar{b}}=\frac{\sum a/n}{\sum b/n}$$

例题 8：某企业 2021 年第三季度工人数和总产值如表 7－7 所示，计算该企业第三季度的劳动生产率。

表 7－7　某企业 2021 年第三季度工人数和总产值

月份	7 月	8 月	9 月	10 月
月初工人数（人）	1 850	2 000	2 050	2 100
总产值（万元）	260	290	310	300

第三季度月平均总产值为：

$$\bar{c}=\frac{260+290+310}{3}=286.67(\text{万元})$$

第三季度平均工人数为：

$$\bar{c}=\frac{\frac{1\ 850}{2}+2\ 000+2\ 050+\frac{2\ 100}{2}}{4-1}=2\ 008.33(\text{人})$$

第三季度平均月劳动生产率为：

$$\bar{c}=\frac{\bar{a}}{\bar{b}}=\frac{286.67}{2\ 008.33}=0.1427(\text{万元})$$

例题 9：某厂第三季度生产工人与职工人数如表 7－8 所示，计算第三季度生产工人占全体职工的平均比重。

表 7－8　某厂第三季度生产工人与职工人数资料

日期	6 月 30 日	7 月 31 日	8 月 31 日	9 月 30 日
生产工人数（人）	645	670	695	710
全体职工数（人）	805	826	830	845
生产工人占全体职工的比重（%）	80.1	81.1	83.7	83.1

$$\begin{matrix}\text{第三季度生产工人数占}\\\text{全体职工的平均比重}\end{matrix}=\frac{\frac{645}{2}+670+695+\frac{710}{2}}{\frac{805}{2}+826+830+\frac{845}{2}}=\frac{2\ 042.5}{2\ 481}=82.33\%$$

（三）增长量和平均增长量

增长量是说明社会经济现象在一定时期内所增长的绝对数量，它是报告期水平与基期水平之差，反映报告期比基期增长的水平。其计算公式为：

增长量＝报告期水平－基期水平

由于采用的基期不同，增长量可以分为逐期增长量和累计增长量。逐期增长量是指报告期水平与前一期水平之差，它表明本期比上一期增长的绝对数量。累计增长量是指报告期水平与某一固定时期（基期）水平之差，它表明本期比某一固定时期增长的绝对数量，也说明在某一段较长时期内总的增长量。这两个指标可用如下公式表示：

逐期增长量：$a_1-a_0,a_2-a_1,a_3-a_2,\cdots,a_n-a_{n-1}$

累计增长量：$a_1-a_0,a_2-a_0,a_3-a_0,\cdots,a_n-a_0$

逐期增长量与累计增长量的关系是：逐期增长量之和等于累计增长量，即

$$a_n-a_0=(a_1-a_0)+(a_2-a_1)+\cdots+(a_n-a_{n-1})$$

平均增长量是说明社会经济现象在一定时期内平均每期增长的数量，从广义上来说，它也是一种序时平均数，即是逐期增长量动态数列的序时平均数，反映现象平均增长水平。其计算公式为：

$$平均增长量=\frac{逐期增长量}{逐期增长个数}=\frac{累计增长量}{动态数列项数-1}$$

例题 10： 某企业 2018—2022 年水泥产量、逐期增长量、累计增长量及平均增长量如表 7－9 所示。

表 7－9　某企业 2018—2022 年水泥产量

发展水平		2018 年	2019 年	2020 年	2021 年	2022 年
水泥产量（万吨）		53 600	57 300	59 700	66 104	72 500
增长量	逐期增长量	—	3 700	2 400	6 404	6 396
	累计增长量	—	3 700	6 100	12 504	18 900
平均增长量		18 900/4＝4 725				

三、动态数列速度分析指标

动态数列速度分析指标，即反映国民经济速度的主要指标，主要有发展速度和增长速度、平均发展速度和平均增长速度。这四个指标具有密切联系，其中发展速度是基本的速度分析指标。

（一）发展速度和增长速度

发展速度是表明社会经济现象发展程度的相对指标。它根据两个不同时期发展水平相对比而求得，一般用百分数或倍数表示。计算公式为：

$$发展速度=\frac{报告期水平}{基期水平}$$

由于采用的基期不同，发展速度可分为定基发展速度和环比发展速度。定基发展速度是指以报告期水平与某一固定时期水平之比计算的发展速度，它用来说明报告期水平已经

发展到了固定时期水平的百分之几（或多少倍），表明这种现象在较长时期内总的发展程度，因此，有时也叫作“总速度”。环比发展速度是以报告期水平与前一期水平之比计算的发展速度，它用来说明报告期水平已经发展到了前一时期水平的百分之几（或多少倍），表明这种现象逐期的发展程度。

计算公式为：

定基发展速度：$\frac{a_1}{a_0},\frac{a_2}{a_0},\cdots,\frac{a_n}{a_0}$

环比发展速度：$\frac{a_1}{a_0},\frac{a_2}{a_1},\cdots,\frac{a_n}{a_{n-1}}$

定基发展速度和环比发展速度之间的关系表现为以下两点：

（1）定基发展速度等于环比发展速度的连乘积。

$$\frac{a_n}{a_0}=\frac{a_1}{a_0}\times\frac{a_2}{a_1}\times\cdots\times\frac{a_n}{a_{n-1}}$$

（2）两个相邻时期的定基发展速度之比，等于它们的环比发展速度之比。

$$\frac{a_n}{a_{n-1}}=\frac{a_n/a_0}{a_{n-1}/a_0}$$

例题 11： 表 7－10 为某企业总产值以及环比发展速度和定基发展速度。

表 7－10　某企业总产值

指标	基年	第一年	第二年	第三年	第四年	第五年
总产值（万元）	270.10	273.80	289.20	314.40	322.30	340.70
环比发展速度（%）	—	101.37	101.62	108.71	102.51	105.71
定基发展速度（%）	—	101.37	107.07	116.40	119.33	126.14

增长速度是表明社会经济现象增长程度的相对指标。它可以根据增长量与基期发展水平对比求得，通常用百分比或倍数表示。计算公式为：

$$增长速度=\frac{增长量}{基期发展水平}$$

增长速度和发展速度既有区别又有联系。两者的区别在于概念的不同，增长速度表示社会经济现象报告期比基期增长的程度，而发展速度则表示报告期与基期相比发展到了什么程度。两者的联系可用公式表示：

增长速度＝发展速度－1

由于采用的基期不同，增长速度也有定基增长速度和环比增长速度之分。定基增长速度是累计增长量与某固定时期水平之比的相对数，它反映某社会现象在较长时期内总的增长程度。环比增长速度是逐期增长量与前一期发展水平之比的相对数，它反映某社会现象逐期的增长程度。但这两个指标是不能直接进行换算的。如果要进行换算，需要先将环比增长速度加“1”化为环比发展速度后，再连乘得定基发展速度，然后再减“1”，才能求得定基增长速度。

定基增长速度＝定基发展速度－1

环比增长速度＝环比发展速度－1

例题 12： 表 7－11 为 2018—2022 年水泥产量，以及水泥产量的定基发展速度、环比发展速度和定基增长速度、环比增长速度。

表 7－11　2018—2022 年水泥产量表

发展水平		2018 年	2019 年	2020 年	2021 年	2022 年
水泥产量（万吨）		53 600	57 300	59 700	66 104	72 500
发展速度（%）	定基	100	106.9	111.4	123.3	135.3
	环比	—	106.9	104.2	110.7	109.7
增长速度（%）	定基	—	6.9	11.4	23.3	35.3
	环比	—	6.9	4.2	10.7	9.7

（二）平均发展速度和平均增长速度

为了观察社会经济现象在一个较长时期内逐期平均发展变化的程度和逐期平均增长变化的程度，须计算平均发展速度和平均增长速度指标。这两个分析指标在动态研究中很重要。

1. 平均发展速度

平均发展速度是各期环比发展速度的序时平均数。由于环比发展速度是根据同一现象在不同时间发展水平对比而得的动态相对数，因此它不能应用上述所讲的计算序时平均数的方法来计算。在实际工作中，计算平均发展速度的方法主要有两种，即几何平均法和方程式法。两种方法数理依据不同，具体计算和应用场合也不一样，现分述之。

（1）几何平均法。计算平均发展速度时，因为总速度不等于各期环比发展速度的算术总和，而等于各期环比发展速度的连乘积，所以不能应用算术平均法，而要应用几何平均法来计算。

（2）方程式法。在实践中，如果长期计划按累计法制订，则要求用方程式法计算平均发展速度，按此平均速度发展，可以保证计划期内各发展水平的累计达到计划规定的总数，所以方程式法也称累计法，即从最初水平 a_0 出发，各期按平均发展速度计算发展水平，则计算的各期发展水平累计总和，应与实际所具有的各期发展水平的累计总和相等。列出方程式，再求解，便得出平均发展速度。

2. 平均增长速度

平均增长速度是各期环比增长速度的序时平均数，它表明某现象在一段时期内逐期平均增长变化的程度。根据增长速度与发展速度之间的运算关系，要计算平均增长速度，首先要计算出平均发展速度指标，然后将其减“1”（或 100%）求得，即：

平均增长速度＝平均发展速度－1（或100％）

平均发展速度大于“1”，平均增长速度就为正值，表示某种现象在一个较长时期内逐期平均递增的程度，这个指标也叫作“平均递增速度”或“平均递增率”；反之，平均发展速度小于“1”，平均增长速度就为负值，表示某种现象在一个较长时期内逐期平均递减程度，这个指标也可叫作“平均递减速度”或“平均递减率”。

操作指导

几何平均法的应用

在实践中，如果用水平法制订长期计划，则要求用几何平均法计算真平均发展速度，按此平均发展速度发展，可以保证在最后一年达到规定的a_n水平，所以几何平均法也称为“水平法”，即从最初水平a_0出发，以平均发展速度代替各环比发展速度$x_1, x_2, \cdots, x_n$，经过n期发展，正好达到最末水平a_n。用公式表示如下：

$$a_0 \cdot x_1 \cdot x_2 \cdot \cdots \cdot x_n = a_n$$

$$a_0 \cdot \bar{x} \cdot \bar{x} \cdot \cdots \cdot \bar{x} = a_n$$

$$a_0 \cdot \bar{x}^n = a_n \qquad ①$$

$$\bar{x} = \sqrt[n]{\frac{a_n}{a_0}}$$

因为$\frac{a_n}{a_0}$为n期的定基发展速度，根据定基发展速度等于相应时期各环比发展速度的连乘积的关系，所以计算平均发展速度也可以用下列公式：

$$\bar{x} = \sqrt[n]{\frac{a_n}{a_0}} = \sqrt[n]{x_1 \cdot x_2 \cdot \cdots \cdot x_n}$$

$$= \sqrt[n]{\pi x} \qquad ②$$

$$x = \sqrt[n]{R} \qquad ③$$

式中：$\bar{x}$为平均发展速度，$x_1, x_2, \cdots, x_n$为各期环比发展速度，R为总速度，π为连乘积。

计算平均发展速度时，根据所掌握的资料可选用以上任何一个公式来进行。如果掌握了最初水平和最末水平，可用①式计算；如果掌握了各期环比发展速度，可用②式计算；如果掌握了总速度，则可直接用③式计算。三个公式的计算结果是一致的。

例题13：已知某企业商品零售总额2019—2023年各年的环比发展速度分别为115.3％、118.7％、120.4％、128.6％、134.3％，求年平均发展速度。

$$\bar{x} = \sqrt[n]{\pi x}$$

$$= \sqrt[5]{115.3\% \times 118.7\% \times 120.4\% \times 128.6\% \times 134.3\%}$$

$$= 123.2\%$$

例题 14：如果已知该企业消费品零售额 2019 年为 7 250.3 亿元，2023 年为 20 620.0 亿元，求年平均发展速度。

$$\bar{x}=\sqrt[n]{\frac{a_n}{a_0}}=\sqrt[5]{\frac{20\ 620.0}{7\ 250.3}}=123.2\%$$

例题 15：如果已知我国社会消费品零售额 2015—2019 年的总发展速度是 284.4%，求年平均发展速度。

$$\bar{x}=\sqrt[n]{R}=\sqrt[5]{284.4\%}=123.2\%$$

案例学习

IDC：vivo 登顶 2024 年 Q2 中国智能手机市场，苹果被挤出前五

国际数据公司（IDC）发布的最新手机季度跟踪报告显示，2024 年第二季度，中国智能手机市场出货量约 7 158 万台，同比增长 8.9%，延续增长势头。其中，在 vivo、华为和小米等厂商的推动下，Android 市场同比增长 11.1%。大幅降价以后，虽然苹果的市场需求明显改善，但是 iOS 市场出货量依然同比下降 3.1%。随着新一轮换机周期的到来，2024 年上半年中国智能手机市场出货量超过 1.4 亿台，同比增长 7.7%。

2024 年第二季度中国前五大智能手机厂商市场表现如表 7－12 所示。

表 7－12　2024 年第二季度中国前五大智能手机厂商市场份额、同比增幅

厂商	2024 年第二季度市场份额	2023 年第二季度市场份额	同比增幅
vivo	18.5%	17.2%	17.1%
华为	18.1%	13.1%	50.2%
OPPO	15.7%	17.6%	−2.8%
荣耀	14.5%	16.4%	−3.7%
小米	14.0%	13.1%	16.5%
其他	19.2%	22.6%	−7.5%
合计	100.0%	100.0%	8.9%

注 1：数据为初版，存在变化可能。数据均为四舍五入后值。

注 2：如果两家或两家以上厂商的营收份额或单位出货量相差 0.1%或更少，IDC 将宣布这些厂商在中国智能手机市场上排名并列。

vivo 在 2024 年第二季度登顶中国智能手机市场出货第一的同时，上半年在零售销量数据上也位列榜首。多款新品的热销帮助 vivo 分别获得在 1 000～2 000 元人民币、3 000～4 000元人民币和 4 000～5 000 元人民币等多个价位段市场份额第一。子品牌 iQOO 独自占据整体市场份额的 5.5%，成为各厂商中最成功的子品牌。

华为在第一季度并列中国市场第一之后，第二季度位居第二，同比增幅超过 50%。整个上半年华为以 17.5%的市场份额再次成为智能手机市场出货第一。虽然外部限制继续收紧，

但是华为的供应能力不断改善，在 4 000 元人民币以上市场持续缩小与苹果的差距。

OPPO 继续以 15.7%的市场份额位居市场前三。在 AI 战略下，OPPO 努力打造更多面向年轻消费者的精品产品。全新的 Reno12 系列帮助 OPPO 获得 2 000～3 000 元人民币市场份额第一；A3 Pro 成为 1 000～2 000 元人民币市场最畅销的产品之一。Color OS 的及时更新也从软件系统层面有效提升了用户的使用体验。

荣耀继续打造系统级 AI，为消费者提供更好的 AI 功能使用体验。与“雅顾”影像的合作使得新品 200 系列在 2 000～3 000 元人民币价位段市场份额第二；虽然同类型竞品不断增加，但是 X50 仍是 1 000～2 000 元人民币价位段市场最畅销的机型，累计出货量已过千万，使得荣耀位居该价位段市场份额第二。

小米的国内市场出货量继续稳步提升，出货量同比增长 16.5%。随着第一辆新能源车 SU7 的成功，小米手机获得更多的关注。硬件配置和价格依然是小米最吸引消费者的优势，“人车家”生态的建立完善也成为更有效维护留存用户的护城河。

报告显示，更多中端消费者愿意消费升级，选择各方面使用体验更好的旗舰产品和大存储版本的产品来延长换机周期。2024 年第二季度中国 600 美元以上的高端手机市场份额达到 25.9%，相比 2023 年同期增长了 2.8 个百分点。与此同时，部分中端消费者受经济大环境影响选择消费降级，更偏向可以满足基本使用需求但是价格更低的产品，甚至是二手机。第二季度中国 200～600 美元手机的市场份额为 46.3%，同比下降 2.8 个百分点。

2024 年第二季度，中国折叠屏手机市场保持三位数同比增长幅度，出货量达到 257 万台。随着更多厂商新一代折叠屏产品的发布，以及荣耀和小米等厂商新折叠屏产品线的增加，预计下半年中国折叠屏手机市场仍会快速增长，发展情况好于全球折叠屏手机市场。

2024 年第二季度，华为以 41.7%的市场份额稳居中国折叠屏手机市场份额第一；XFold3 系列在解决了折叠屏手机的多个痛点以后获得市场认可，帮助 vivo 上升到第二位，份额达 23.1%；虽然热销产品 Magic V2 即将换代，但新产品线 Magic Flip 帮助荣耀在二季度位居第三，份额达 20.9%，竖折市场成为第二；OPPO 获得 8.4%的市场份额，排在第四，其中在竖折市场份额位居第三；三星排名第五，占据 3.0%的市场份额。

据 IT 之家此前报道，Counterpoint Research、Canalys 等分析机构也公布了 2024 年第二季度中国智能手机销量数据。

Counterpoint 排名：vivo、苹果、华为、小米、荣耀、OPPO。

Canalys 排名：vivo、OPPO、荣耀、华为、小米、苹果。

点评

2024 年我国智能手机市场竞争激烈，小米、OPPO、vivo、华为、荣耀的销售量、销售额占据前五名。这个案例让我们理解了增长量、增长率、环比发展速度、定基发展速度等概念，掌握了它们的计算方法。

知识拓展

首尾折半法

某成品库存量如表 7－13 所示，计算第二季度平均库存量。

表 7－13　某成品库存量表

日期	3 月 31 日	4 月 30 日	5 月 31 日	6 月 30 日
库存量（件）	3 000	3 300	2 680	2 800

$$4\text{ 月份 }\overline{a}=\frac{3\ 000+3\ 300}{2}=3\ 150(\text{件})$$

$$5\text{ 月份 }\overline{a}=\frac{3\ 300+2\ 680}{2}=2\ 990(\text{件})$$

$$6\text{ 月份 }\overline{a}=\frac{2\ 680+2\ 800}{2}=2\ 740(\text{件})$$

$$\text{第二季度平均库存量}=\frac{1}{3}\times(3\ 150+2\ 990+2\ 740)=2\ 960(\text{件})$$

上面计算可合并简化为：

$$\text{第二季度平均库存量}=\frac{\frac{3\ 000+3\ 300}{2}+\frac{3\ 300+2\ 680}{2}+\frac{2\ 680+2\ 800}{2}}{3}$$

$$=\frac{3\ 150+2\ 990+2\ 740}{3}=2\ 960(\text{件})$$

上面计算过程概括为一般公式：

$$\overline{a}=\frac{\frac{a_1+a_2}{2}+\frac{a_2+a_3}{2}+\cdots+\frac{a_{n-1}+a_n}{2}}{n-1}$$

$$=\frac{\frac{a_1}{2}+a_2+a_3+\cdots+a_{n-1}+\frac{a_n}{2}}{n-1}$$

这就是首尾折半法的来源。

团队实战训练

1. 某商业银行 2024 年第三季度的储蓄余额为：6 月 30 日 830 万元，7 月 31 日 850 万元，8 月 31 日 840 万元，9 月 30 日 865 万元，求该银行第三季度的平均储蓄余额。

$$\overline{a}=\frac{\frac{a_1}{2}+a_2+\cdots+\frac{a_n}{2}}{n-1}=\frac{\frac{830}{2}+850+840+\frac{865}{2}}{4-1}=845.83\ (\text{万元})$$

2. 某工厂 2024 年钢产量 1 月 1 日为 13 吨，4 月 15 日为 15 吨，8 月 15 日为 18 吨，12 月 31 日为 20 吨，则该厂 2024 年的平均钢材库存量是多少？

$$\bar{a}=\frac{\frac{a_1+a_2}{2}f_1+\cdots+\frac{a_{n-1}+a_n}{2}f_n}{n-1}$$

$$=\frac{\frac{13+15}{2}\times 3.5+\frac{15+18}{2}\times 4+\frac{18+20}{2}\times 4.5}{3.5+4+4.5}$$

$$=845.83\text{（吨）}$$

3. 填表题。根据某企业 1—6 月总产值，填写表 7-14，填写结果如表 7-15 所示。

表 7-14 某企业 1—6 月总产值表

项目	1 月	2 月	3 月	4 月	5 月	6 月
总产值（万元）	245	268	279	295	322	346
增长量（万元）	逐期					
	累计					
	平均					
发展速度（%）	定基					
	环比					
	平均					
增长速度（%）	定基					
	环比					
	平均					

表 7-15 填写结果

项目	1 月	2 月	3 月	4 月	5 月	6 月
总产值（万元）	245	268	279	295	322	346
增长量（万元）	逐期	23	11	16	27	24
	累计	23	34	50	77	101
	平均	101/6−1=20.2				
发展速度（%）	定基	109	114	120	131	141
	环比	109	104	106	109	107
	平均	107				
增长速度（%）	定基	9	14	20	31	41
	环比	9	4	6	9	7
	平均	7				

任务二 相关与回归分析法

大家来讨论

人工智能产业背景和发展趋势

AI全称是Artificial Intelligence，是人工智能的意思，是指研究、开发用于模拟、延伸和扩展人的智能的理论、方法、技术及应用系统的一门新的技术科学。人工智能自诞生以来，理论和技术日益成熟，应用领域也不断扩大，可以设想，未来人工智能带来的科技产品将会是人类智慧的“容器”。

人工智能是一门极富挑战性的科学，从事这项工作的人必须懂得计算机知识、心理学和哲学。人工智能是涵盖内容十分广泛的科学，它由不同的领域组成，如机器学习、计算机视觉等。总的说来，人工智能研究的一个主要目标是使机器能够胜任一些通常需要人类智能才能完成的复杂工作。

1. AI的发展历程

1950年，阿兰·图灵在其论文《计算机器与智能》中提出了图灵测试。按照图灵的设想，如果一台机器能够与人类开展对话而不能被辨别出机器身份，那么这台机器就具有智能。而就在这一年，图灵还大胆预言了真正具备智能机器的可行性。1951年，马文·明斯基（“人工智能之父”）和他的学生迪安·埃德蒙兹一起建造了世界上第一台神经网络计算机。

时间跳转到20世纪70年代，人工智能步入了一段艰难的岁月。科研人员对于人工智能的研究难度估计过低，缺乏经费，社会舆论的压力开始慢慢压向人工智能，很多研究经费被转移到了其他项目上，这让大家对人工智能的前景充满担忧。

人工智能产业面临衰落，但科技并不会因外界因素而停止发展，直到20世纪80年代初期，人工智能产业开始崛起。

时至今日，在人工智能70多年的发展历程中，科研人员不断突破阻碍，才让我们看到了今天人工智能所取得的辉煌成果。2016年谷歌AlphaGo在韩国战胜围棋世界冠军李世石，这是人工智能胜过人类的一个里程碑式的标志。

2. 人工智能产业现状

当前的人工智能产业的发展浪潮，主要是源于深度学习算法的提出，在数据量和计算能力的基础上实现大规模计算，属于技术性突破。属于超级人工智能的，关于意识起源、人脑机理等方面的基础理论研究仍有继续突破的余地。

目前，苹果、谷歌、微软、亚马逊和Facebook这五大巨头无一例外都投入了越来越多的资源来抢占人工智能市场，甚至将自己整体转型为人工智能驱动型的公司。国内互联网领军者百度、阿里巴巴、腾讯也将人工智能作为重点战略，凭借其自身优势，积极布局人工智能领域。

现今，中国人工智能行业的创业公司发展领域百花齐放，计算机视觉领域拥有最多创业公司，其次就是服务机器人领域，而排名第三的是语音及自然语言处理领域，智能医疗、机器学习、智能驾驶等也是相对比较热门的领域。计算机视觉技术是人工智能的重要核心技术之一，可应用到安防、金融、硬件、营销、驾驶、医疗等领域，而目前我国计算机视觉技术水平已达到全球领先水平，广泛的商业化渠道和技术基础是其成为最热门领域的主要原因。

人工智能产业链可以分为基础设施层、应用技术层和行业应用层。基础设施层：主要有基础数据提供商、半导体芯片供应商、传感器供应商和云服务商。应用技术层：主要有语音识别、自然语言处理、计算机视觉、深度学习技术提供商。行业应用层：主要是把人工智能相关技术集成到自己的产品和服务中，然后切入特定场景。目前来看，自动驾驶、医疗、安防、金融、营销等领域是业内人士普遍比较看好的方向。

3. 人工智能未来趋势

人工智能是对人的意识、思维的信息过程的模拟。人工智能不是人的智能，但能像人那样思考，也可能超过人的智能。机器人是人工智能的一种形式，它是能模仿人的某些活动的一种自动机械，一般能实现行走和操作生产工具等动作，可用在人所不能适应的环境下代替人工作。现代机器人都配装电子计算机，通过编排程序，能具有一定程度的人工智能，如识别语言和图像，并做出适当的反应等。

过去的科技进步主要是指提升执行指定任务的能力。而当今的人工智能则是赋予机器反应和适应能力以优化产出。通过与物联网、机器人等技术的结合，人工智能能够创造出一个整合的信息物理世界。当今人工智能发展势头正猛，未来有望在全球多个行业和场景下得到广泛运用，尤其是我们将会看到大量的人类工作被机器取代。当然，技术可行性只是影响自动化速度及程度的一个因素，还有其他因素需要考虑，包括研发和应用成本、劳动力市场供需、经济效益，以及社会和政府监管部门的接受度。

展望未来，人工智能可能成为应对一些社会核心挑战的强大工具。在医疗领域，人工智能将极大提升我们分析人类基因组和为患者开发个性化治疗方案的能力，甚至大大加快治愈癌症、阿尔兹海默症和其他疾病的进程。

在环保领域，人工智能能够分析气候特征并大规模降低能耗，帮助人类更好地监控和应对气候变化问题。人工智能甚至可以在地球以外地区发挥作用，他日或助力人类探索火星及外太空。

请思考：

人工智能将给我们的生活带来哪些改变？

基本知识

一、市场预测分析

在动态数列中，各期发展水平是多种因素相互影响、相互制约、相互作用的结果，因此，动态数列也包含各种不同因素引起的变动，一般分解出基本因素引起的长期趋势，偶然因素引起的不规则变动，季节因素引起的季节变动，固定因素引起的循环变动等。（1）长期趋势（T）即由各个时期普遍和长期起作用的基本因素引起的变动；（2）不规则变动（I）是临时的、偶然的因素或不明原因而引起的随机变动；（3）季节变动（S）即由自然季节变换等引起的有规律的周期性波动；（4）循环变动（C）是指社会经济发展中的一种近乎规律性的变动。动态数量的上述四种变动按一定的方式组合即成为一种模式，称为动态数列的经典模式。

从长期来看，这些偶然因素的个别影响可以相互抵消，而揭示现象发展的长期趋势和测定其受季节变动的影响，则对于每个具体的动态数列来讲都是十分重要的问题。

长期趋势就是指研究某种现象在一个相当长的时期内持续向上或向下发展变动的趋势。测定长期趋势的主要目的是：首先，在于把握现象的趋势变化；其次，从数量方面来研究现象发展的规律性，探求合适趋势线，为进行统计预测提供必要条件；最后，测定长期趋势，可以消除原有动态数列中长期趋势的影响以便更好地显示和测定季节变动。

在实际工作中，常常把趋势分析与统计预测结合在一起。趋势分析与统计预测是现代化管理方法，它们可以反映社会经济现象发展变化的规律，从而使我们对未来有比较科学的认识，通过预测为管理部门制定正确的决策提供依据。

反映现象发展的长期趋势有两种基本形式：一种是直线趋势；另一种是非直线趋势，即趋势曲线。若所研究现象在一个相当长的时期内呈现出比较一致上升或下降的变动，如循一条直线发展，则为直线趋势，可求出一条直线代表之，这条直线也叫作趋势直线。趋势直线上升或下降，表示这种现象的数值与年俱增或俱减，且每年所增加或减少的数量大致相同。所以直线趋势的变化率或趋势线的斜率基本上是不变的。而非直线趋势，其变化率或趋势线的斜率是变动的。

研究某现象发展的长期趋势，就要对原来的动态数列进行统计处理，一般称为动态数列修匀，即进行长期趋势测定。测定长期趋势常用的主要方法有间隔扩大法、移动平均法、最小平方法。

（一）间隔扩大法

这是测定直线趋势的一种简单的方法。当原始动态数列中各指标数值上下波动，使现象变化规律表现不明显时（见表 7－16），可通过扩大数列时间间隔，对原始资料加以整理，以反映现象发展的趋势（见表 7－17）。

表 7－16　某工厂某年各月增加值完成情况表　　单位：万元

月份	1	2	3	4	5	6	7	8	9	10	11	12
增加值	50.5	45	52	51.5	50.4	55.5	53	58.4	57	59.2	58	60.5

表 7－17　新的间隔扩大表　　单位：万元

季度	第一季度	第二季度	第三季度	第四季度
增加值（万元）	147.5	157.4	168.4	177.7

应用间隔扩大法应注意：第一，同一数列前后时间间隔应当一致，以便于比较；第二，时间间隔的长短，应根据具体现象的性质和特点而定，以能显示现象变化趋势为宜。

（二）移动平均法

移动平均法是对原有动态数列进行修匀，来测定其长期趋势的一种较为简单的方法。这个方法就是采用逐项递推移动的方法，分别计算一系列移动的序时平均数，形成一个新的派生的序时平均数动态数列，来代替原有的动态数列。在这个新的动态数列中，短期的偶然因素引起的变动被削弱了，从而呈现出明显的长期趋势。

例题 16： 表 7－18 为某工厂某年各月增加值完成情况，按照三项移动平均进行修匀。

表 7－18　某工厂某年各月增加值完成情况表　　单位：万元

月份	1	2	3	4	5	6	7	8	9	11	12
增加值	50.5	45	52	51.5	50.4	55.5	53	58.4	57	58	60.5
三项移动平均	—	49.2	49.5	51.3	52.5	53	55.6	56.1	58.2	59.2	—

应用移动平均法分析长期趋势时，应注意以下几点：

（1）用移动平均法对原有动态数列进行修匀，修匀程度的大小与原有数列移动平均的项数多少有关。例如：用 5 项移动平均比 3 项移动平均修匀程度更大些。也就是说，修匀的项数越多，效果越好，即趋势线越平滑。

（2）移动平均法所取项数的多少，应视资料的特点而定。原有动态数列如有循环周期，则移动平均的项数以循环周期的长度为准。事实证明，当移动平均的时期长度等于周期长度或其整倍数时，它就能把周期的波动完全抹掉。例如：当数列资料为季度资料时，可采用 4 项移动平均；若根据各年的月份资料，则应取 12 项移动平均，这样可消除受季节性波动的影响，能较准确地揭示现象发展的长期趋势。

（3）移动平均法采用奇数项移动比较简单，一次即得趋势值。采用偶数项移动平均时，由于偶数项移动平均数都是在两项中间位置，因此要将第一次移动的平均值再进行两项“移正平均”，得出移正值动态数列，以显示出现象变动趋势。由于偶数项移动平均比较复杂，因此一般常以奇数项为长度。

（4）移动平均后的数列，比原有数列项数要减少。移动时采用的项数越多，虽能更好地进行修匀，但所得趋势值的项数就越少。一般情况下，移动平均项数与趋势值的项数关系为：

趋势值项数＝原有数列项数－移动平均项数＋1

例如：原有数列项数为 12，采取 3 项移动平均所得趋势值项数为 12－3＋1＝10（项）。如采用 5 项移动平均则趋势值项数为 12－5＋1＝8（项），要比原有数列少 4 项。因此，为了便于看出现象的发展趋势，要视具体情况而定，移动平均的项数不宜太多。

用将原始资料进行 3 项移动和 4 项移动平均后的资料作图（见图 7－1），移动后趋势更明显，上升得更均匀，可见修匀的项数越多，效果越好。

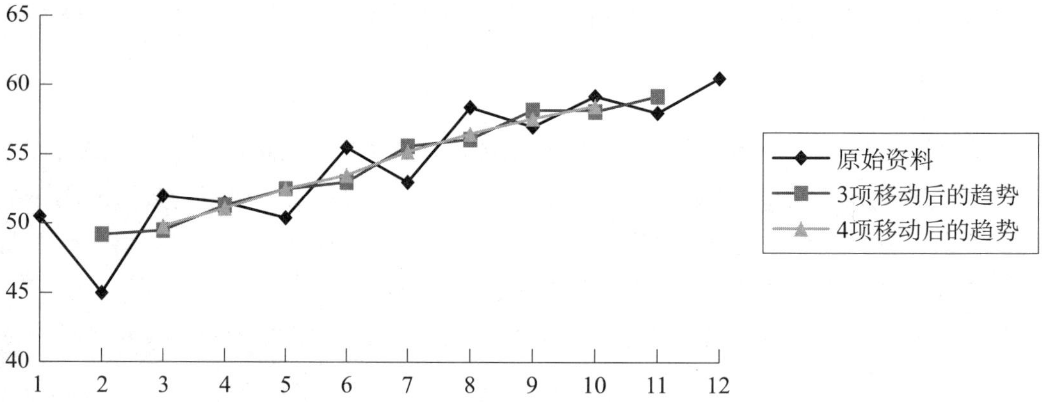

图 7－1 移动效果图

（三）最小平方法

应用最小平方法研究现象的发展趋势，就是用一定的数学模型，对原有的动态数列配一条适当的趋势线来进行修匀。根据最小平方法的原理，这条趋势线必须满足最基本的要求，即原有数列的实际数值与趋势线的估计数值的离差平方之和为最小。用公式表示如下：

$$\sum (y-y_c)^2 \rightarrow \min$$

式中：y 为原有数列的实际数值，y_c 为趋势线的估计值。

长期趋势的类型很多，有直线型，也有曲线型，而最小平方法既可用于拟合直线，也可用于拟合曲线，所以它是分析长期趋势的十分普遍和理想的方法。下面主要介绍根据社会现象的基本趋势，如何用最小平方法配合直线方程。

如果现象的发展，其逐期增长量大体上相等，则可考虑直线趋势的拟合。直线方程的一般形式为：

$$y=a+bt$$

式中：a 为截距，b 为斜率，带入$\sum(y-y_c)^2 \rightarrow \min$ 得到：

$$\begin{cases} \sum y = na + b\sum t \\ \sum ty = a\sum t + b\sum t^2 \end{cases}$$

式中：t 为动态数列的时间，n 为动态数列的项数，y 为动态数列的各期水平。

为了计算方便，我们可以假设时间 t：

当时间项数为奇数时，时间项依次排列为…，-4，-3，-2，-1，0，1，2，3，4，…

当时间项数为偶数时，时间项依次排列为…，-7，-5，-3，-1，1，3，5，7，…

以上两种假设 t 是要使时间项的正负相消，使得$\sum t=0$ 代入方程，得：

$$\begin{cases} \sum y = na \\ \sum ty = b\sum t^2 \end{cases} \Rightarrow \begin{cases} a = \dfrac{\sum y}{n} \\ b = \dfrac{\sum ty}{\sum t^2} \end{cases}$$

例题 17：表 7-19 为某食糖公司 2017—2022 年的食糖销售量资料。

表 7-19 2017—2022 年的食糖销售量表

年份	2017 年	2018 年	2019 年	2020 年	2021 年	2022 年
销售量（万吨）	47	56	65	73	80	88

要求：(1) 试用最小平方法配合食糖销售量的趋势方程。

(2) 预测 2023 年的销售量将达到什么水平。

答：(1) 设食糖销售量的直线方程为 $y=a+bt$

$$b=\sum ty/\sum t^2 = 285/70 = 4.07$$

$$a=\sum y/n = 409/6 = 68.17$$

所以，食糖销售量的直线方程为

$y=68.17+4.07t$

(2) 2023 年，$t=7$，$y=68.17+4.07\times7=96.66$（万吨）。

例题 18：表 7-20 为某企业 2016—2024 年净利润，预测 2025 年净利润。

表 7-20 某企业 2016—2024 年净利润表

年份	y	t	t^2	ty
2016	217	-4	16	-868
2017	230	-3	9	-690
2018	225	-2	4	-450

续表

年份	y	t	t^2	ty
2019	248	−1	1	−248
2020	242	0	0	0
2021	253	1	1	253
2022	280	2	4	560
2023	309	3	9	927
2024	343	4	16	1 372
合计	2 347		60	856

答：$\sum y = 2\ 347$，$\sum ty = 856$，$\sum t^2 = 60$，$n = 9$

$$\begin{cases} 2\ 347 = 9a \\ 856 = 60b \end{cases} \quad a = \frac{2\ 347}{9} = 260.78 \quad b = \frac{856}{60} = 14.267$$

$$y_c = 260.78 + 14.267t$$

预测 2025 年产量即 $t = 5$ 时：

$$y_c = 260.78 + 14.267 \times 5 = 332.12 \text{（千克）}$$

二、相关分析

（一）相关关系的概念

在自然界和社会中存在的许多事物或现象，彼此之间都是相互联系、相互制约的。在社会经济领域中，现象之间具有一定的联系，一种现象的变化往往依存于其他现象的变化，所有现象之间的相互联系都可以通过数量关系反映出来。

现象之间的相互联系可以区分为两种不同的类型：

1. 函数关系

函数关系反映现象之间存在严格的依存关系，在这种关系中，对于某一变量的每一个数值，都有另一个变量的确定的值与之相对应，并且这种关系可以用一个数学表达式反映出来。例如：$S = \pi R^2$，这里圆的面积随半径大小而变动。

2. 相关关系

相关关系反映现象之间确实存在的，而关系数值不固定的相互依存关系。理解相关关系要把握两个要点：

（1）相关关系是指现象之间确实存在数量上的相互依存关系。两个现象之间，一个现象发生数量上的变化，另一个现象也会相应地发生数量上的变化。在具有相互依存关系的两个变量中，作为根据的变量叫作自变量，发生对应变化的变量叫作因变量。

(2) 现象之间数量依存关系的具体关系值不是固定的。在相关关系中，对于某项标志的每一数值，可以有另外标志的若干个数值与之相适应，在这些数值之间表现出一定的波动性，但又总是围绕着它们的平均数并遵循一定的规律而变化。

(二) 相关关系的种类

现象之间的相互关系是很复杂的，它们各以不同的方向、不同的程度相互作用着，并表现出不同的类型和形态。

1. 按涉及的因素多少来划分

按涉及的因素多少来划分，相关关系可分为单相关和复相关。两个因素之间的相关关系叫作单相关，即研究时只涉及一个自变量和一个因变量。三个或三个以上因素的相关关系叫作复相关，即研究时涉及两个或两个以上的自变量和因变量。

2. 按表现形态来划分

按表现形态来划分，相关关系可分为直线相关和曲线相关。相关关系是一种数量上不严格的相互依存关系。如果这种关系近似地表现为一条直线则称为直线相关，如果这种关系近似地表现为一条曲线则称为曲线相关。

3. 按直线相关变化的方向来划分

按直线相关变化的方向来划分，相关关系可分为正相关和负相关。自变量 x 的数值增加，因变量 y 的数值也相应地增加，这叫作正相关。自变量 x 的数值增加，因变量 y 的数值相应减少；或者自变量 x 的数值减少，因变量 y 的数值相应增加，这叫作负相关。

4. 按相关的程度来划分

按相关的程度来划分，相关关系可分为完全相关、不完全相关和无相关。如图 7－2 所示，两种现象中一种现象的数量变化随另一种现象的数量变化而确定，这两种现象间的依存关系就称为完全相关，如 $S = \pi R^2$ 相关关系就是函数关系。两种现象的数量各自独立，互不影响，称为无相关。两个现象之间的关系，介于完全相关与无相关之间，称为不完全相关，通常相关分析主要是不完全相关分析。

(三) 相关分析的主要内容

相关分析是用以分析社会经济现象间的依存关系，其目的是从现象的复杂关系中消除非本质的偶然影响，从而找出现象间的相互依存的形式和密切程度以及依存关系变动的规律性。相关分析的主要内容如下：

(1) 确定现象之间有无关系，确定相关关系的表现形式。这是相关分析的出发点。只有有相互依存关系才能用相关方法进行分析，没有关系而当作有关系会使认识发生错误。关系表现为什么样的形式就需要使用什么样的方法，把曲线相关当作直线相关来进行分

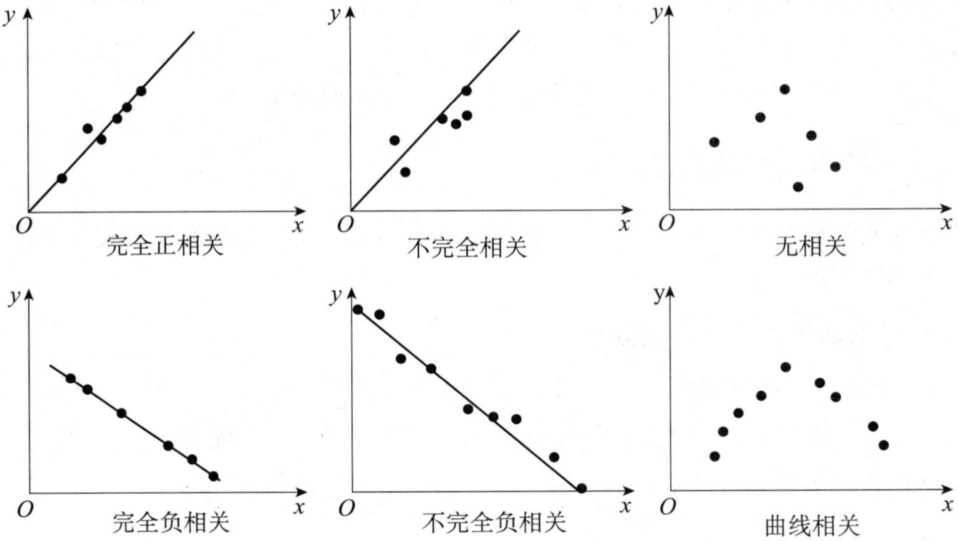

图 7－2　相关关系图

析，也会使认识发生偏差。

(2) 确定相关关系的密切程度。相关分析的目的之一，就是从不严格的关系中判断其关系的密切程度。判断的主要方法，就是将自变量和因变量的数据资料编制成散点图或相关表，帮助我们做一般性判断相关的密切程度，进而计算出相关系数。

(四) 相关系数的测定与应用

为了确切地说明现象之间相关关系的密切程度，可以计算相关系数。

1. 积差法

$$r=\frac{\sigma_{xy}{}^{2}}{\sigma_x\sigma_y}$$

$$\sigma_{xy}{}^{2}=\frac{\sum(x-\overline{x})(y-\overline{y})}{n}$$

$$\sigma_x=\sqrt{\frac{\sum(x-\overline{x})^2}{n}}$$

$$\sigma_y=\sqrt{\frac{\sum(y-\overline{y})^2}{n}}$$

$$r=\frac{\sigma_{xy}{}^{2}}{\sigma_x\sigma_y}=\frac{\sum(x-\overline{x})(y-\overline{y})}{\sqrt{\sum(x-\overline{x})^2}\sqrt{\sum(y-\overline{y})^2}}$$

式中：r 为相关系数，$\sigma_{xy}{}^{2}$ 为自变量数列和因变量数列的协方差，σ_x 为自变量数列的标准差，σ_y 为因变量数列的标准差。

例题 19：有八个企业生产某种产品，月产量和生产费用如表 7－21 所示，求月产量和生产费用间的相关系数。

表 7－21　企业月产量和生产费用资料

序号	产量 x（千吨）	费用 y（万元）	$x-\overline{x}$	$y-\overline{y}$	$(x-\overline{x})(y-\overline{y})$	xy
1	1.2	62	−3.35	−48	160.8	74.4
2	2.0	86	−2.55	−24	61.2	172
3	3.1	80	−1.45	−30	43.5	248
4	3.8	110	−0.75	0	0	418
5	5.0	115	0.45	5	2.25	575
6	6.1	132	1.55	22	34.1	805.2
7	7.2	135	2.65	25	66.25	972
8	8.0	160	3.45	50	172.5	1 280
合计	36.4	880			540.6	4 544.6

$$\overline{x}=\frac{\sum x}{n}=\frac{36.4}{8}=4.55$$

$$\overline{y}=\frac{\sum y}{n}=\frac{880}{8}=110$$

$$r=\frac{\sigma_{xy}{}^{2}}{\sigma_x\sigma_y}=\frac{\sum(x-\overline{x})(y-\overline{y})}{\sqrt{\sum(x-\overline{x})^2}\sqrt{\sum(y-\overline{y})^2}}=\frac{540.6}{\sqrt{41.92\times 7\,414}}=0.969\,7$$

2. 相关系数简捷计算方法

积差法相关系数在计算过程中要使用两个数列的平均值计算，比较烦琐，相关系数的基本计算公式，还可以利用简捷公式：

$$r=\frac{n\sum xy-\sum x\sum y}{\sqrt{n\sum x^2-(\sum x)^2}\sqrt{n\sum y^2-(\sum y)^2}}$$

在已有平均值及标准差的情况下，

$$r=\frac{\overline{xy}-\overline{x}\,\overline{y}}{\sigma_x\sigma_y}$$

其中：$\overline{xy}=\dfrac{\sum xy}{n}$

$$\sum x^2=207.54$$

$$\sum y^2=104\,214$$

$$r=\frac{8\times 4\,544.6-36.4\times 880}{\sqrt{8\times 207.54-36.4^2}\sqrt{8\times 104\,214-880^2}}=0.969\,7$$

3. 相关系数的密切程度

相关系数的数值范围在−1和+1之间，即$-1 \leqslant r \leqslant 1$，计算结果带有负号表示负相关，带有正号表示正相关。相关系数r的数值越接近于+1或−1表示相关关系越强，越接近于0表示相关关系越弱。

为了判断时有个标准，有人提出了相关关系密切程度的等级相关系数在0.3以下算无相关，在0.3以上算有相关，0.3～0.5是低度相关，0.5～0.8是显著相关，0.8以上是高度相关。

三、回归分析

（一）回归分析的概念

为了说明变量之间的相关关系，可以用相关系数来加以反映。但是，相关系数仅能说明相关关系的方向和紧密程度，不能说明变量之间的因果关系。当给出自变量某一数值时，不能根据相关系数来估计或预测因变量可能发生的数值。回归分析就是对具有相关关系的变量之间数量变化的一般关系进行测定，确定一个相关的数学表达式，以便进行估计或预测的统计方法。

相关关系是一种数量关系不严格的相互依存关系。现在根据这些数量关系不严格、不规则的材料找出现象的规则来，方法就是配合直线或曲线，一般用得较多的是配合直线，用一条直线来代表现象之间的一般数量关系，这条直线在数学上叫作回归直线，表现这条直线的数学公式称为直线回归方程。

（二）回归分析的主要内容

回归分析是通过一定变量或一些变量的变化来解释另一变量的变化。主要内容有：

1. 确定现象间相关关系的数量模型

确定了现象间确有相关关系及密切程度，就要选择合适的数学模型，对变量之间的联系作出近似的描述。如果现象之间的关系表现为直线相关，则采用配合直线的方法；如果现象之间的关系表现为各种曲线，则采用配合曲线的方法。使用这种方法，我们能找到现象之间相互依存关系在数量上的规律，这是进行判断、推算、预测的根据。

2. 测定变量估计值的可靠程度

配合直线或配合曲线后，可反映现象间的变化关系，也就是说，自变量变化时，可根据这个数量关系测定因变量的估计值。把估计值与实际值对比，如果它们的差别小，说明估计得较准确；反之，就不够准确。这种因变量估计值的准确程度，通常用估计标准误来衡量。

3. 预测因变量

对回归方程变量之间的相关性进行显著性检验。通过统计检验后，利用回归模型，根据自变量去预测因变量。

（三）相关分析与回归分析的关系

相关分析是回归分析的基础和前提，回归分析是相关分析的深入和继续。相关分析需要依靠回归分析来表现变量之间数量关系的具体形式，而回归分析则需按相关分析来表现变量之间数量变化的程度。只有当变量之间存在显著相关时，进行回归分析寻求其相关的具体形式才有意义。相关分析只研究变量之间相关的方向和程度，不能推断变量之间的相互关系的具体形式，也无法从一个变量的变化来推断另一个变量的变化情况。因此，只有将回归分析和相关分析结合起来，才能达到研究和分析的目的。

（四）简单直线回归方程

1. 简单直线回归分析的特点

（1）在两个变量之间，在进行回归分析时，必须根据研究目的，具体确定哪个是自变量，哪个是因变量。

（2）在两个现象互为根据的情况下，可以有两个回归方程——y 倚 x 回归方程和 x 倚 y 回归方程。这和用以说明两个变量之间关系密切程度的相关关系只能计算一个是不相同的。

（3）回归方程的主要作用在于给出自变量的数值来估计因变量的可能值。一个回归方程只能作一种推算。推算的结果表明变量之间的具体的变动关系。

2. 简单直线回归方程的确定

简单直线回归方程又称为一元一次回归方程，其基本形式是：

y 倚 x 回归方程是：

$$y_c = a + bx$$

式中：a 为直线的截距，b 为直线的回归系数。

使用最小平方法，求出的回归线是原资料的最合适线，就 y 倚 x 回归来说：

$$\sum (y - y_c)^2 = \text{最小值}$$

$$\begin{cases} \sum y = na + b\sum x \\ \sum xy = a\sum x + b\sum x^2 \end{cases}$$

解出：$b = \dfrac{\sum xy - \frac{1}{n}\sum x \sum y}{\sum x^2 - \frac{1}{n}(\sum x)^2}$

$a=\bar{y}-b\bar{x}$

例题 20：表 7-22 为 1996—2002 年我国城镇居民家庭年均可支配收入与年人均消费性支出，找出我国城镇居民家庭年均可支配收入与年人均消费性支出的关系，假如 2003 年人均可支配收入为 8.47，求人均消费性支出。

表 7-22　1996—2002 年我国城镇居民家庭年均可支配收入与年人均消费性支出 单位：千元

年份	年人均可支配收入 x	年人均消费性支出 y	x^2	y^2	xy
1996	4.84	3.92	23.43	15.37	18.97
1997	5.16	4.19	26.63	17.56	21.62
1998	5.43	4.33	29.48	18.75	23.51
1999	5.85	4.62	34.22	21.34	27.03
2000	6.28	5.00	39.44	25.00	31.40
2001	6.86	5.31	47.06	28.20	36.43
2002	7.70	6.03	59.29	36.36	46.43
合计	42.12	33.40	259.55	162.58	205.39

年人均可支配收入与年人均消费性支出之间的相关系数为 $r=0.996$，即存在高度线性相关关系。建立直线回归方程 $y_c=a+bx$。

$$r=\frac{n\sum xy-\sum x\sum y}{\sqrt{n\sum x^2-(\sum x)^2}\sqrt{n\sum y^2-(\sum y)^2}}$$

$$=\frac{7\times 205.39-42.12\times 33.40}{\sqrt{7\times 259.55-42.12^2}\sqrt{7\times 162.58-33.40^2}}=0.996$$

$$b=\frac{\sum xy-\frac{1}{n}\sum x\sum y}{\sum x^2-\frac{1}{n}(\sum x)^2}=\frac{205.39-\frac{1}{7}\times 42.12\times 33.40}{259.55-\frac{1}{7}\times 42.12^2}=0.72$$

$$a=\bar{y}-b\bar{x}=\frac{33.40}{7}-0.72\times\frac{42.12}{7}=0.42$$

$$y_c=0.42+0.72x$$

将 $x=8.47$ 代入，则 $y_c=0.42+0.72\times 8.47=6.52$。

操作指导

最小平方法的使用

一、最小平方法

以表 7-19 为例：

(1) 打开 Excel，选择“插入”—“图表”，选择折线图，生成折线图，如图 7-3 所示。

图 7-3　最小平方法操作 1

左键单击折线图右侧第一项“图表元素”，勾选“趋势线”，拟合出直线方程，如图 7-4 所示。

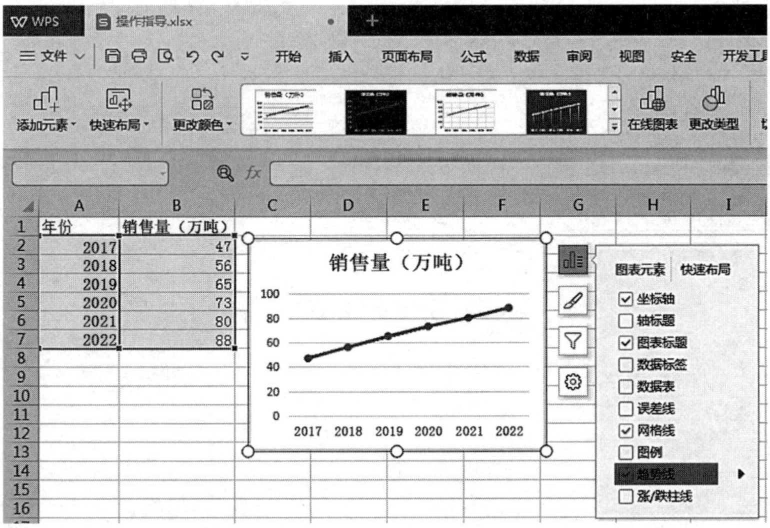

图 7-4　最小平方法操作 2

(2) 在勾选“趋势线”的右侧下拉框中，选择“更多选项”，如图 7-5 所示。

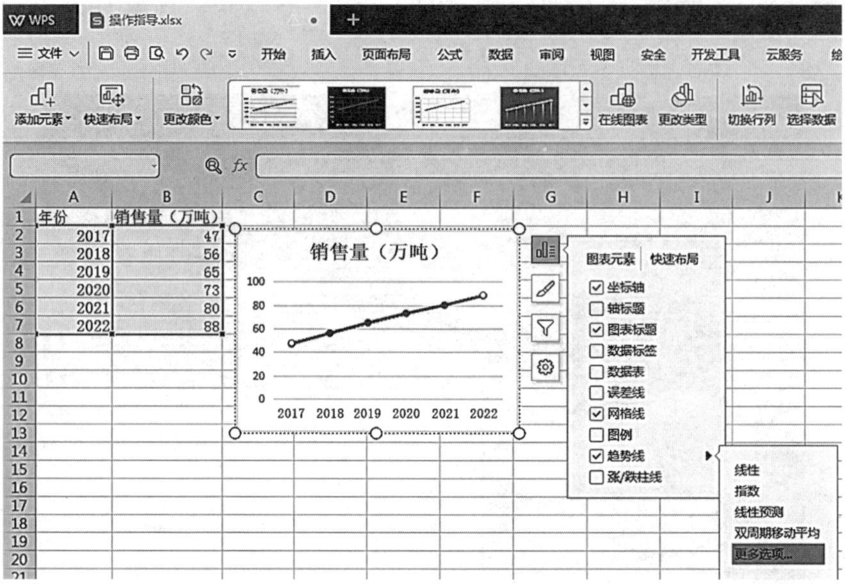

图 7-5　最小平方法操作 3

（3）在 Excel 表格右侧的属性栏中设置“趋势线”属性，在“趋势线选项”中选择“线性”，下方勾选“显示公式”和“显示 R 平方值”两项，如图 7-6 所示。

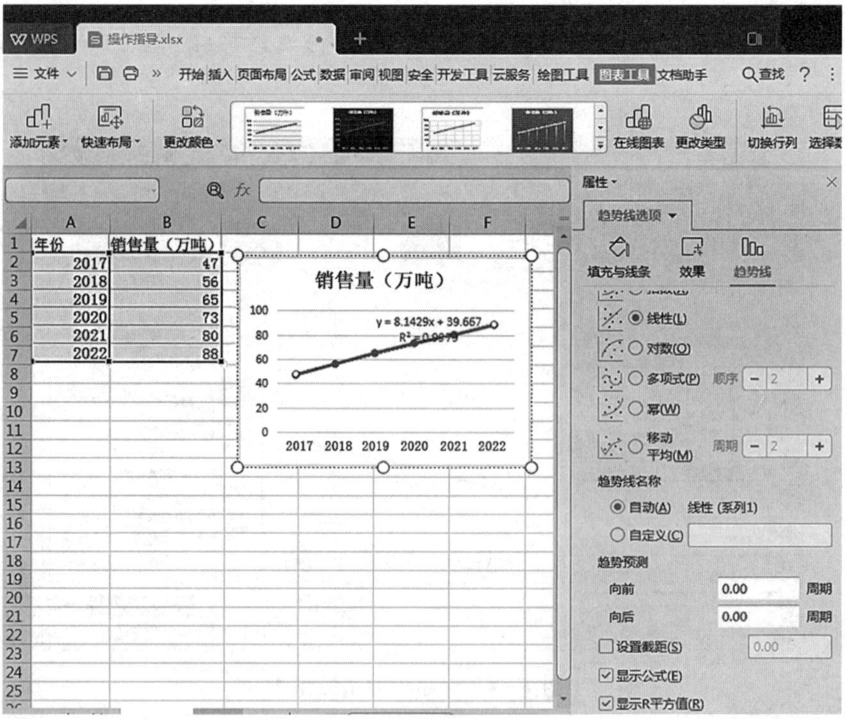

图 7-6　最小平方法操作 4

得到趋势线和直线趋势方程及 R 平方值，如图 7－7 所示。

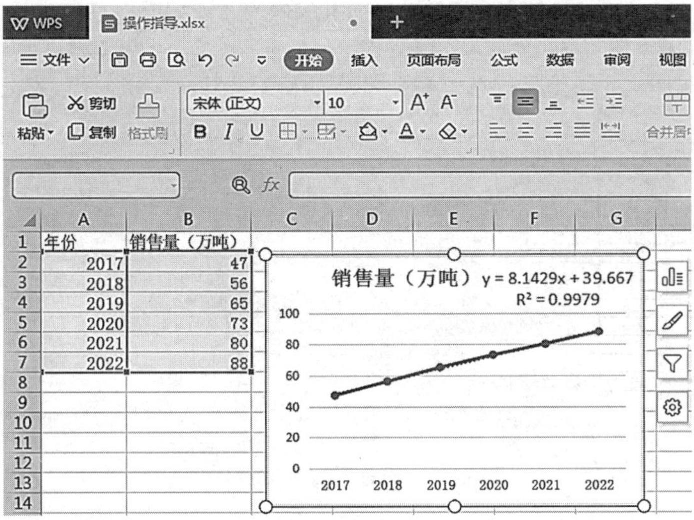

图 7－7　最小平方法完成直线趋势方程及 R 平方值

二、相关系数函数

以例题 20 为例，打开 Excel 表格：

（1）选择“公式”—“fx 插入函数”，弹出“插入函数”窗口。

（2）选择类别“统计”，选择函数“CORREL”，进入函数参数设置，如图 7－8 所示。

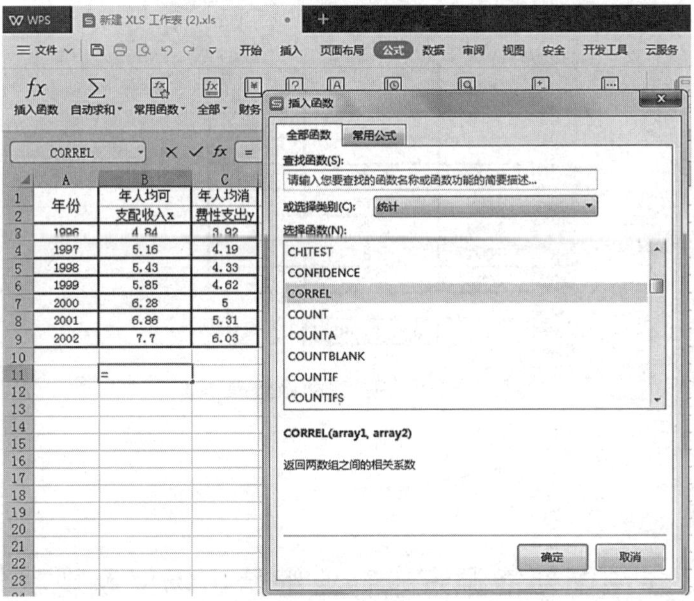

图 7－8　相关系数函数操作 1

（3）在“函数参数”窗口中，第一组数值选择“年人均可支配收入 x”的数据区域 B3:B9，第二组数值选择“年人均消费性支出 y”的数据区域 C3:C9，得到函数计算结果，如图 7－9 所示。

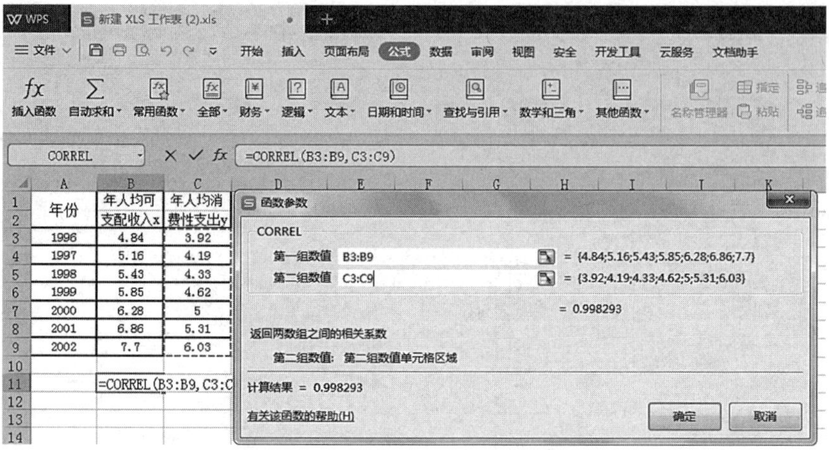

图 7－9　相关系数函数操作 2

（4）单击“确定”按钮即可在当前光标所在单元格显示函数的计算结果，如图 7－10 所示。

图 7－10　相关系数函数操作 3

案例学习

2023 年中国新能源汽车行业细分市场发展现状分析

一、新能源汽车行业细分市场按驱动类型分类发展现状

（一）纯电动汽车市场发展现状

2018—2022 年，我国纯电动汽车市场快速发展，纯电动汽车产销量同步快速提升。

2022 年全年，我国纯电动汽车产量为 546.7 万辆，同比增长 98.01%；销量为 536.5 万辆，同比增长 96.23%。相比 2018 年，我国纯电动汽车第一季度产销量翻了五倍多。2023 年上半年，我国纯电动汽车产量、销量分别为 274.7 万辆、271.9 万辆，相比 2022 年同期分别增长了 30.3%和 31.9%（见图 7－11）。

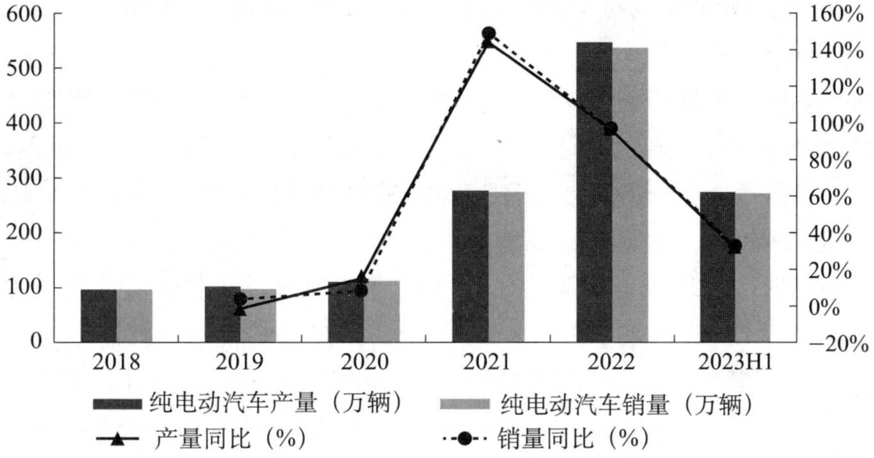

图 7－11　2018—2023 年中国纯电动汽车产销量及同比变化

资料来源：中国汽车工业协会、前瞻产业研究院。

（二）插电式混合动力汽车市场发展现状

2018 年至 2020 年，我国插电式混合动力汽车总体产销量较为稳定，在 20 万辆至 30 万辆之间波动。2021 年，我国插电式混合动力汽车市场迎来爆发式增长，产量达 59.8 万辆，销量达 60.0 万辆，同比分别增长 130.00%、139.04%。2022 年，插电式混合动力汽车市场快速增长态势延续，产量、销量分别为 158.9 万辆、151.8 万辆，同比增长分别高达 164.64%、153.00%。2023 年上半年，国内插电式混合动力汽车产量、销量分别为 103.9 万辆和 102.5 万辆，同比分别增加 88.6%和 91.1%（见图 7－12）。

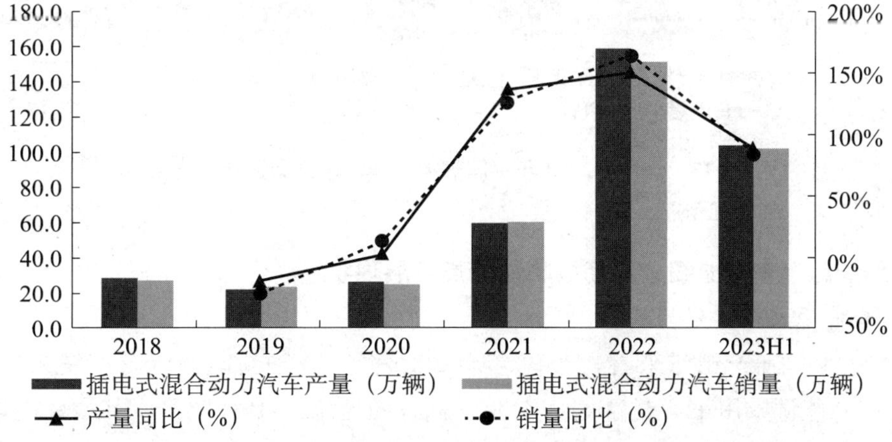

图 7－12　2018—2023 年中国插电式混合动力汽车产销量及同比变化

资料来源：中国汽车工业协会、前瞻产业研究院。

插电式混合动力汽车爆发增长的原因主要有两点：一是多家国内车企纷纷入局插电式混合动力汽车，如比亚迪的DM-i超级混动，奇瑞的鲲鹏DHT混动，以及广汽传祺通过与丰田汽车的合作，得到了最有优势的混合动力技术支持，使得插电式混合动力汽车市场热度有所增长；二是纯电动汽车的里程焦虑、电池安全、充电设施不完善等问题仍然没有完美解决方案，使得消费市场对于插电式混合动力汽车的认同感快速提升。

（三）燃料电池汽车市场发展现状

我国燃料电池汽车目前正处于起步发展阶段，产销量较小。2021年下半年，燃料电池示范城市群政策正式出台，受政策驱动，业内热情与预期较高。然而2022年受疫情影响以及补贴落地速度较预期有所差距，氢燃料电池销量推进较为缓慢，销量增速与产量增速之间差距较大。2022年3月，国家发展改革委、能源局联合印发了《氢能产业发展中长期规划（2021—2035年）》（以下简称《规划》），明确了氢的能源属性，燃料电池汽车或将迎来快速发展阶段。2022年全年，我国燃料电池汽车产量、销量分别为4 000辆、3 000辆，同比分别增长145.85%、101.88%。2023年上半年，我国燃料电池汽车产量、销量均为2 000辆，产销达到平衡状态，同比分别增长38.4%和73.5%（见图7-13）。

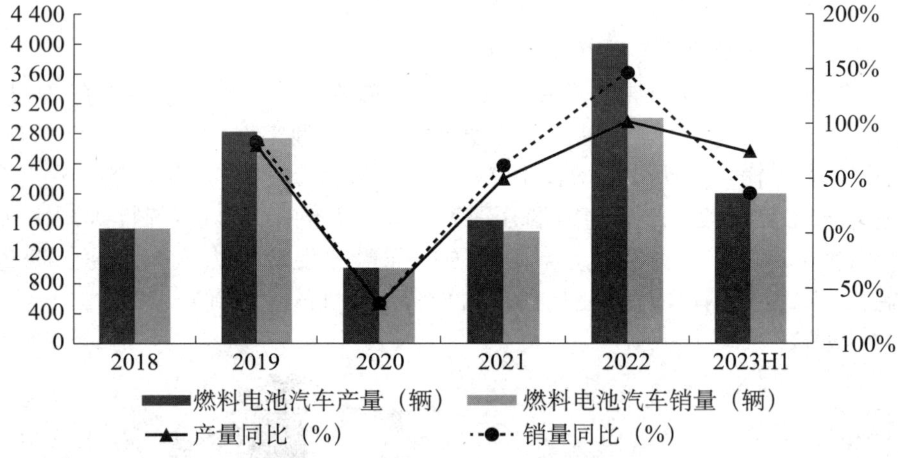

图7-13　2018—2023年中国燃料电池汽车产销量及同比变化

资料来源：前瞻产业研究院。

二、新能源汽车行业细分市场按功能分类发展现状

（一）新能源乘用车发展现状

从新能源乘用车产销量来看，2019年至2022年，我国新能源汽车产销量持续增长，2022年我国新能源乘用车产量达到666.3万辆，同比增长101.54%。其中，纯电动乘用车产量为510.5万辆，插电式混动乘用车产量为155.8万辆。2022年我国新能源汽车销量达到650万辆，同比增长97.39%，其中，纯电动乘用车销量为501.3万辆，插电式混动

乘用车销量为 148.7 万辆。2023 年上半年，我国新能源乘用车产量、销量分别为 355.1 万辆、354.3 万辆，同比分别增长 41.4%、43.7%（见图 7-14）。

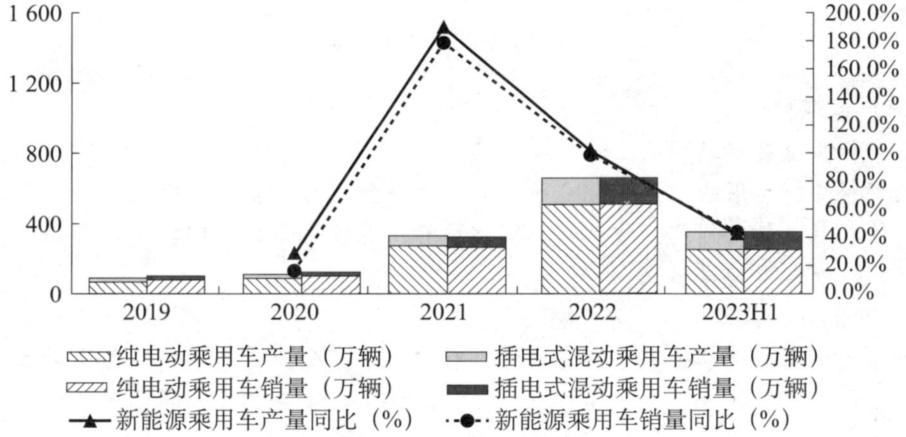

图 7-14 2019—2023 年中国新能源乘用车产销量及同比变化

资料来源：乘联会、前瞻产业研究院。

（二）新能源商用车发展现状

从新能源商用车产销量方面来看，目前我国新能源商用车正处于快速发展阶段。销量方面，2018 年至 2020 年，我国新能源商用车销量历经短暂下滑后，于 2021 年、2022 年持续回弹，2022 年全国新能源商用车销量为 33.8 万辆，同比增长 81.72%。产量方面，2019 年至 2021 年，我国新能源商用车产量持续上升，2022 年回落至 34.2 万辆，同比减少 7.82%（见图 7-15）。

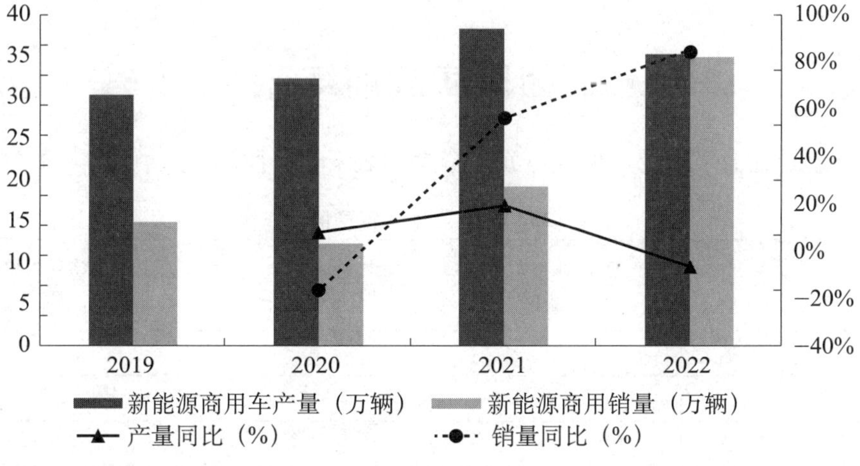

图 7-15 2019—2022 年中国新能源商用车产销量及同比变化

资料来源：中国汽车工业协会、前瞻产业研究院。

知识拓展

市场预测的程序

1. 确定预测目标

明确目标是开展市场预测工作的第一步，因为预测的目的不同，预测的内容和项目、所需要的资料和所运用的方法都会有所不同。明确预测目标就是根据经营活动存在的问题拟定预测的项目，制订预测工作计划，编制预算，调配力量，组织实施，以保证市场预测工作有计划、有节奏地进行。

2. 搜集资料

进行市场预测必须掌握充分的资料。只有掌握了充分的资料，才能为市场预测提供进行分析、判断的可靠依据。在市场预测计划的指导下，调查和搜集预测有关资料是进行市场预测的重要一环，也是预测的基础性工作。

3. 选择预测方法

根据预测的目标以及各种预测方法的适用条件和性能，选择合适的预测方法。有时可以运用多种预测方法来预测同一目标。预测方法的选用是否恰当将直接影响预测的精确性和可靠性。运用预测方法的核心是建立描述、概括研究对象特征和变化规律的模型，根据模型进行计算或者处理，即可得到预测结果。

4. 预测分析和修正

分析判断是对调查搜集的资料进行综合分析，并通过判断、推理，使感性认识上升为理性认识，从事物的现象深入事物的本质，从而预计市场未来的发展变化趋势。在分析评判的基础上，通常还要根据最新信息对原预测结果进行评估和修正。

团队实战训练

1. 某企业最近七年来的产值（万元）资料如表 7-23 所示。

表 7-23　某企业近七年产值分布表　　单位：万元

年数	产值
第 1 年	320
第 2 年	332
第 3 年	345
第 4 年	358
第 5 年	370
第 6 年	385
第 7 年	400

要求：(1) 用最小平方法拟合直线趋势方程。(2) 根据所求得的直线趋势方程预测第 8 年该企业的产值。

解：

年数	产值 y	t	t^2	ty
第 1 年	320	−3	9	−960
第 2 年	332	−2	4	−664
第 3 年	345	−1	1	−345
第 4 年	358	0	0	0
第 5 年	370	1	1	370
第 6 年	385	2	4	770
第 7 年	400	3	9	1 200
合计	2 510	0	28	371

$$b=\frac{\sum ty}{t^2}=\frac{371}{28}=13.25$$

$$a=\frac{\sum y}{n}=\frac{2\ 510}{7}=358.57$$

$$y=358.57+13.25t$$

第 8 年的 t 值应该取 4，而不是取 8。所以

$$y=358.57+13.25t=358.57+13.25\times 4=411.57\text{（万元）}$$

2. 表 7 - 24 为某地区 2018—2023 年粮食产量，预测 2024 年粮食产量。

表 7 - 24　某地区 2018—2023 年粮食产量表　　单位：万吨

年份	粮食产量
2018	85.6
2019	91
2020	96.1
2021	101.2
2022	107
2023	112.2

解：

年份	粮食产量 y	t	t^2	ty
2018	85.6	−5	25	−428
2019	91	−3	9	−273
2020	96.1	−1	1	−96.1
2021	101.2	1	1	101.2

续表

年份	粮食产量 y	t	t^2	ty
2022	107	3	9	321
2023	112.2	5	25	561
合计	593.1		70	186.1

$$b=\frac{\sum ty}{\sum t^2}=\frac{186.1}{70}=2.66$$

$$a=\frac{\sum y}{n}=\frac{593.1}{6}=98.85$$

$$y=98.85+2.66t$$

2024 年产量，将 $t=7$ 代入方程得到 $y=98.85+2.66\times 7=117.47$（万吨）。

项目八 调研报告的撰写

学习目标

知识目标：

1. 掌握调研报告的基本格式和内容。
2. 掌握调研报告的写作要求。
3. 了解调研报告的撰写程序。

能力目标：

1. 能根据项目要求设计调研报告框架。
2. 能准确归纳和表述调研观点。
3. 能合理安排调研报告的层次结构。
4. 能独立撰写较为简单的调研报告。
5. 能选择合适的形式呈现调研结果。

素养目标：

1. 通过调研报告的撰写练习，提高文字组织能力。
2. 通过对结果的分析，提升归纳总结和发现规律的能力。

大家来讨论

太原市汽车用品市场定性分析

一、市场分析

太原市汽车用品市场有以下几个特点：

（1）市内零散商铺较多，商户愿意集中式经营。

（2）商铺硬件条件、交通组织较差，大部分需要改造后才能使用，期望有专业的市场出现。

（3）合同期限较短，投入存在风险，且租金涨幅较大。

（4）部分品牌商想进入太原市场，但没有合适位置，无较高档次汽车用品集散地。

（5）汽车需求每年递增较大，汽车用品相应需求增大。

（6）市内目前没有完整的集汽配、装饰、改装、服务为一体的大型专业市场。

（7）汽配店所需面积一般商铺难以达到要求，商铺难以集中，产品过于单调。

二、市场经营商户类型分析

（一）全方位经营商家

各种产品和服务都比较全的商家大多经营规模较大，店内的工作人员在素质和服务态度上都显示出较高的水平。在严格的经营管理体系下，这些店在市场上也拥有较大的竞争力。

（二）汽车装饰类产品经营商家

这些商家大多以座套、坐垫、脚垫、挂件、香水等中低端产品为主要经营内容。有的甚至只经营挂件、香水等小物件，在降低经营成本的同时走薄利多销路线。这些商家在经济实力和技术实力上大多处于弱势地位，所以要寻找适合自己的发展道路。

（三）电子类产品经营商家

这类商家以技术为基础走中高端产品路线，主要经营电子类产品。虽然这类商家在市场上仅以小比例存在，但是他们所经营的产品极大地带动了整个市场、整个行业的发展。

三、市场需求、消费者购买分析

从销售情况来看，企业均认为低档汽车的配件更新频率较快，而高档汽车由于有品牌与质量的双重保障，因此零配件的使用损耗率就较低。顾客在选择汽车用品时，对原厂或者配厂都比较谨慎，产品质量是顾客选择的主要原因。经销商在出售的产品档次中，中档次居多，低档次其次，高档次较少。中档次的汽车用品性价比较高，是顾客的首选，低档次的汽车用品在质量上比较让人担心，而高档次的汽车用品由于价格原因只有少部分人愿意选购。经销商在售出配件时都会帮顾客安装好，只有少部分顾客会选择自己安装。由于所调研企业多为民营企业，因此在售后服务方面，只有少数企业会对顾客进行回访，这部分企业也多为行业新手，为了企业效益与日后发展，在售后上做了努力。

资料来源：黄慧化，陈学忠．市场调查实务：项目教程［M］．2版．北京：电子工业出版社，2017.

请思考：

（1）该定性分析的特点是什么？

（2）该定性分析用了哪些方法？

（3）这类分析对决策有价值吗？

基本知识

调研报告的撰写是整个市场调研过程中非常重要的部分，因为调研报告通常是评价整个研究过程工作好坏的唯一标准。

撰写调研报告是市场调研的最后一步，也是十分重要的一步。调研数据经过统计分析之后，只是为我们得出有关结论提供了基本依据和素材，要将整个调研的成果用文字形式表现出来，使调研真正起到解决社会问题、服务社会的作用，则需要撰写调研报告。调研报告是调研结果的集中表现。

调研报告是市场调研的总结，是市场调研的成果，也是管理者最关注的内容。许多管理者虽然并不一定参与调研过程，但是他们会利用调研报告进行决策。调研报告实际上是一种信息的组合，它把调研结果、建议、结论和其他重要信息传递给决策者，使其能够以报告内容为基础做出决策。

一、调研报告的结构

在开始撰写调研报告之前，调研人员要对报告的结构和体例有一个清楚的认识。市场调研报告虽然因调研课题、调研人员的风格不同而有所区别，但是其基本结构是相同的。规范的市场调研报告，一般应包括前言、正文和附录三个部分。

（一）前言

市场调研报告的前言部分主要介绍调研课题的基本情况，包括标题页、委托信、目录和摘要。

1. 标题页

标题页包括的内容有：报告的标题、报告的提供对象、报告的撰写者和发布日期。

对于企业内部调研而言，报告的提供对象是企业某高层负责人或董事会，报告撰写者是内部调研机构（见图 8－1）。对于社会调研服务而言，报告的提供对象是调研项目的委托方，报告的撰写者是提供调研服务的咨询公司（见图 8－2）。在后一种情况下，有时还需要写明双方的地址和人员职务。

[**例 8－1**]

杭州休闲旅游市场调研报告

浙江××学院
××××年 9 月 15 日

图 8－1　杭州休闲旅游市场调研报告封面图

［例 8－2］

杭州休闲服装市场调研分析报告 委托单位：浙江太子龙服饰有限公司 调研机构：××调研公司 报告日期：××××年 5 月

图 8－2　杭州休闲服装市场调研报告封面图

（1）调研报告标题的形式有两种，即单标题和双标题。

①单标题，即通过一个标题把调研对象、调研内容明确而具体地表示出来。

②双标题，即采用正、副标题形式，一般正标题表示调研的主题，副标题表示调研的对象和问题。

（2）标题的写法有三种，分别是直叙式、表明观点式和提出问题式。

①直叙式标题，即反映调研意向或只透出调研地点、调研项目的标题，此类标题通常简明、客观，如《2024 年居民理财动态调查研究报告》《杭州市居民住宅消费需求的调研》等。一般市场调研报告的标题多用直叙式。

②表明观点式标题，即直接阐述作者的观点、看法，或对事物的判断、评价的标题，如《开放 B 股市场引发居民外汇储蓄下降》等调研报告的标题。

③提出问题式标题，即以设问、反问等形式，突出问题的焦点和尖锐性，吸引读者阅读，促使读者思考，如《数字化，您走了多远?》《消费者愿意到网上购物吗?》等形式的标题。

2. 委托信

委托信是客户在调研项目正式开始之前写给调研策划组织的。它具体表明了客户对调研承担者的要求。有时，可以在递交信中说明委托的情况；有时，则可以在调研报告中附有委托信的复印件。

企业与市场调研企业双方在正式委托某项目具体的市场调研工作之前，往往由双方订立确定委托代理关系的合同文书，包括以下内容：

（1）调研的范围与方法。

（2）付款条件。

（3）预算。

（4）人员配备。

（5）期限。

（6）临时性报告。

（7）最终报告的特定要求。

3. 目录

目录是关于报告中各项内容的完整一览表。报告的目录一般只列出各部分的标题名称、有关章节号码及页码。但由于结果部分的内容通常比较多，因此为了读者阅读方便，可以将细目也列进去（见图 8-3）。目录的篇幅以不超过一页为宜。

［例 8-3］

目　录

图 8-3　调研报告目录

4. 摘要

摘要是对调研活动所获得的主要结果的概括性的说明。阅读调研报告的人往往对调研过程的复杂细节没有什么兴趣，他们只想知道调研所得到的主要结论，以及他们应如何根据调研结果进行决策。

从次序上看，摘要应安排在整个调研报告之前，但是，其起草应在报告的其他部分完成以后。摘要的长度以不超过 2 页为宜，因此作者要仔细斟酌，既要概括调研成果的主要内容，又要用清楚、简洁而概括的手法，简明扼要地说明调研的主要结论。

摘要主要包括以下四个方面的内容：

（1）简要说明调研目标，即简要地说明调研的由来和委托调研的原因。

（2）简要介绍调研对象和调研内容，包括调研时间、地点、对象、范围、调研要点及所要解答的问题。

（3）简要介绍调研的方法。介绍调研的方法有助于使人相信调研结果的可靠性，因此要对所用方法进行简短叙述，并说明选用该方法的原因。例如：是用抽样调研法还是用典型调研法；是用实地调研法还是文案调研法等。另外，在分析中使用的方法也应进行简要说明。如果这部分内容有很多详细的工作技术报告需加以补充说明，则可附在市场调研报告最后的附录中。

（4）简要说明最主要的结果、结论及建议。要说明每项具体研究的关键结果，对于结果含义的解释，以及建议采取的行动。

（二）正文

正文是市场调研报告的主体部分。市场调研报告的正文必须包括研究的全部事实，必须对调研的背景、目标、方法、过程、结论和建议进行详细阐述。

1. 引言

这一部分主要揭示调研背景和调研目标等内容。研究者要对调研的由来或受委托进行该项调研的原因做出说明。说明时，可能要引用有关的背景资料作为依据，分析企业经营、产品销售、广告活动等方面存在的问题。

调研目标通常是针对研究背景分析所得出的问题提出的，一般是为了获得某些方面的资料或对某些假设进行检验。调研人员必须对本研究意欲获得的信息列出一张清单。

2. 调研概述

一般而言，调研概述部分篇幅不太长，但是内容比较丰富，它应该提供必要的信息，使读者了解数据是怎样收集的、结论是怎样得出的。具体内容包括：调研实施的范围、调研对象、调研内容、资料收集方法及其选择理由、抽样方法、样本规模及抽样步骤、资料的汇总和分析方法等。

3. 调研结果分析

调研结果分析部分是调研报告的主要内容，集中了调研中所获得的几乎所有资料和数据，以及对其的分析。在这一部分，我们首先要以叙述形式表述紧扣调研目标的一系列发现，把这些结果按照某种逻辑顺序进行组织。表述要实事求是，不可过分吹嘘。为了对枯燥无味的、不易建立起总括印象的文字叙述进行补充，使调研结果更为真实可信，调研人员一般会配合表格、图形和其他适当的可视图等来表述调研结果。

但是，仅仅简单陈述调研结果还不够，调研人员必须对图表中的数据资料所隐含的趋势、关系和规律加以客观的描述和分析，也就是说，要对调研结果做出解释。这种分析和解释也必须是客观的，不可为了调研需要而夸大事实。

4. 结论与建议

结论与建议是撰写市场调研报告的主要目的。需要注意的是，结论与建议不是一回事。结论是以调研事实为基础得出的结果，是对以上分析的进一步总结。建议是以结论为基础提出的可以采取的措施、方案或具体行动计划。

结论有时可与调研结果合并在一起，但要根据调研课题的大小而定。一般而言，如果调研课题小、结论简单，结论可以直接与调研结果合并成一部分来写；如果调研课题比较大、结论内容多，结论和调研结果应分开写。建议是针对调研获得的结论提出的，应单独行文。

（三）附录

附录部分主要是呈现与正文相关的各种资料，以供读者参考。附录的资料可用来证明或进一步阐述已经包括在报告正文之内的资料。

附录内容可多可少、可长可短，完全根据实际需要而定。附录一般包括以下内容：

（1）调研问卷、访谈提纲、观察记录表等。

（2）调研对象的名单。

（3）文献调研所使用的参考资料的索引。

（4）某种特殊调研方法和分析方法的介绍。

（5）较为复杂的抽样调研技术的说明。

（6）调研获得的原始数据图表（正文中的图表只是汇总）。

二、调研报告的撰写要求、注意事项及容易出现的问题

（一）调研报告的撰写要求

一份优秀的调研报告要符合以下要求：

1. 语言简洁

报告的读者阅读报告的目的是从报告中快速地获得信息，而不是为了像欣赏小说一样欣赏报告。因此，报告的言语不必追求华丽，但要讲究简洁、准确，要让读者一眼就能看懂。

调研报告的撰写

2. 结构严谨

在撰写调研报告时，各部分内容的主要意思要突出，各部分之间的逻辑关系要强，尽量使读者看一遍报告就能明白整个调研的基本过程和结果。千万不可把一大堆资料简单地堆砌在一起。

3. 内容全面

调研报告要将一项调研的来龙去脉详细地加以介绍，能够让读者通过阅读报告了解调研过程的全貌，对调研的质量做出评价，对调研所获得的结果有一个清晰的认识，明确调研对他们有哪些用处、调研能够帮助他们解决什么问题。也就是说，报告要回答或说明研究为何进行，采用什么方法进行研究，得到什么结果和结论，有什么建议。

4. 资料翔实

市场调研报告要将调研过程中各个阶段收集到的全部相关资料组织在一起，不能遗漏掉重要的资料，但也不能将一些无关的资料全部写进报告中。

5. 结论明确

在市场调研报告中，对调研获得什么样的结论要明确地加以阐述，不能模棱两可、含糊其辞。

（二）撰写调研报告的注意事项

(1) 报告中的词汇尽量非专业化，这是因为阅读报告的人可能并不完全懂得调研人员已经熟悉的技术资料，也不一定有耐心阅读烦琐、生涩的报告。

(2) 语言叙述要客观、平实，避免主观武断和片面性。

(3) 要考虑读者的观点、阅历，尽量使报告适合于读者阅读。

(4) 充分利用统计图、统计表来说明和显示资料，让读者不看文字内容也能从图表中获取信息。

(5) 仔细核对全部数据和统计资料，务必使数据资料准确无误。

（三）撰写调研报告容易出现的问题

撰写者虽然已经清楚地知道市场调研报告撰写的知识和技巧，但在实际运作中，还是经常会出现一些问题，主要体现在以下几方面：

1. 处理不好篇幅和质量的关系

篇幅并不代表质量，只有让报告使用者满意的报告才是高质量的报告，因此，调研的价值不是用报告的篇幅来衡量的，而是以质量来衡量的。一份 250 页的报告并不是高层领导所要读的，对于他来说，一份 5 页的执行性摘要就够了。

2. 解释不充分或不准确

图表和数据无疑是市场调研报告的重要组成部分，但是撰写者必须对这些图表和数据进行充分的解释和分析，如果只是将图表和数据展示出来而不做解释或做了错误解释，必然引起使用者对这些图表和数据的怀疑，进而影响报告本身的可信度。

3. 把握不准资料的取舍

根据调研的目标对资料进行取舍是撰写市场调研报告的重要环节。如果撰写者在报告中采用了大量与目标无关的资料，就会造成报告篇幅过长，抓不住重点。

4. 所提建议不可行

所提建议不可行，是指在报告中提出的建议对报告使用者来说根本行不通。这种问题的出现大都由于撰写者并不十分了解企业的情况，或者对市场的判断过于轻率。只有符合企业实际情况的建议才是可行的。

5. 过度使用定量技术

定量技术的使用肯定会提高市场调研的质量，但必须适可而止。过度使用定量技术会降低报告的可读性，容易造成使用者阅读疲劳和引发对报告合理性的怀疑。

三、调研资料的呈现

调研资料分析的结果通常借助于一定的形式展示出来，以供阅读、分析和使用，市场调研资料呈现的主要方式有统计表和统计图。

（一）统计表

统计表是呈现数据资料最广泛的形式，通常将数据按照一定的逻辑和顺序组织起来，使数据有条理、有系统地排列，方便人们阅读和比较。统计表由标题、行标题、列标题和单元格构成。统计表可以分为简单表和交叉表。频数表是常见的简单表之一。

1. 频数表

频数表主要用于单个品质型变量的分析，计算品质型变量各个取值的观测数（频数），用表格形式表示出来，这样得到的表格就是频数表。频数表能直观地反映数据的分布，对于数值型变量也可以按观测值的大小分为不同组，再将各观测值归纳到各组段中，形成一个新的品质型变量，然后可以进行频数分析，构成频数表。

[例 8-4] 为了解大学生饮料消费行为，采用问卷调查的方式对 341 名学生进行调研，第 1 题饮料购买地点是个品质型变量，进行初步统计得到频数分析如表 8-1 所示。

表 8-1　饮料购买地点

地点	频数	频率（%）
生活区便利店	246	72.10
大卖场	21	6.20
饮料售卖机	45	13.20
路边小店	24	7.00
其他	5	1.50
总计	341	100

2. 交叉表

交叉表（或称列联表）用于研究两个或两个以上品质型变量，分析两个变量同时作用下的结果。比如在大学生饮料消费调研中，研究男女生在饮料购买地点上的不同，可以将行变量设为性别，列变量设为饮料购买地点，结果如表 8-2 所示。数值显示，男女生购买饮料的地点都集中在生活区便利店，相对而言，女生比男生更集中，男生在其他地方购买饮料的比例均高于女生。

表 8-2　性别 * 购买地点交叉表

性别	生活区便利店	大卖场	饮料售卖机	路边小店	其他	小计
男生	64.0%	7.5%	16.8%	9.2%	2.5%	100.0%
女生	79.4%	5.0%	10.0%	5.0%	0.6%	100.0%
总计	72.1%	6.2%	13.2%	7.0%	1.5%	100.0%

注意在文章中的表格各要素不能缺失，包括表格标题、行标题、列标题和单元格内容。若文章中有多张表格，还应按出现顺序从小到大进行编号。

（二）统计图

统计图是一种将数据以图形方式呈现的工具，它通过视觉元素（如线条、条形、饼形等）来展示数据之间的关系和趋势，数据呈现直观、形象和具体，使数据更易于理解和分析，也能给人更深刻的印象，是数据分析和数据可视化的重要工具。

常见的用于描述统计分析的统计图有柱形图、条形图、饼图、折线图、雷达图、树状图、旭日图等，不同类型的统计图适用于展示不同类型的数据和关系。

1. 柱形图和条形图

柱形图是以若干等宽平行柱形的高低来表示品质型变量的频数或频率大小的图形，条形图则以若干等高平行长条的长短来表示，两种图形的含义完全一致，只是行和列进行了90度的旋转。一般分类项较多时常采用条形图。

表8-1的数据用柱形图表示如下（见图8-4）。

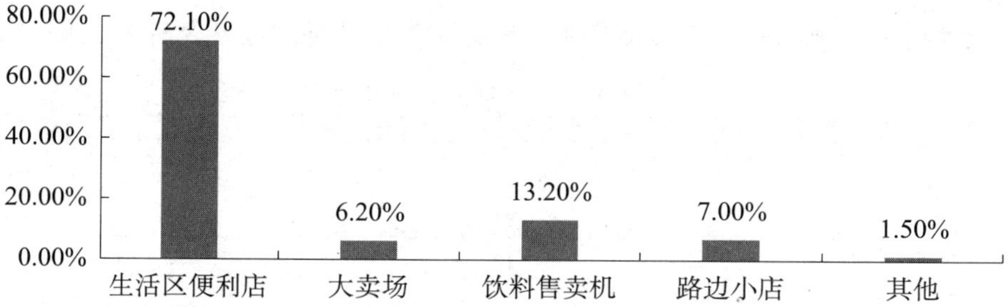

图8-4　大学生饮料购买地点

2023年中国消费者考虑购买新能源汽车的原因用条形图表示如下（见图8-5）。

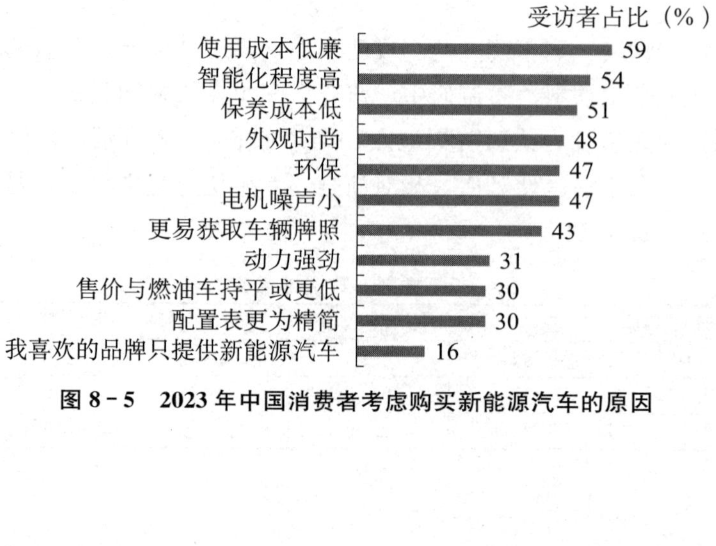

图8-5　2023年中国消费者考虑购买新能源汽车的原因

2. 饼图

饼图又称扇形图，是用圆形和圆内的面积表示数值大小的图形，主要用于表示总体中各组成部分所占的比例，对研究结构性问题十分有用。在 Excel 里，饼图分为饼图、三维饼图、子母饼图、复合饼图、复合条饼图和圆环图六种。除圆环图外，其他五种饼图只能显示一个数据系列的比例关系，即只适用于单个品质型变量的描述性分析，其功能本质上和频数分析表是一致的，只是属于不同的呈现方式。常见的饼图汇总的指标主要是频数或百分比，一般不用累计频数和累计百分比。圆环图可以用于同时显示多个总体的比例关系。

表 8-1 的数据用饼图表示为图 8-6。

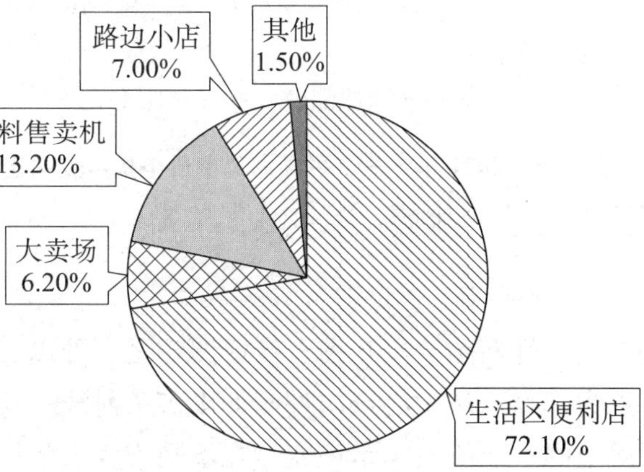

图 8-6　大学生饮料购买地点统计

表 8-2 的数据用环形图表示为图 8-7。

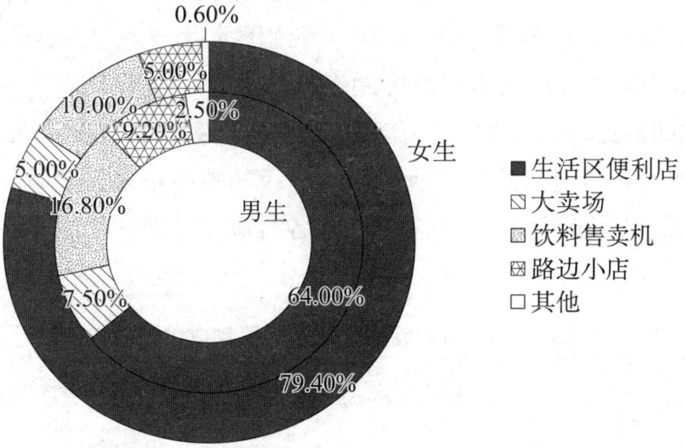

图 8-7　男女大学生饮料购买地点统计

3. 折线图

折线图用来显示一段时间内数据的变化趋势，一般用横轴表示时间序列，主要适用于以相同的时间间隔显示数据的变化趋势，强调的是时间性和变动率，通常用于跟踪每周、每月或每年的数据指标及变化趋势分析等。

图 8－8 反映了 2021 年 1—12 月居民消费价格指数变化走势。

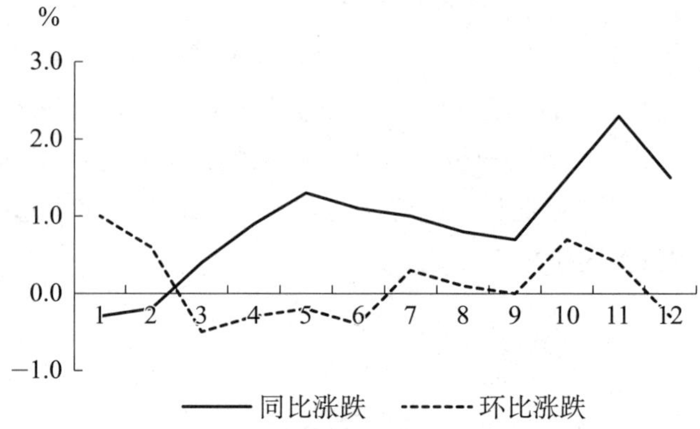

图 8－8　2021 年 1—12 月居民消费价格指数变化走势

数据来源：中国统计年鉴。

4. 雷达图

雷达图也称为蜘蛛图、蛛网图、星状图、极区图，是一种以二维形式展示多维数据的图形，它以一个中心点为起点，从中心点向外延伸出多条射线，每条射线代表一个特定的变量或指标。每条射线上的点或线段表示该变量在不同维度上的取值或得分。雷达图常用于比较多个变量在不同维度（不超过六个）上的表现，以及展示各个变量之间的相对关系，也可以展示某一个对象的多个指标的自身比较。每个变量在雷达图上的表现可以通过长度、角度、面积等方式进行表示。通过观察雷达图的形状和变化，我们可以直观地了解各个变量的相对重要性、差异程度和趋势。雷达图常用于个人或团队绩效评估、企业 SWOT 分析、产品特性比较、用户满意度调查、竞争对手分析等。

（1）对班级成绩的比较。比如 2024 年某小学五年级三个班级的期末考试各科目的平均成绩如表 8－3 所示，通过雷达图分析可以对班级的整体情况进行评估。从图 8－9 可以看出，1 班各科成绩都很好而且比较均衡，2 班各科成绩都要比 1 班差一点，3 班则偏科比较明显。

表 8－3　五年级三个班级的平均成绩汇总

班级	语文	数学	外语	科学	道德与法治
1 班	95	96	90	90	88
2 班	90	88	86	86	80
3 班	83	96	92	93	67

（2）企业经营情况分析。以万科为例，选取 3 年的财务指标数据，分析判断大概的发展策略，数据如表 8－4 所示。

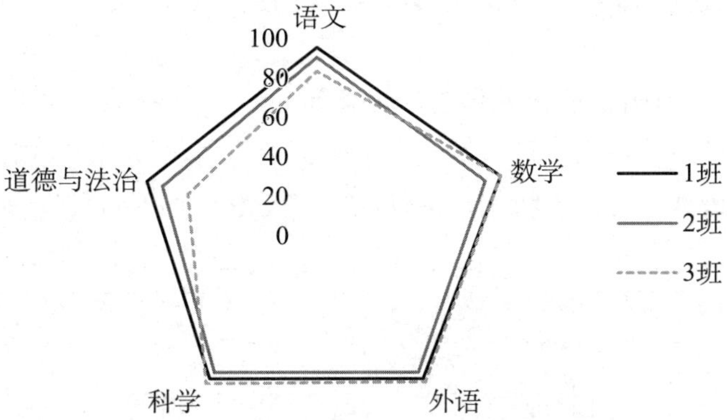

图 8－9　五年级三个班各科目平均分雷达图

表 8－4　万科 2008—2010 年三年财务指标

财务指标	2008 年	2009 年	2010 年
资产负债率	67.44%	67%	74.69%
现金流动负债比	－0.08%	25.47%	4.05%
存货周转率	0.33	0.39	0.27
主营业务利润率	27.94%	22.02%	29.60%
主营业务增长率	15.38%	19.24%	3.75%

从图 8－10 中可以看到，万科的收入增长和自身防御能力一直在下降，但市场竞争力和反应速度都还保持得不错，说明其具有较强的生存和发展能力，结合外部整体环境来判断，估计其为保持体力而牺牲速度，以保证后阶段的持续性发展。

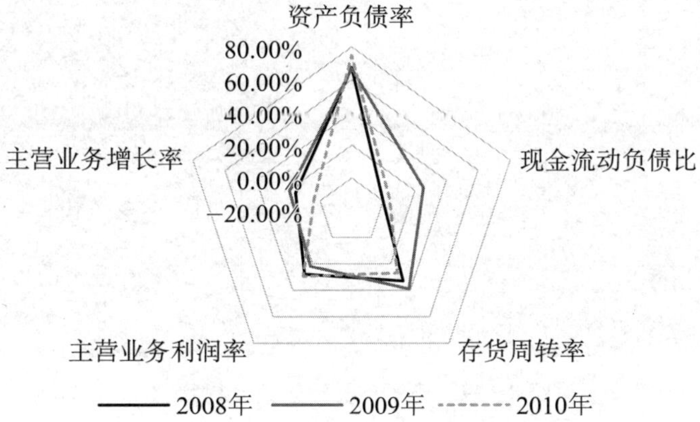

图 8－10　万科 2008—2010 年三年财务指标雷达图

5. 树状图

树状图提供数据的分层视图，树分支表示为矩形，每个子分支显示为更小的矩形。树状图用于比较层次结构内的数据相对大小。树状图按颜色和距离显示类别，可以清楚地显示其他图表类型很难显示的大量数据。树状图适合比较层次结构内的各组成部分的大小。

例如，以表 8-5 为例展示为树状图，效果如图 8-11 所示，左上角为数值最大的数据，右下角为数值最小的数据。可以看出，手机销量最高，数码配件销量最低；手机类别中，华为手机销量最高，vivo 手机销量最低。

表 8-5　电子产品销量表

类别	品名	销量/个
计算机	笔记本	365
	一体机	320
	台式机	120
数码配件	存储卡	168
	充电器	326
	鼠标	145
	键盘	125
手机	华为手机	622
	苹果手机	380
	小米手机	156
	OPPO 手机	139
	vivo 手机	125

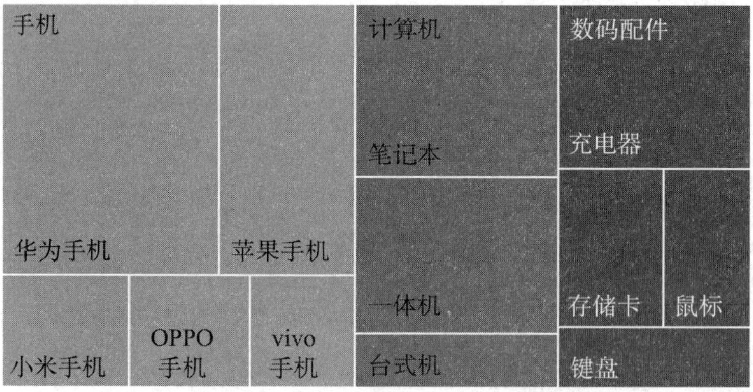

图 8-11　电子产品销量统计树状图

6. 旭日图

旭日图也称为太阳图，是一种圆环相接图，每一个圆环代表了同一级别的比例数据。与饼图的子类圆环图不同，离原点距离越接近的圆环级别越高。最内层的圆表示层次结构的根节点（顶层类别），可以清晰地表达层级和归属的关系，适用于展现有父子层级维度的比例构成情况，和树状图相类似，可以帮助用户了解事物的构成情况。表 8－5 可以用太阳图表示为图 8－12。

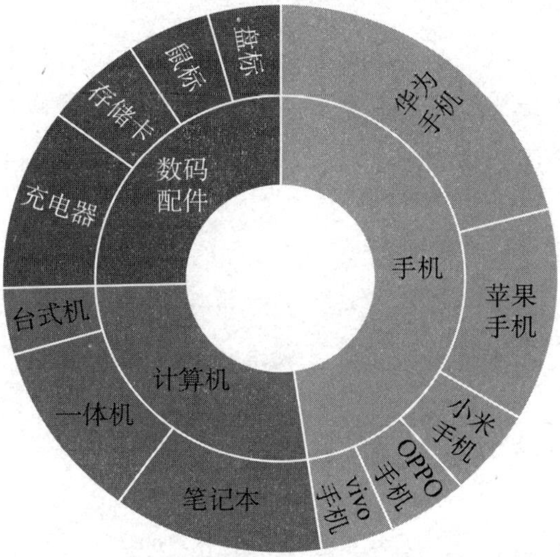

图 8－12 电子产品销量太阳图

操作指导

市场调研报告的写作步骤

一、构思

市场调研报告的构思过程主要包括以下几个方面：

（1）通过对所收集的资料进行统计分析，建立客观认识，并确立主题思想。

（2）在确立主题思想的基础上列出论点、论据。

（3）安排文章的逻辑结构和段落层次。

（4）编写市场调研报告的详细提纲。

二、选材

有无丰富的、准确的数据资料做基础，是市场调研报告成败的关键。不管是介绍情况、反映问题，还是提出建议，都必须用数据来支撑。恰当地选材可以使市场调研报告主题突出、观点明确、论证有力。

在开始进行市场调研收集资料的过程中，由于思想上还没有形成任何固定的观点，因此收集到的大量数据资料并不都是切中主题、能准确反映事物本质特征的典型资料。只有对所收集的数据资料去粗取精、去伪存真，并进行加工，才能挑选出符合选题需要，且能够反映出事物本质特征、形成观点、作为论据的准确资料。

选取数据资料后，还要运用得法。运用资料的过程就是一个用资料说明观点、揭示主题的过程。在写作时，要努力做到用资料说明观点，用观点论证主题，详略得当，主次分明，使观点与数据资料协调统一，以便更好地突出主题。

三、撰写初稿

根据写作提纲的要求，由单独一人或数人分工负责初稿的撰写。初稿各部分的写作格式、文字数量、图表和数据要统一。初稿完成后，要对其进行修改，先看各部分内容和主题的连贯性，有无需要修改和增减的地方，顺序安排是否得当，然后整理成完整的全文，最后提交审阅。

四、定稿

初稿完成并征得各方意见进行修改后，就可以定稿了。定稿阶段，一定要坚持公正客观、服从真理的态度，使最终报告较完善、较准确地反映社会经济活动的客观规律。

案例学习

杭州休闲旅游市场调研报告（节选）

一、调研背景

中国六大古都之一的杭州，市内遍布多个国家级、省级、市级文物保护单位。从人文历史来看，自吴越、南宋开始，杭州就是休闲安逸的城市，富庶、优美、娴静，远离战争，吸引了无数文人骚客、社会名流来此观光。秉承先人的休闲遗风，杭州城市“休闲”气息浓厚，休闲理念在这里已成为人们的共识。

对休闲的定义众说纷纭，世界休闲组织原秘书长杰拉德·凯尼恩认为，休闲是人类生存的一种良好状态，是21世纪人们生活的一个重要特征。我们认为，休闲是一种生活方式，是一种文化体验，是指人们从紧张的工作压力中解脱出来，进入一种相对自由闲适的状态。这是一种放松的心态，是人们支配自由时间的一种方式。休闲的概念非常宽泛，旅游、艺术陶冶、体育锻炼、居家小憩都是休闲。休闲的愿望是人的一种本能，它渗透在人们所有的日常生活中。随着人们生活水平的提高，休闲活动将主导人们的日常生活。

2006年10月在杭州召开的第九届世界休闲大会形成这样的共识：21世纪，以休闲、旅游、娱乐、健身、艺术、文化传播等为主的“休闲经济”将成为世界支柱产业。随着世界旅游业的蓬勃发展以及中国假日经济的兴起，“天堂”杭州每年吸引了数以千万计的海内外游客；随着联合国人居环境改善国际最高奖——联合国人居奖的颁发，杭州成为中国最适宜居住的城市；随着宋城、杭州乐园、未来世界等主题公园的建设，杭州已成为中国都市中的一处休闲胜地。

随着浙江省经济的发展，杭州市政府适时地提出了“建休闲之都，创品质之城”的城市发展目标，并推出了很多相应的措施。那么，杭州的休闲旅游市场究竟有多大？能满足游客的要求吗？杭州市民如何看待这个城市发展目标？他们关心和支持政府的发展规划吗？杭州市民参与休闲生活的热情又怎样呢？带着这些问题，我们组织并参加了这场调研实践活动。

二、调研概述

杭州是全国乃至世界著名的旅游城市，旅游业是杭州的支柱产业和朝阳产业。悠久的古代文明奠定了杭州人生活品质的历史文化基础；优美的自然环境陶冶着杭州人，人与自然的和谐提升了杭州人的生活品质；长期安定的社会环境造就了杭州的繁荣，为杭州市民生活品质的提升提供了基础条件；先进的生产力发展水平为杭州市民生活水平的提升提供了基本保障；深厚而多层次的文化积淀丰富了杭州市民生活品质的内涵；便利的交通促进了杭州人、财、物的交流，全面提升了杭州市民的生活品质。

同时，杭州市委、市政府还提出了旅游国际化战略。实施旅游国际化战略的主要目的是加快提高杭州旅游的国际化程度，要让杭州这座旅游城市在国际上形成鲜明的城市个性和魅力，具有高质量的国际旅游环境，在国际旅游市场上拥有知名度高、竞争力强的旅游产品，能为游客提供符合国际惯例的旅游服务，真正成为国际知名旅游目的地和国际风景旅游城市。以“三江五湖一山一河一溪三址”为基础，杭州通过规划共绘、交通共建、市场共拓、产业共兴，整合和优化配置旅游等各类资源，构筑全市 1.5 小时交通圈、旅游圈和经济圈，打响“游在杭州”品牌，把杭州建设成为国内外享有较高知名度的旅游集散中心和重要目的地，使其成为现代化的国际风景旅游城市。

（一）调研目标

了解外来游客和当地市民对休闲旅游服务的需求，杭州休闲旅游市场的状况，游客和当地市民对杭州休闲旅游市场的满意度，杭州周边休闲旅游市场状况。

（二）调研内容

1. 杭州休闲旅游市场开发战略分析

（1）总体定位。

（2）战略目标。

（3）国际化战略。

（4）产品提升。

（5）设施改善。

（6）空间结构。

（7）主要策略。

（8）保障措施。

2. 杭州“黄金周”休闲旅游市场整体状况

（1）杭州休闲旅游市场主要热门集中地（商场、景点等）。

（2）杭州“黄金周”交通状况。

（3）杭州“黄金周”住宿接待状况。

（4）杭州“黄金周”外来游客接待状况。

3. 外来游客分析

（1）游客对杭州休闲旅游的偏好。

（2）游客前来杭州游玩的目的。

（3）游客在杭州游玩的感受。

4. 杭州市民分析

（1）杭州市民休闲旅游行为特点。

（2）杭州市民对“建休闲之都”策略的态度和热情。

（3）杭州市民对现有休闲服务设施和项目的评价。

5. 休闲旅游市场状况

（1）杭州旅游市场服务人员水平（景点人员、宾馆人员）。

（2）杭州旅游市场吸引客流主要采取的方式。

（3）节假日休闲旅游市场与平时休闲旅游市场服务水平的差异。

（三）调研对象和方法

为真实反映游客和杭州市民的意见，确保调研结果的公正性、客观性，真正做到根据样本的评价意见推论总体评价意见，本次调研确定的调研对象和调研方法分别如下：

（1）调研对象：“黄金周”来杭游客、杭州市民。

（2）调研方法：

①文案调研法。杭州市政府采取的有关城市建设的策略、措施资料通过文案调研的方法获取。

②面谈访问法。对来杭游客和杭州市民采用面谈访问法，通过调研人员与被访者面对面的交谈，由调研人员询问和记录被访者的回答来获取相应的资料。

（四）调研样本基本情况

在目标区域内发放的调研问卷数量分布如表 8-6 所示。

表 8-6 调研问卷数量分布表

对象	游客				本地市民
地点	汽车东站	火车东站	虎跑	西湖	满觉陇
时间	2007 年 10 月 4 日—10 月 5 日				2007 年 10 月 20 日—10 月 21 日
有效问卷	154 份				96 份

注：杭州汽车东站已于 2010 年 1 月停止营运。

（五）其他信息

（1）节假日客流量：文案调研法。

（2）整个杭州状况（交通状况、景点集中地、接待能力、住宿状况、商场状况）：文案调研法、观察法、访谈法。

（3）游客需求状况：文案调研法、观察法、面谈访问法。

（4）“黄金周”杭州休闲旅游市场状况：文案调研法、观察法。

（六）活动总结

本次调研活动持续了一个月，主要工作如下：

（1）团队制定相应的方案及问卷，有针对性地进行调研分析。

（2）团队修改问卷初稿后，对问卷进行试测，并对问卷不足的地方再次修改，进一步完善问卷。

（3）通过分组，把小组成员分在若干个指定区域进行调研。要求小组成员仪表端庄、举止大方、谈吐得体、态度亲切、把握谈话气氛，认真、负责、积极。

（4）团队在选择的目标区域内按一定的人流量比例，发放问卷进行调研，并对采集的数据进行综合分析并且完成调研报告。

三、调研过程

本项目的实施分为文案调研和现场实施两部分。在本项目立项和方案设计、结果报告过程中，我们查阅了大量的文献资料，对杭州城市建设的目标、策略有了一定的了解和认识，对休闲文化和休闲经济有了一定的认识。针对游客和市民的现场调研让我们真实地感受到了杭州建设休闲之都的独特的文化、物质基础。

（一）文案调研

1. 项目筹划阶段的团队学习

为便于团队成员真正了解休闲的含义，认识本调研项目的现实意义，在选定调研主题之后，全体成员共同收集了有关杭州城市发展战略、休闲经济等资料进行学习，有效地提高了团队成员对杭州旅游市场和休闲文化、休闲经济的认识。在此基础上，由张××和翁×两位同学负责进一步整理资料，理清思路，完成了调研方案的设计。

2. “黄金周”期间信息的收集

“黄金周”期间，杭州游客比较集中，这正是考验杭州旅游接待能力的时候。虽然“黄金周”制度以后不再施行，但对于一个以国际型休闲旅游城市为发展目标的城市而言，这样的考验正好可以真实而客观地反映杭州的现状，找到自身的差距。

“黄金周”期间，我们派专人收听《汽车电台》《交通之声》等广播节目、收看《1818黄金眼》等电视节目、查阅《每日商报》《青年时报》《钱江晚报》《都市快报》等报纸，收集杭州“黄金周”期间的交通状况，酒店、主要景点客流量，各大商场、游乐场所的营业状况等各方面信息。

3. 资料的全面收集和整理

要分析杭州休闲旅游市场，自然离不开对杭州旅游业的整体发展情况和城市建设的整体情况的分析。这些情况可以通过分析杭州市政府的相关文件、解读有关政策法规、比照相关的理论等来获得。这部分工作主要由张××和翁×两位同学负责。

（二）现场实施

1. 外来游客调研

按照惯例，“黄金周”的后半程，外来游客已在杭州停留数日，对杭州已经形成了一定的印象，并且一部分游客准备返程。按计划，我们安排在 10 月 4 日和 10 月 5 日两天实施外来游客的调研。两天的分工是：10 月 4 日在景点调研，10 月 5 日在车站调研。

在具体选择景点时，我们充分考虑了景点的代表性和游客的集中性。虎跑是杭州著名的传统景点之一，虎跑泉水中外闻名。沿西湖一带是全国少有的开放式国家 4A 级风景区，也是杭州最具旅游价值的资源之一，外来游客的集中度一向很高。因此，我们在 10 月 4 日上午先到虎跑调研，下午赶到南山路长桥公园一带调研，这样路程规划比较合理。

10 月 5 日的调研主要针对返程的游客，我们充分考虑调研的可操作性，兵分两路，在汽车东站和火车东站（原计划为城站火车站）分别实施调研。很遗憾，由于条件的限制，没能去机场实施调研。

2. 市民调研

杭州市民是我们本次调研的重点对象之一。考虑到政府倡导杭州市民在“黄金周”“上山下乡”，我们把对市民的调研安排在“黄金周”过后的周末，结果因与学校的体检安排冲突，又推后了一周，实际在 10 月 21 日实施了市民调研。正好在桂花飘香的时节，我们就把地点选在了著名的赏桂景区——满觉陇。正如我们所料，满觉陇车水马龙，路边农家的院子里坐满了喝茶、打牌的人，且 80%以上为杭州市民。

现场调研主要由以周××为主的大二同学完成，虽然过程颇为曲折，但是经过大家的共同努力，我们还是比较圆满地完成了这个艰巨的任务。

四、调研结果分析

（一）杭州休闲旅游市场开发战略分析（略）

（二）杭州“黄金周”休闲旅游市场分析（略）

（三）国内休闲旅游市场分析（略）

（四）本地市民节假日休闲旅游市场分析

1. 市民节假日出行频率分析

调研发现，39.30%的市民一般在春秋天气好时都会出去玩，20.30%的市民每月会出去一趟，7.10%的市民每两个月会出去一趟，9.50%的市民长假时会出去一趟，只有 23.80%的市民难得玩一趟，如图 8-13 所示。

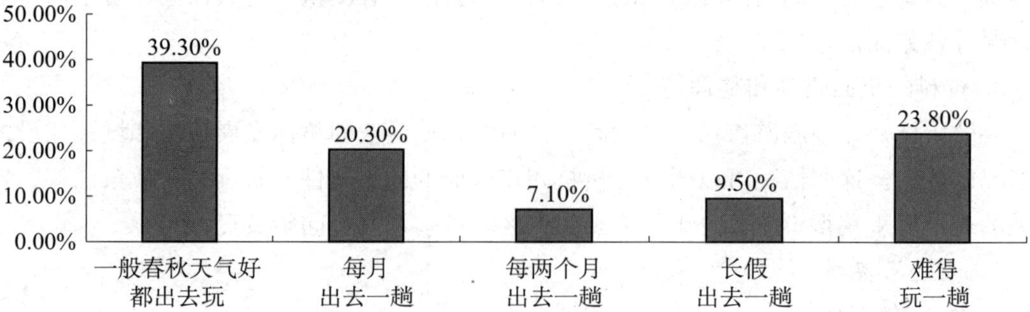

图 8-13 市民节假日出行频率分析

从图中可以得出，大部分市民平常也会出去玩，不会集中在某一个特定的假日。由于悠久的古代文明为杭州奠定了生活品质的历史文化基础，人与自然的和谐提升了杭州人的生活品质，因此大部分杭州市民在春秋天气好的时候都会出去，这说明杭州市民在工作之后也注重放松，提倡劳逸结合的生活方式。他们十分注重生活品质。但是有 9.50%的市民是长假出去一趟，23.80%的市民是难得玩一趟，这说明虽然杭州的旅游资源十分丰富，但是还有少部分人没有合理利用。

2. 市民节假日出行方式分析

调研表明，市民节假日出行方式选择使用公共交通的占 39.80%，选择私家车出行的占 47.50%，选择租车的占 10.20%，由旅行社负责的占 2.50%，如图 8-14 所示。

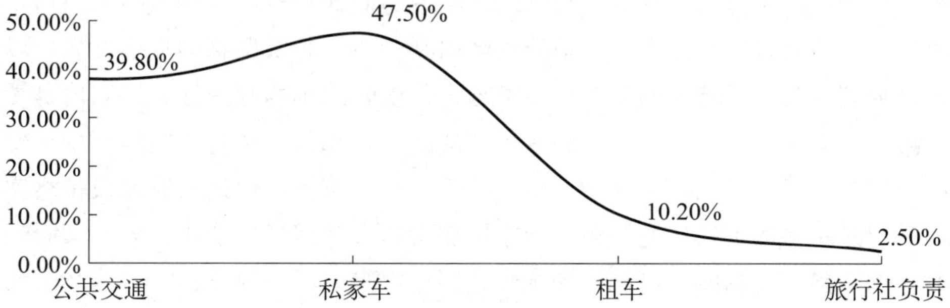

图 8-14 市民节假日出行方式分析

从图中可以看出，选择公共交通和私家车的人占绝对优势。选择公共交通出行的人比例较高，表明杭州公共交通提供的路线能够满足市民的一些需求。选择私家车的人占比最高，因为私家车可以给市民带来一定的自由与方便，不会因为距离的问题带来不必要的麻烦。选择租车的人只有 10.20%，这说明虽然现在租车的人越来越多，但是在市民心中还没有形成一定的位置，而且租车在一定程度上会带来出行成本的增加。由旅行社负责占 2.50%，说明只有极少的一部分人选择旅行社负责出行。因为旅行社负责出行在一定程度上会给市民带来不便，他们要遵守旅行社的一些安排，不能够自主地安排自己的时间。当然，相对而言，杭州的旅游资源分布比较清楚，没有必要参加旅行社，市民可以自己直接去旅游。

3. 市民喜爱的景点分析

杭州是一个风景名胜众多的旅游胜地，处处都流露着文化的气息。因此，本地市民对于杭州也是喜爱有加。在节假日，有很多杭州市民选择在杭州旅游。调研显示，最受欢迎的景点有杨公堤、满觉陇、湖滨、梅家坞、南山路、植物园、灵隐寺等，如表 8-7 所示。其中，杨公堤最受欢迎，因为杨公堤是“西湖三堤”之一，是杭州市西湖湖西综合保护工程的成果，包括 7 个分景区，由北往南依次是曲院风荷、金沙港、杭州花圃、茅家埠、乌龟潭、浴鹄湾和花港观鱼，各个分景区都有自身的独特之处。其次是满觉陇，满觉陇亦称满家弄，位于西湖的西南方向，是南高峰与白鹤峰夹峙下的一个自然村落。在满觉陇道路两旁，摆满了临时搭建的茶座，人们可以在此一边品尝香甜可口的桂花栗子羹，一边打牌娱乐，消除工作的疲劳。

表 8-7　市民喜爱的景点列表

景点	湖滨	南山路	杨公堤	宝石山	满觉陇	梅家坞	龙井山园	茶叶博物馆	虎跑	杭州花圃	植物园	灵隐寺	总计
人数	48	44	60	32	52	46	32	22	30	37	43	39	96
比例	50%	46%	62%	33%	54%	48%	33%	23%	31%	39%	45%	40%	—

湖滨和梅家坞也是一个景点众多的地方，湖滨作为接纳游客的“城市客厅”，具有独特的地理位置。从白沙路、环城西路、湖滨路至湖滨公园，一路上的风景美不胜收，除了沿湖步道景观带，向东有大量水景，有杭州最华丽的商业步行街——国际名品街，在湖滨公园还可以欣赏西湖音乐喷泉表演。圣塘景区内则营造了非常温馨的景观灯光，以数个古典气息的湖畔别墅为坐标开设的咖啡吧、茶吧也是夜间游玩的好去处。梅家坞是爱好品茶的游客不可不去的地方。作为龙井茶的四大产地之一，梅家坞独特的地理环境孕育了它独特的韵味。在梅家坞，四周青山环绕、茶山叠嶂、环境清雅，地道的农家饭价格实惠，游客还可以品一品正宗的梅家坞龙井茶。梅家坞非常适合节假日出游和聚会。

同时，南山路、植物园、灵隐寺和杭州花圃也都吸引了一部分游客。

4. 市民喜爱的周边地区分析

杭州周边地区的一些有名的风景区，也成了杭州市民节假日的好去处，如表 8-8 所示。

表 8-8　市民喜爱的周边地区列表

景点	萧山	富阳	千岛湖	建德	绍兴	临安	天目山风景区	合计
人数	47	45	60	35	35	57	41	96
比例	49%	47%	63%	36%	36%	60%	42%	—

其中，千岛湖是最受欢迎的景点。千岛湖位于浙江省杭州市西郊淳安县境内，是 1959 年为建造新安江水电站而筑坝蓄水形成的人工湖，因其山青、水秀、洞奇、石怪而被誉为“千岛碧水画中游”。千岛湖碧波万顷，千岛竞秀，群山叠翠，峡谷幽深，溪涧清秀，洞石奇异，还有种类众多的生物资源、文物古迹和丰富的土特产，构成了享誉中外的岛湖风景特点。同时，千岛湖离杭州也不远，因此，很多杭州市民会在节假日的时候选择去千岛湖游玩。

除千岛湖外，临安也是一个风景独特的旅游胜地，具有众多的旅游景点：天目山、大明山、青山湖、浙西大峡谷、太湖源、神龙川等。在那里，人们可以领略大自然的迷人魅力，湖光、山色、巨树、溶洞、峡谷、飞瀑、温泉等形成了临安独特的自然风光。杭州市区的市民会因为长期在市区生活而很少接触到大自然，因此，在节假日时到临安游玩，既可以释放工作中的压力，又可以观赏自然风景。桐庐境内锦峰秀岭，洞奇石美，更有“天下独绝”的富春江、天目溪，如碧玉飘带般萦绕县境，山清水秀，胜迹处处，吸引着众多的杭州市民。

5. 市民喜爱的休闲娱乐方式分析

很多杭州市民有外出旅游的爱好，也有一部分市民虽然喜欢放松心情，但是不一定外出旅游。他们喜爱的娱乐方式也有很多，包括去KTV唱歌，去酒吧、咖啡厅和家人或者朋友聊天，到棋牌室打牌等，也有一部分人会选择去做美容、足浴，去健身房，另外还有一部分人会选择在节假日逛街购物，或者在家中看书，同时，有一少部分人会选择去游戏机房玩游戏，具体如表8-9所示。

表8-9　市民喜爱的休闲娱乐方式列表

休闲娱乐方式	K歌、酒吧	咖啡厅	游戏机房	茶室聊天	棋牌室	美容、足浴	健身	购物	看书	合计
选择人数	26	19	3	71	25	17	15	57	26	259
比例	27%	20%	3%	74%	26%	18%	16%	60%	27%	—

74%的市民会选择在节假日和家人或者朋友到茶室聊天，因为平时大家的工作、学习、生活都很忙碌，没有过多的时间和朋友们聊天，增进感情。所以在节假日，很多人都会充分利用这一机会与长时间未联系的亲朋好友聊天，以放松心情，同时增进大家的感情。而在节假日购物的市民也达到了60%，这类人主要是上班族，因为在平日，他们每天都过着朝九晚五的生活，很少有空闲时间去购物，所以他们会选择在假日休闲的时候去购物。

6. 市民出游同伴选择分析

假日休闲一定会结伴而行，据调研，市民休闲旅游会选择的同伴大多数是朋友，占了总数的71%，而与家人一同出游的也占了44%，在节假日和商务应酬公关对象一同出游的只占了6%，如图8-15所示。可见，在节假日，与朋友和家人一同出游的还是占了大部分比例的。大家都很珍惜宝贵的假日时间，所以会选择和自己关系比较亲密的人一同出游，一同分享游玩时的乐趣。

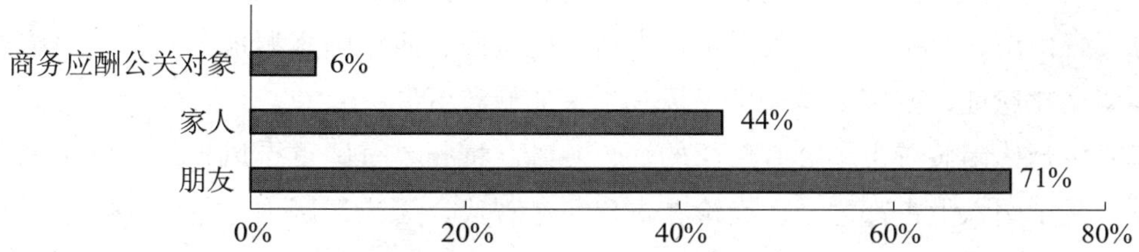

图8-15　市民出游同伴选择分析

7. 杭州城市建设目标和策略知晓度分析

据调研，47.10%的杭州市民知道杭州“建休闲之都，创品质之城”的城市建设目标，42.50%的人听说过，10.40%的人不知道杭州有这样的目标，如图8-16所示。从图中可以看出，虽然杭州市民对杭州“建休闲之都，创品质之城”的城市建设目标还是有一定了解的，但是具体情况不是很清楚。这说明杭州“建休闲之都，创品质之城”的战略目标在市民当中知名度还有待提高。杭州市政府在提出这个建设目标之后，在向外来游客宣传杭州文化的同时，在某种程度上忽视了在杭州本地的宣传力度。杭州的文化除了要通过城市建设来体现，还需市民对这种文化的认可，只有这样才能更深入、更有效地宣传。

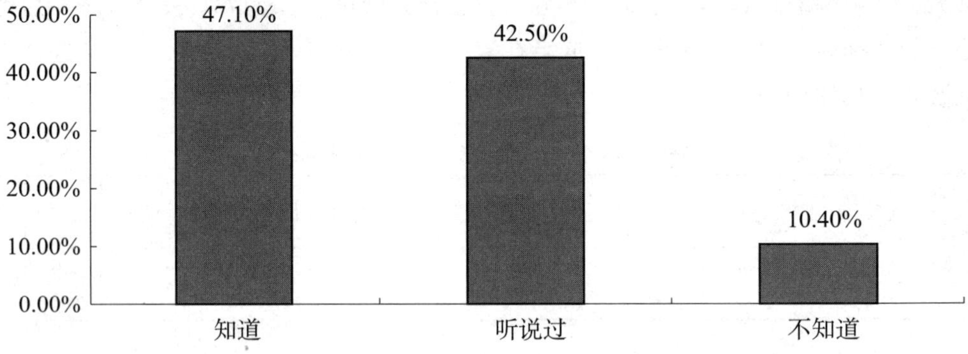

图 8-16　城市建设目标和策略知晓度分析

五、调研结论和建议

（一）调研结论

1. 杭州整体旅游策略

（1）杭州支撑旅游业发展的体制优势明显，观念超前，基础设施、旅游设施较完善，旅游资源丰富，产品配套成熟，城市人居环境良好。

（2）无论是从经济实力、旅游产业基础，还是从知名度来讲，杭州都具有相当强的实力。

（3）杭州把城市定位于国际风景旅游城市，加大投入、创新体制，连续实施了西湖、西溪、运河、湘湖“四大综合保护工程”，着力推进旅游国际化战略，加快发展以大旅游产业为龙头的现代服务业，切实加快了业态转型，使杭州旅游业实现了持续、快速、健康发展。

（4）杭州旅游产业发达，拥有新安江、富春江、钱塘江、西湖、淳安千岛湖、萧山湘湖、临安青山湖、余杭南湖、天目山、古运河杭州段、西溪国家湿地公园、萧山跨湖桥遗址、良渚文化遗址、南宋皇城遗址等极其丰富的旅游资源。

（5）杭州休闲旅游市场拥有广泛的社会基础。杭州是全国重点风景旅游城市和历史文化名城，是中国六大古都之一。无论在古代还是现代，无论在国内还是国外，作为旅游城市的杭州都具有相当广泛的社会基础。

（6）杭州餐饮业发达，城市交通发达，商贸业兴盛，商业特色街各具千秋，出租车的硬件全国领先。杭州萧山国际机场是国内十二大干线机场之一。旅游业已经成为杭州市增势强劲、前景广阔的支柱产业之一，杭州旅游业对全省旅游业的发展起到了主要支撑和巨大的带动作用。

(7) 杭州整体接待能力、交通状况都比较理想。酒店数量基本上能够满足游客的需求。交通换乘点状况良好。

(8) 杭州休闲旅游产品的个性不够鲜明，缺乏对文化资源的深刻理解。有些娱乐场所虽然经济效益不错，但对外来游客来说，在其他地方也可找到替代产品，难以形成强烈的吸引力。

2. 杭州“黄金周”休闲旅游市场状况

(1) 接待能力强。“黄金周”期间，杭州接待1万人次以上的各类旅游景区、景点有120余处，包括全国重点文物保护单位23个、国家级博物馆5个。杭州有各类旅行社300多家，其中“百强国内旅行社”的数量仅次于上海。杭州有星级宾馆、饭店230多家，数量仅次于北京、上海，总数位列全国第三。

(2) 旅游秩序较好，基本实现零投诉。

(3) 景点接待游客量不平衡，品牌景点优势明显。游客选择旅游产品越来越注重品牌，在主要景区游客量较多。

(4) 高峰期间，景区难以满足日益增多的自驾车的停放需求，“停车难”问题有待解决。

(5) 休闲旅游产品还不够丰富，宾馆、饭店和会务场所的硬件设施有待改善，部分景点的品质、档次有待提升。

(6) 经济型宾馆、饭店的经营服务需要进一步规范。

(7) 进入景区的道路标识系统需要进一步完善，景区间的交通线需要进一步规划。

(8) 景区外交通秩序较好，但是景区内交通拥挤，景区交通疏散能力较弱，需要进一步改善。

3. 游客（外来游客和本地市民）特点

(1) 出游方式日趋多样。游客出游方式逐渐摆脱单一依靠旅行社的格局，自驾游、自助游持续升温。

(2) 旅游方式逐步改变，休闲度假日益增多。游客已从走马观花式的纯风景观光游逐步转向休闲式度假旅游，休闲生态游、乡村风情游日益流行。

(3) 越来越多的游客采用节假日分段休息。

(4) 旅行社地接业务发展迅速，经济型宾馆饭店备受青睐。

(5)“把西湖让给外地游客”的倡议得到市民的积极支持。

(6)“上山下乡”已经成为杭州市民的自觉行为。“到城郊旅游、在家门口休闲、享受身边生活”成为杭州市民的新时尚。

(7) 杭州市民对杭州总体定位及措施不够了解，宣传力度有待加强。

（二）建议

1. 政府政策和措施方面

城市的发展离不开政府政策的引导，杭州近年来的发展证明了建设“东方休闲之都”、发展现代旅游业的战略决策的正确性。我们建议政府在宏观上做好政策研究，发挥行业引导的作用，在微观上进一步改善、优化自然环境，以完善城市基础设施和强化服务意识为两大抓手，促进杭州休闲经济的长效发展。

（1）加强政策研究和行业引导。政府要加强杭州特色的休闲文化研究，为杭州发展休闲经济提供理论支持。杭州的休闲文化源远流长，早在吴越、唐宋时期，休闲文化就逐渐走向繁荣，白居易、苏东坡等诗人的诗词就是最好的佐证。休闲已成为杭州人生活中的一部分，成为一种生活方式和民间习俗，周末的西湖边、龙井、梅家坞人山人海就是很好的证明。但是杭州除了拥有西湖山水、钱塘风情等得天独厚的自然山水资源，还拥有如珍珠般散落在各处的名人踪迹、民间传说、老店故居、传统技艺和勤奋又闲适的生活方式。美国学者阿尔文·托夫勒在讨论文化与经济的关系时说，哪里有文化，哪里就会出现经济繁荣；而哪里出现经济繁荣，文化就会更快地向哪里转移。休闲文化是杭州特色地域文化的重要组成部分，也是杭州发展休闲经济的重要基础，与杭州休闲经济发展有着密切的关系。因此，要组织、整合相关部门的力量，结合杭州城市的特点，加强对休闲文化和休闲经济的研究，对休闲文化进行深入的梳理，把理论研究与实际工作结合起来，从中探索杭州休闲文化的内涵、特色、发展趋势及其对杭州人思想观念和生活方式的影响。以扎实、成熟的休闲文化理论，支撑和指导“休闲之都”的建设，促进杭州休闲经济和文化的发展。

政府要确定一套政策法规来指引休闲产业发展的方向和目标，引导休闲产业向着有利于政治、经济、社会的方向发展。特别要加强对从观光旅游向休闲旅游转变的对策的研究，从自然资源、基础设施、管理服务、人文特色等方面入手，摸清杭州发展休闲产业的基础、条件、优势和不足，探明杭州休闲产业的发展目标和方向。

（2）采取有效措施，缓解交通拥堵问题。世界各大城市在发展进程中都遭遇了交通拥堵问题，杭州也不例外，节假日的景区交通拥堵问题尤为严重。虽然政府已经在旅游高峰时期采取了“私家车单双号通行”等措施，但是杭州城市和景区的交通拥堵状况依然严峻。我们在调研实施的现场亲身感受了杭州景区的道路堵塞，“黄金周”南山路一路拥堵，桂花时节满觉陇路双向拥堵一直持续至夜幕降临才有所缓解，损害了杭州作为旅游城市的形象。在我们的调研中，外来游客和市民均对交通问题抱怨颇多。

我们认为，景区的交通问题和城市的交通问题不完全相同，多数景区的道路不是一天形成的，也不可能重新规划。要解决景区交通问题，既要将其放在整个城市交通的大局里考虑，也要有针对性地采取措施。我们建议，大力发展公共交通，必要时实施私家车禁行措施来保障城市交通的通畅。合理规划公共交通网络，实现公共交通的四通八达。调研发现，杭州市民普遍采用私家车出行，这是导致景区交通堵塞的一个重要原因。当然，私家车禁行要避免造成市民、外来游客的出行不便，合理建设旅游集散中心可能是个好办法。

同时，应倡导和鼓励游客使用自行车或步行游览杭州，尽享杭州美景。在景点集中区域，如环西湖一带，提供自行车免费出借服务，让骑车游览杭州成为一种可能，进而成为一种时尚，这样既可以丰富游客的休闲内容，也可以减少主要景点的机动车数量。

2. 杭州休闲旅游产品的开发方面

与国外的休闲旅游城市相比，杭州还有相当的距离，这主要表现在目前70%来杭游客还是以观光为主。如何丰富旅游产品、增强休闲功能、延长游客滞留时间、推进休闲度假产品建设，是发展杭州休闲旅游市场的一个重要任务。为此，我们建议用历史文化内涵丰富旅游产品，开发特色休闲旅游项目。

杭州不仅拥有丰富的景观资源，也是著名的历史文化名城，如古人类的文化——良渚文化；特产文化——丝绸、茶叶等文化；宗教文化——东南佛国；艺术文化——飞来峰石窟等；民俗文化——西湖香市、钱江观潮等。深厚的人文历史积淀是杭州开发特色休闲旅游项目的基础和有利条件，例如：依托“丝绸之府”的有利条件，可大力开发丝绸文化旅游；依托西湖龙井茶的美名，可发掘龙井茶文化内涵，开发杭州的特色茶艺，形成新型茶文化圈等。

另外，我们也建议利用杭州良好的生态环境和优美的风景开发杭州的休闲农业、休闲渔业和景观产业。利用现代文化娱乐活动多元化地发展休闲旅游市场，如增加上映电影数量、话剧和音乐演出数量，提高休闲旅游市场整体的文化内涵。

3. 提高杭州市民素质方面

人是城市的灵魂，市民的素质体现城市的层次和水平。杭州市民虽然有休闲的习俗，但是杭州市民的休闲离不开喝茶和打牌，我们在调研中也发现，茶室聊天是杭州市民最主要的休闲方式。一个不会休闲的城市如何成为“世界休闲之都”？因此，改变杭州市民的休闲观念，全面提升杭州市民的整体素质，是我们建设“世界休闲之都”的重要基础。

（1）改变杭州市民的休闲观念。现代化的休闲活动不仅局限于喝茶、聊天、打牌、晒太阳等，还可以有更多的内涵和形式。如利用杭州丰富的山水资源，可组织爬山、垂钓活动；利用杭州周边丰富的农家乐资源，可组织乡野趣游、农家风情游等。要提倡和鼓励市民休闲活动向多元化方向发展，形成一种新的休闲活动观念。

（2）提高市民对城市历史文化的认识和了解。杭州的名人踪迹、民间传说、老店故居是这座城市宝贵的资源，我们可以通过社区活动多多介绍城市的历史和文化渊源，组织一些传播、交流城市历史文化的活动，丰富市民的休闲生活，提高市民对城市历史文化的认识和了解。有人说，杭州的休闲还只是“皮毛”，内里缺乏文化核心和休闲气质。杭州的人文离不开杭州历史的积淀，只有传承了杭州历史的杭州市民才能真正理解杭州的特色和文化核心，才是真正会休闲。

（3）市民树立旅游服务的理念。城市的风格需要通过人来体现，国际化的休闲旅游城市不能仅依靠专业人士来支撑，每个市民都是这座城市的代表，它要求市民拥有旅游服务的基本观念和素质。所以说，要确立杭州这座城市就是一个“大旅游产品”的理念，确立每一位杭州市民都是旅游从业人员的理念。

点评

此调研报告在内容和格式上都具有一定的水平。从格式上看，无论是调研背景、调研概述、调研过程、调研结果分析，还是调研结论和建议，都结构完整，层次分明。从内容上看，调研结果描述客观，图表运用恰当，逻辑结构清晰，结论实事求是，建议有针对性。当然，从精益求精的角度来看，此调研报告在建议的多元化和语言表述的精练上可进一步提高。

知识拓展

太多的图形会误导读者的决策

市场调研人员知道以图表的形式呈现数据可以帮助读者理解。但是有些非必须图形，如图像、图示、图画、图片虽然并不包含重要信息，但又确实会影响读者的决策制定，它们是帮助还是阻碍了信息的提取？

无论是军事还是民间商业团体，在专业汇报中使用额外的图形正在变成一种“标准功能”，但是它们的影响是什么？1997 年，托马斯·廷利发现了使用额外图形产生的影响。

廷利问了下面一些问题：多余的图形是否影响“冗余信息的准确性”、决策的准确性或者决策信心？他的研究对象包括专业人员、普通公民，以及军人，所有这些人都参与基于 PPT 简介的决策制定。大多数的研究对象是不同种族的成年学生，他们在空军科技机构的专业继续教育部门学习。

该项目给研究对象观看有不同数量的额外插图的 PPT，以研究插图数量不同对观看记忆的影响。在 101 个测试对象中（36 名女性，65 名男性，82 名拥有大学本科学历，66 名接受过有关图形的培训），31 名观看没有额外图形的 PPT 汇报展示，36 名观看有中等数量的额外图形的 PPT 汇报展示，34 名观看有大量额外图形的 PPT 汇报展示。看完汇报展示之后，观看者需要完成有“同意”或者“不同意”两种选项的调研问卷，特别是从第 169 题到第 194 题，需要观看者根据幻灯片展示的信息内容进行作答，来测试观看者记忆的准确性。

廷利报告了下述发现：在展示汇报的过程中，观看者接触到的无关图形确实会影响他们提取信息的能力。图形越多，观看者提取信息的能力越弱。这种影响更为明显地发生在女性研究对象以及那些之前几乎没有接受过图形培训的研究对象身上。大量额外的图形“消极地影响”女性提取重要数据和做出正确决策的能力。然而，额外图形并不影响制定决策的信心。

没有接受过图形培训的女性，最有可能受到无关图形的不利影响。廷利发现，这个结论是在由女性完成的调研问卷中高百分比的错误回答基础上得出的。图形量越大，女性答题的错误率越高。

廷利发现理想的额外图形数量应该是“中等”量，或者使用适量图形。具体来说，根据图形的大小，每张幻灯片包含1～3张图形，或者图形占幻灯片面积的12%～15%。相反，“大量”或者“过量”是指多于3张图形，或者图形占幻灯片面积的20%。中等量能够产生最专业的展示汇报效果。

资料来源：小卡尔·麦克丹尼尔，罗杰·盖茨．当代市场调研：原书第8版［M］．李桂华，等译．北京：机械工业出版社，2012.

团队实战训练

1. 项目任务

（1）完成《娃哈哈集团大学城饮料产品市场调研报告》的撰写。

（2）以团队形式完成自选项目调研报告。

2. 步骤及要求

（1）总结调研过程。

（2）分析调研结果。

（3）撰写调研报告。

参考文献

[1] 宋文光．市场调查与分析 [M]. 2 版．北京：高等教育出版社，2020.

[2] 居长志，周峰．市场调查与数据分析 [M]. 北京：高等教育出版社，2022.

[3] 张奕，张彩伢，黄炜．应用统计学 [M]. 北京：高等教育出版社，2019.

[4] 德尔·I. 霍金斯，戴维·L. 马瑟斯博．消费者行为学：原书第 12 版 [M]. 符国群，等译．北京：机械工业出版社，2014.

[5] 朱红兵．问卷调查及统计分析方法：基于 SPSS [M]. 2 版．北京：电子工业出版社，2025.

[6] 周俊．问卷数据分析：破解 SPSS 的六类分析思路 [M]. 2 版．北京：电子工业出版社，2020.

[7] 威廉·M. 门登霍尔，特里·L. 辛西奇．统计学：原书第 6 版 [M]. 关静，等译．北京：机械工业出版社，2019.

[8] 小卡尔·麦克丹尼尔，罗杰·盖茨．当代市场调研：原书第 8 版 [M]. 李桂华，等译．北京：机械工业出版社，2012.

附　录

娃哈哈集团大学城饮料产品市场调研问卷（大学生版）

同学：

您好！

我们是浙江金融职业学院的学生，我们正在开展有关大学城饮料产品市场的调研，您的回答对我们很重要，希望能获得您的帮助，非常感谢！

1. 请问您一般在哪里购买饮料？

A. 生活区便利店　B. 大卖场　C. 饮料售卖机　D. 路边小店

2. 请问您喝得较多的是什么品种的饮料？（可多选）

A. 瓶装水　B. 果汁饮料　C. 茶饮料　D. 含乳饮料

E. 功能类　F. 碳酸类　G. 其他（请注明）________

3. 请问您选择饮料的原因是什么？（可多选）

A. 口渴　B. 补充营养　C. 享受　D. 每天习惯

E. 时尚、潮流　F. 其他（请注明）________

4. 请问下列饮料品牌，哪些是您经常购买的？（可多选）

A. 可口可乐　B. 统一　C. 椰树　D. 娃哈哈

E. 农夫山泉　F. 汇源　G. 其他（请注明）________

5. 在以上品牌中，您认为广告宣传做得最成功的饮料品牌是：________________。

6. 接上题，其产品为：________________________________。

7. 您认为以下各品牌的哪一类产品最优？请在合适的地方打“√”。

产品	品牌						
	可口可乐	统一	椰树	娃哈哈	农夫山泉	汇源	其他
瓶装水							
含乳饮料							
茶饮料							
果汁饮料							

8. 您一般从哪里获得新饮料信息？

A. 户外广告　B. 商场　C. 电视、报纸等传统媒介广告

D. 朋友推荐　　　　E. 网络　　　　F. 其他（请注明）__________

9. 您认为以下各因素对您选择饮料的影响程度如何？按影响程度在合适的地方打“√”。

	没有影响	不太有影响	一般	有些影响	有很大影响
口味	1	2	3	4	5
品种	1	2	3	4	5
品牌	1	2	3	4	5
价格	1	2	3	4	5
包装	1	2	3	4	5
营养成分	1	2	3	4	5

10. 对于娃哈哈饮料产品的评价，请选择合适的选项打“√”。

评价项目	瓶装水			含乳饮料			茶饮料			果汁饮料		
	好	一般	差	好	一般	差	好	一般	差	好	一般	差
口味												
价格												
包装												
广告												

11. 请问娃哈哈饮料的什么广告给您印象最深？

A. 电视广告　　　　B. 卖场广告　　　　C. 杂志广告　　　　D. 户外广告

E. 其他（请注明）__________

12. 您认为以下各品牌在哪一方面做得比较好？请在合适的地方打“√”。

评价项目	可口可乐	统一	椰树	娃哈哈	农夫山泉	汇源	其他
产品品种多							
广告形象鲜明							
产品口味好							
经常促销							
产品包装独特							

13. 您对娃哈哈饮料产品的看法是？（请尽可能详细说明）

14. 您认为当前市面上的饮料产品还有什么不足的地方？

您的个人资料：

年级：________ 性别：________ 月生活费：________

再次谢谢您的配合！

调研小组：____________________ 调查员：____________________

调查地点：____________________ 调查时间：____年____月____日